Die operative Idee und ihre Grundlagen
Ausgewählte Operationen des Zweiten Weltkrieges

Vorträge zur Militärgeschichte

Herausgegeben vom Militärgeschichtlichen Forschungsamt

10

Die operative Idee und ihre Grundlagen
Ausgewählte Operationen des Zweiten Weltkrieges

Verlag E. S. Mittler & Sohn GmbH · Herford · Bonn

Vorträge zur Militärgeschichte

10

Die operative Idee und ihre Grundlagen
Ausgewählte Operationen des Zweiten Weltkrieges

Mit Beiträgen von

Sampo Ahto, David M. Glantz,
Christian Greiner, Werner Rahn, Horst Rohde,
Günter Roth, Reinhard Stumpf, John E. Tashjean

Verlag E. S. Mittler & Sohn GmbH · Herford · Bonn

Kartographie: Ulf Balke, Zeichenstelle des Militärgeschichtlichen Forschungsamtes, Freiburg i. Br., und Ing.-Büro f. Landkartentechnik Adolf Benjes, Schallstadt-2 (gekennzeichnet ab)

CIP-Titelaufnahme der Deutschen Bibliothek

Die operative Idee und ihre Grundlagen : ausgewählte
Operationen des Zweiten Weltkrieges / [Militärgeschichtl.
Forschungsamt]. Mit Beitr. von Sampo Ahto ... – Herford ;
Bonn : Mittler, 1989
  (Vorträge zur Militärgeschichte ; 10)
  ISBN 3-8132-0329-8
NE: Ahto, Sampo [Mitverf.]; Deutschland <Bundesrepublik> /
  Militärgeschichtliches Forschungsamt; GT

ISBN 3 8132 0329 8 ; Warengruppe Nr. 21
© 1989 by Verlag E. S. Mittler & Sohn GmbH, Herford
Alle Rechte, insbesondere das der Übersetzung, vorbehalten
Umschlaggestaltung: Wolfgang Ronstadt, Zeichenstelle
im Bundesministerium der Verteidigung, Bonn, und
Erwin Wirth, Grafik-Designer, Bielefeld 15
Satz: Militärgeschichtliches Forschungsamt, Freiburg i. Br.
Druck und Verarbeitung: Hans Kock Buch- und Offsetdruck GmbH, Bielefeld
Produktion: Heinz Kameier
Printed in Germany

Inhalt

Einführung

Wie 1987 widmete das Militärgeschichtliche Forschungsamt auch 1988 die Internationale Fachtagung für Wehrgeschichte Aspekten operativen Denkens. Wenn in letzter Zeit von der Notwendigkeit der Wiederbelebung operativen Denkens die Rede ist, so stellt sich die Frage, ob die Militär- und Kriegsgeschichte, ob insbesondere der Zweite Weltkrieg Lehren für die Führung von Schlachten und Gefechten im Atomzeitalter bereithalten kann.

Diese Problematik führt zu den alten Streitfragen zurück, ob das Denken in operativen Kategorien überhaupt aus der Beschäftigung mit der Militärgeschichte lernbar oder nur dem Genie vorbehalten ist. Für Clausewitz erfüllt die Geschichte ungefähr die Aufgabe, die in der Humboldtschen Bildungstheorie der Philologie zugewiesen wird: Sie hält das Material bereit, an dem der bildungsfähige Geist zu arbeiten lernt. Scharnhorst legt dabei außerdem Wert auf die Schulung der Urteilskraft.

Als Werner Heisenberg am 12. Juli 1944 in der Berliner »Mittwochs-Gesellschaft« zum Thema Astrophysik über die Atomwaffe sprach, folgerte Generaloberst Beck, daß sich »von hier aus alle militärischen Vorstellungen von Grund auf ändern«[1] würden. Eduard Spranger bestätigte dies und fügte hinzu, es würden »Wandlungen im Denken der Menschen« folgen, die »weit in die gesellschaftlichen und politischen Strukturen« wirkten[2].

Tatsächlich hatte die am 6. August 1945 über Hiroshima zur Detonation gebrachte Atombombe nicht nur schlagartig den Zweiten Weltkrieg beendet, sondern zu einem »Verbot des Krieges« zwischen den Supermächten und ihren jeweiligen Verbündeten geführt.

Die Politik der Kriegsverhinderung führte im militärischen Bereich dazu, den immer noch möglichen Krieg der Zukunft wenigstens in seiner konventionellen Dimension nicht mehr »zu denken«. Dies beschreibt Raymond Aron, sich auf einen Gedanken von Clausewitz stützend: »Die ganze Kriegskunst verwandelt sich in bloße Vorsicht, und diese wird hauptsächlich darauf gerichtet sein, daß das schwankende Gleichgewicht nicht plötzlich zu unserem Nachteil umschlage und der halbe Krieg sich in einen ganzen verwandle[3].«

Die Irrationalität des Krieges und die ultima ratio des atomaren Feuers zur Wiederherstellung des status quo ante führte zum Verfall operativen Denkens. Wenn die Auffassung nun zutrifft, daß im Atomkrieg »Truppenführung überhaupt aufhört«⁴, so ist es nur folgerichtig, daß die Vorschrift (TF/G 1973) darauf verzichtet, sie als eine Kunst zu bezeichnen.

Unabhängig von dem angekündigten neuen sicherheitspolitischen Gesamtkonzept der NATO hat sich die Bundesregierung das Ziel gesetzt, den alternativlosen und frühzeitigen Rückgriff auf nukleare Optionen durch die Stärkung der konventionellen Komponente der Abschreckung zu reduzieren. Diese politische Absicht ist nicht mißzuverstehen als Signal, als Wendemarke für die Rückkehr zum »Kriegführungsdenken«. Den unterhalb der atomaren Schwelle möglichen Krieg zu denken und Folgerungen für die operative und taktische Führung zu ziehen, ist nicht nur eine Voraussetzung für den Erfolg auf dem Gefechtsfeld. »Toujours en vedette« hat nicht nur eine allgemeine Gültigkeit; diese Aufforderung Friedrichs des Großen trifft auch die Fortentwicklung der Kunst der Truppenführung, die sonst in Geistesarmut und Schematismus verfällt, wie das Beispiel der preußischen Armee von 1806 bei Jena und Auerstedt zeigt. So gesehen ist operatives Denken, ist Führungskönnen ein wesentlicher Teil der Einsatzfähigkeit der Streitkräfte und damit ein wichtiges Element der Abschreckung.

Wenn sich daher die Tagung des Militärgeschichtlichen Forschungsamtes grundsätzlichen Fragen operativer Führung annimmt und Theorie und Praxis der Führungskunst an Beispielen des Zweiten Weltkrieges zu verdeutlichen sucht, dann folgt es einer Scharnhorstschen Überzeugung wie auch einem Gedanken Georg Christoph Lichtenbergs: Für Scharnhorst war Geschichte »Erfahrungslehre der Handlungen der Menschen«⁵, allmähliche Gewöhnung und Einleben in besondere Lagen, die in irgendeiner Abwandlung jederzeit wiederkehren können. Stadelmann zieht Lichtenberg heran, der in unübertrefflicher Weise den Bildungsvorgang, der aus der Beschäftigung mit der Geschichte entsteht, beschreibt, indem er einen Ausdruck aus der Militärsprache seiner Zeit zu Hilfe nahm: »So wie sich der Soldat durch viele Übungen einen coup d'oeil, das heißt eine rasche instinktmäßige Auffassung des Geländes, der Lage, der Möglichkeiten des Handelns, erwerben muß, so ist das Ziel der geschichtlichen Bildung nichts anderes als den rechten ›Blick‹ zu erwerben, den Orientierungssinn auszubilden, ›das Gefühl, das uns fast ohne nachzudenken von Begebenheiten urteilen oder wenigstens am rechten Orte suchen oder nach der rechten Richtung verfolgen lehrt‹[6].«

Eduard Spranger hat einmal von dem bedeutenden Historiker Rudolf Stadelmann (1902—1949), der sich intensiv mit Scharnhorst, Clausewitz und Moltke beschäftigte, gesagt, er habe alles »mit einer gleichsam heißen Kategorie«[7] erfaßt. So sollen auch die Themen unserer Tagung »Funken schlagen«, um der Gedankenarmut, dem Dogmatismus und der Vereinfachung im operativen Denken genauso zu widerstehen wie der Gefahr, Wunsch und Vorstellung an die Stelle von Realität zu setzen.

Dr. Günter Roth
Brigadegeneral
Amtschef des Militärgeschichtlichen Forschungsamtes

Anmerkungen

1 Michael Stürmer, Abschreckung nach Maß, in: FAZ Nr. 68 vom 21.3.1988, S. 11.
2 Ebd.
3 Raymond Aron, Clausewitz. Den Krieg denken, Frankfurt a.M./Berlin/Wien 1980, S. 18.
4 Gerd Niepold, Mittlere Ostfront 1944, Herford/Bonn 1985, S. 247.
5 Rudolf Stadelmann, Scharnhorst. Schicksal und geistige Welt, Wiesbaden 1952, S. 158.
6 Wiedergegeben ebd., S. 164 f.
7 Zit. nach Hans Rothfels, »Zum Geleit«, ebd., S. 5.

Günter Roth

Operatives Denken bei Schlieffen und Manstein
Der Versuch einer vergleichenden Betrachtung vor dem Hintergrund der Theorien von Clausewitz und Moltke d.Ä.

Die Wirkung der Nuklearwaffen auf das strategisch-operative Denken

Worin liegt der Sinn, im Atomzeitalter über den Krieg der Zukunft nachzudenken, wenn das Wissen, mit der Bombe am Rande des Abgrunds zu leben, die Supermächte bis heute von einem Krieg abgeschreckt hat, so daß fast von einem »Verbot des Krieges« gesprochen werden kann? Hat es überhaupt noch einen Zweck, im Lichte der atomaren Zerstörungsgewalt über strategische und operative Fragen nachzudenken und dabei auf Theorien zurückzugreifen, die aus den Erfahrungen früherer konventioneller Kriege abgeleitet worden sind?

Vor dem Hintergrund dieses Spannungsbogens ist festzustellen, daß die in einem der NATO aufgezwungenen Krieg zu erwartende Dominanz atomaren Feuers die Weiterentwicklung der Führungskunst ad absurdum führte und daher den Verfall operativen Denkens in unserer Zeit bewirkte.

Der Erste Weltkrieg endete 1918 im Westen, wie er 1914 begonnen hatte, mit großen, entscheidungsuchenden Offensiven. Dazwischen lag, nach dem Scheitern des auf schnelle und totale Vernichtung angelegten »Schlieffenplans«, die lange Phase des grauenvollen und geistlosen Stellungskrieges. Das Bestreben, durch frontales Abringen sowie durch die Wirkung des ins Unermeßliche gesteigerten Artilleriefeuers Kräfte und Widerstandswillen des Gegners zu verzehren, erstickte jede operative Idee und damit jede Bewegung. Doch weder das frontale Anrennen noch die Feuerwalzen konnten eine Entscheidung herbeiführen.

Die Aufforderung der deutschen Heeresleitung an die Reichsleitung am 29. September 1918, unverzüglich Friedensverhandlungen einzuleiten und den ungleich gewordenen Kampf zu beenden, war das Ergebnis des Abnutzungskrieges. Das Deutsche Reich, das durch die britische Seeblockade von der Zufuhr wichtiger Rohstoffe abgeschnitten war, verfügte über keine Reserven mehr. Die alliierten Offensiven, die am 8. August 1918 südlich Amiens einsetzten und die Zurücknahme des deutschen Heeres

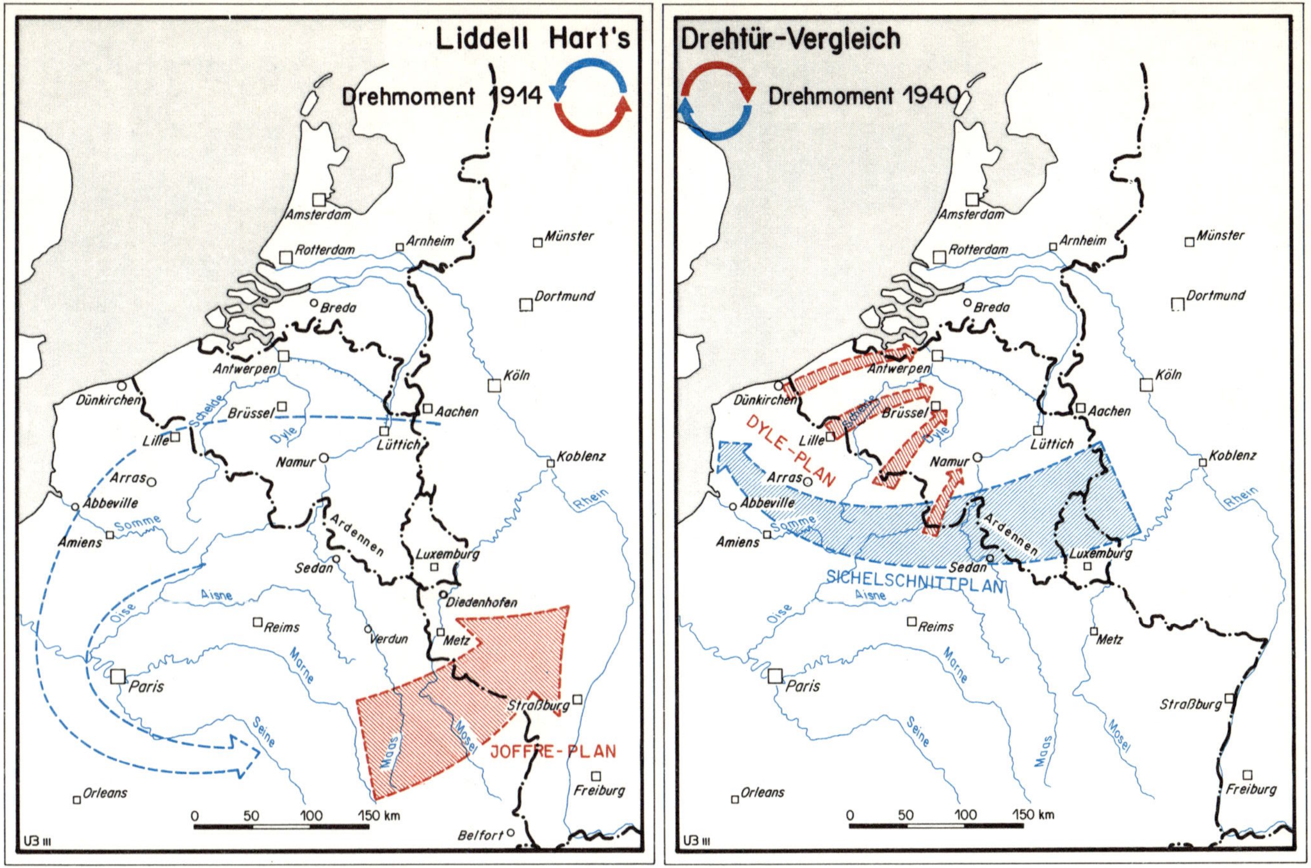

Liddell Hart's

Drehmoment 1914

JOFFRE-PLAN

Dyle · Schelde · Scheldt · Somme · Oise · Seine · Aisne · Marne · Maas · Mosel · Rhein

Münster · Dortmund · Köln · Koblenz · Freiburg · Straßburg · Amsterdam · Arnheim · Rotterdam · Breda · Aachen · Lüttich · Luxemburg · Diedenhofen · Metz · Belfort · Antwerpen · Brüssel · Namur · Ardennen · Sedan · Verdun · Reims · Dünkirchen · Lille · Arras · Abbeville · Amiens · Paris · Orleans

0 50 100 150 km

U3 III

Drehtür-Vergleich

Drehmoment 1940

SICHELSCHNITTPLAN

DYLE-PLAN

Rhein · Mosel · Maas · Somme · Oise · Aisne · Seine · Marne

Münster · Dortmund · Köln · Koblenz · Freiburg · Straßburg · Metz · Amsterdam · Arnheim · Rotterdam · Breda · Aachen · Lüttich · Luxemburg · Ardennen · Sedan · Reims · Antwerpen · Brüssel · Namur · Dünkirchen · Lille · Arras · Abbeville · Amiens · Paris · Orleans

0 50 100 150 km

U3 III

zunächst in die Siegfriedstellung und später in die Antwerpen-Maas-Linie zur Folge hatten, wurden ansatzweise bereits mit Panzer- und Flugzeugunterstützung erzwungen. Die Niederlage des deutschen Feldheeres und das Ende des Krieges kamen in Sicht. Waren Tank und Flugzeug die Vision des nächsten Krieges?

Lange vorher schlug Helmuth von Moltke die Schlachten bei Königgrätz (1866) und Sedan (1870). Ein Schlüssel zum Geheimnis seiner Erfolge ist, daß er allein die Vision des zukünftigen Krieges hatte, obwohl die preußische Armee, abgesehen von der Episode des Feldzuges 1864 gegen Dänemark, seit 50 Jahren keinen Schuß mehr abgegeben hatte. Auf militärischem Gebiet erkannte nur Moltke die Umwälzungen, die der heraufkommende Frühkapitalismus und in seinem Gefolge die Dynamik des anbrechenden technischen Zeitalters bewirken würden. Die Eisenbahn als Transportmittel für den schnellen Aufmarsch und die Versorgung der immer größer werdenden Heere sowie der Telegraph als gedankenschnelles Führungsmittel weit voneinander entfernt operierender Truppenkörper wurden in ihrer das Kriegswesen revolutionierenden Bedeutung zunächst allein von Moltke erkannt. Ihm ist das Verdienst zuzuschreiben, als erster den inneren Zusammenhang von Kriegführung und Technik erkannt zu haben. So gelang es ihm, getrennte Heeresabteilungen nach einheitlichem Willen zu lenken, um sie dann an vorausgeplanter Stelle zur Entscheidung blitzschnell zusammenzufassen.

Die Konsequenz dieser Einsicht kennt alle Welt. Sie wurde berühmt durch die lapidare Devise Moltkes: »Getrennt marschieren, vereint schlagen!« Dies klingt sehr simpel als Geheimnis des Erfolges. Aber Moltke war eben der einzige, der diesen Zusammenhang erfaßt hatte. Auch Guderian erkannte als einer der wenigen, daß der Panzer nicht nur ein neues Element zur Erhöhung der Beweglichkeit, Schnelligkeit und Stoßkraft darstellte, sondern daß seine Zusammenfassung auf operativer Ebene und im Schwerpunkt von schlachtentscheidender Bedeutung sein würde. Guderians Schlußfolgerung, seine bekannte Devise »Klotzen, nicht kleckern« ähnelt der Maxime Moltkes, ist einfach und genial zugleich.

Im Zweiten Weltkrieg gelang es der deutschen Panzerwaffe — ebenso wie später den Panzerverbänden der Alliierten — immer wieder, die Front zu durchbrechen und große Teile des Feindes in weiträumigen Kesselschlachten zu zerschlagen.

Das Ende des Weltkrieges wurde jedoch durch die Atombomben auf Hiroshima und Nagasaki herbeigeführt. Nun war den Politikern und Militärs schlagartig klar geworden, daß die Atomwaffen das politische und militärische Denken determinieren würden.

Im Mittelpunkt unseres Erkenntnisinteresses wird also die Frage stehen, ob die Lehren eines Clausewitz und die Erfahrungen der beiden Weltkriege auch vor dem Hintergrund der Nuklearwaffen immer noch eine zeitlose Gültigkeit besitzen. Der Versuch, dieses Beziehungsgeflecht ein wenig zu erhellen, wird in der Einsicht unternommen, daß die Geschichte zwar keine Gesetzmäßigkeit und der Krieg keine innere Logik kennt, aber die Kriegführung eine eigene Grammatik besitzt[1].

Schlieffen und das Verhältnis von Militär und Politik

Die geschichtliche Bedeutung des »Schlieffenplanes« reicht über das rein Militärische weit hinaus. Durch seine politischen Auswirkungen ist er für Deutschland geradezu schicksalhaft geworden. Damit rückt die Beziehung — Politik und Militär — in das Zentrum aller Erörterungen[2].

Die Chefs des großen Generalstabes hatten die Reichsleitung von dem Aufmarschplan gegen Frankreich unterrichtet, unterließen es aber, wie auch die verantwortlichen Politiker, diesen Plan auf seine politischen Konsequenzen hin zu analysieren[3].

Die Juli-Krise von 1914 war eine Ostkrise[4]. Das Deutsche Reich marschierte aber im Westen auf; es mußte gegen das mit Rußland verbündete Frankreich aufmarschieren, weil es keinen anderen Plan besaß. Die Verletzung der belgischen Neutralität bewirkte den Eintritt seiner Garantiemacht England in den Krieg. Das Deutsche Reich bekam den Krieg, den es nicht wollte: gegen Frankreich, Rußland und die Seemacht England.

Im Juli 1914 war die deutsche Diplomatie gezwungen, sich den Bedingungen des deutschen Aufmarschplanes im Westen anzupassen. Der Generalstab fesselte nicht nur die deutsche Außenpolitik, er fiel ihr sogar in den Rücken, als sie in Ermangelung eines Alternativplanes trotz der englischen Offerte (Depesche des englischen Außenministers Grey an Bethmann Hollweg vom 1. August 1914) am »Schlieffenplan« festzuhalten gezwungen wurde. Die nicht vorhandene militärische Alternative schlug der Diplomatie alle Karten aus der Hand[5].

Alfred Graf von Schlieffen

Schlieffen hat den Primat der Politik nicht verstanden oder nicht verstehen wollen. Belgien betrachtete er nur vom operativen Standpunkt, da er den Vormarsch durch belgisches Gebiet als Voraussetzung für die geplante Umfassungsbewegung und insoweit als eine conditio sine qua non für einen schnellen Vernichtungssieg ansah. Liddell Hart kritisierte daher nach der Lektüre der Studie Gerhard Ritters, »Der Schlieffenplan«, den Grafen äußerst scharf: Schlieffen habe »die Auffassung des Technikers vertreten, daß seine Pflicht erfüllt sei, wenn er mit den zur Verfügung stehenden Mitteln das Äußerste geleistet und damit ›aus einer schlechten Aufgabe das Beste‹ herausgeholt habe, um so den Bräuchen und Regeln seiner Zunft zu genügen«[6].

Der Umfassungsgedanke bei Schlieffen

Clausewitz kam bei seinen Überlegungen über einen Kriegsplan, der die Niederwerfung des Feindes zum Ziel hat, zu dem Schluß:
»Nun hat jeder konzentrische Angriff in der Strategie wie in der Taktik die Tendenz der größeren Erfolge; denn wenn er gelingt, so ist nicht ein einfaches Werfen, sondern mehr oder weniger ein Abschneiden der feindlichen Armeen die Folge davon. Der konzentrische Angriff ist also immer der erfolgreichere, aber wegen der getrennten Teile und des vergrößerten Kriegstheaters auch der gewagtere[7].«
Er hat also die Umfassung als die entscheidendere Methode definiert, weil sie größere Erfolge bringt. Aber er weist auch mit Nachdruck auf das Risiko hin, daß jeder Umfassende leicht selbst umfaßt werden kann. Erfolg und Wagnis bilden somit das dynamische Gesetz des Krieges.
Die Grundidee Schlieffens, nämlich der schnelle und vollständige militärische Sieg im Westen, konnte nur durch strategische Überraschung und eine noch nie dagewesene Umfassung der gegnerischen Hauptkräfte erreicht werden. Auf dem rechten Flügel sollten zwei deutsche Angriffsarmeen, die 1. Armee unter Generaloberst v. Kluck und die 2. Armee unter Generaloberst v. Bülow, über belgisches Gebiet vorstoßen und — nach einer Schwenkung nach Süden in Richtung Paris — mit einer weiträumigen Umfassungsbewegung die Masse des alliierten Heeres einschließen.
Bis zum 4. September 1914, der Wende auf dem Kriegsschauplatz im Westen, lief jene genial konzipierte Operation genau einen Monat lang mit einer erstaunlichen Präzision ab.

16

Der Schlieffenplan (1905)

SCHLIEFFEN-PLAN

Die Franzosen waren von den Armeen des nördlichen deutschen Schwenk-flügels überall besiegt worden, die riesige Drehtür schwang unaufhaltsam herum, und es schien nur noch eine Frage von Tagen zu sein, bis sie mit einem fürchterlichen Knall im Rücken der alliierten Armeen zuschla-gen mußte. Es wurde viel gerätselt, wieso die französische und britische Führung die Umfassungsbewegung nur langsam erkannten. Aber die Alli-ierten hatten eben vor dem Kriege nicht damit gerechnet, daß die Deut-schen in Belgien so weit nördlich ausholen würden. Und niemand von ihnen hatte solche Marsch- und Kampfleistungen für möglich gehalten, wie sie die deutschen Infanteristen im August 1914 erbrachten.

Kam es auf alliierter Seite zur Unterschätzung der Deutschen, so über-schätzte andererseits die deutsche Führung ihre Erfolge. Gewiß: alle deut-schen Armeen hatten ihre Gegner geschlagen. Es waren sogar spektaku-läre Siege: Wo immer der deutsche Soldat ausgepumpt von endlosen Gewaltmärschen auf seinen Gegner traf, hat er ihn geworfen. Aber es waren alles Frontalsiege gewesen, »ordinaire« Siege, wie Graf Schlieffen sich ausgedrückt hatte. Man hatte den Feind »überall zurückgeworfen, aber das hieß ja zugleich, daß er überall noch da war, wenn auch schwer angeschlagen und auf dem Rückzug[8].«

Den deutschen Angriffsarmeen war es also noch nicht gelungen, die alli-ierten Hauptkräfte durch eine operative Umfassungsbewegung einzuschlie-ßen, um sie wie 1870 bei Sedan zur Kapitulation zu zwingen.

Clausewitz weist in seinem Buch über den Angriff, das er nur als einen Re-flex auf das Buch über die Defensive bezeichnet[9], mit äußerstem Nach-druck auf den Rückschlag hin, den der Angreifer erleiden kann:

»Es gibt strategische Angriffe, die unmittelbar zum Frieden geführt haben — aber die wenigsten sind von der [dieser] Art, und die meisten führen nur bis zu einem Punkt, wo die Kräfte noch eben hinreichen, sich in der Verteidigung zu halten und den Frieden abzuwarten. Jenseits dieses Punktes liegt der Umschwung, der Rückschlag; die Gewalt eines solchen Rückschlages ist gewöhnlich viel größer, als die Kraft des Stoßes war[10].«

Im Lichte dieser Erkenntnis von Clausewitz, aber noch stärker bei der Betrachtung der Operationspläne von Königgrätz 1866 und Sedan 1870, muß es verwundern, daß Schlieffens Überlegungen nicht zu dem Schluß führten, von vornherein starke Reserven vorzusehen[11].

Die Begründung für dieses Verhalten mag in seiner Überzeugung liegen, ein Krieg in der Gegenwart dürfe sich nicht lange hinziehen, weil er »die

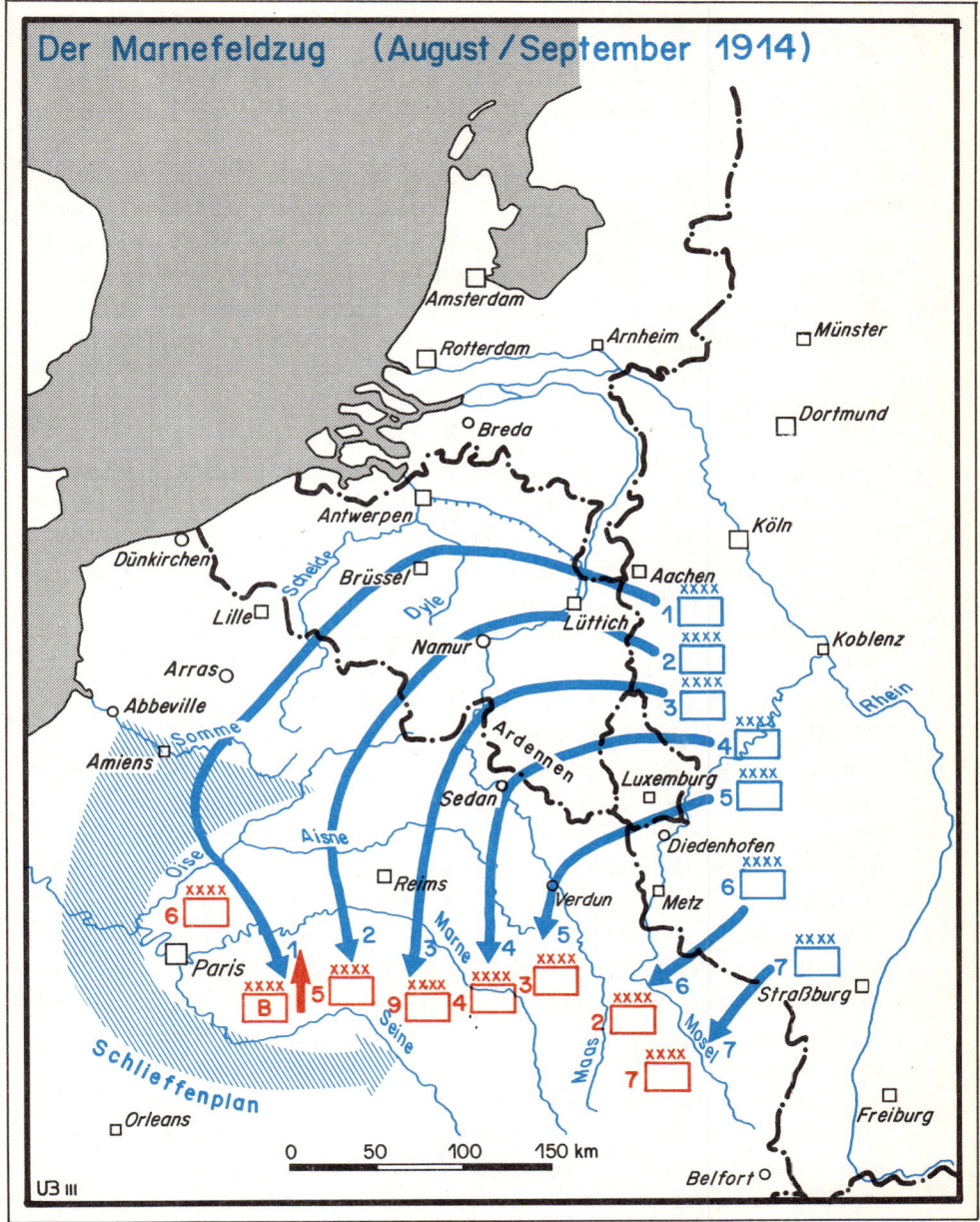

Der Marnefeldzug (August / September 1914)

Amsterdam
Rotterdam
Arnheim
Münster
Dortmund
Breda
Köln
Antwerpen
Dünkirchen
Brüssel
Aachen
Scheide
Dyle
Lüttich
Koblenz
Lille
Namur
Arras
Ardennen
Rhein
Abbeville
Somme
Sedan
Luxemburg
Amiens
Aisne
Diedenhofen
Oise
Reims
Verdun
Metz
Paris
Marne
Straßburg
Seine
Maas
Mosel
Schlieffenplan
Freiburg
Orleans
0   50   100   150 km
Belfort

U3 III

19

hochentwickelte Industriewirtschaft der beteiligten Länder« ruiniere[12]. Schlieffen rechnete daher nicht mit einem lang anhaltenden, »vielleicht gar wochenlangen Sichabringen der Fronten, in dem es nötig wird, immer neue Kräfte aus Reserven nachzuführen, Welle auf Welle, um damit den Angriff zu nähren[13].«

Moltke d.Ä. war mißtrauisch gegenüber sogenannten »methodischen« Feldzugsplänen auf lange Sicht[14]. Dieser Überzeugung entsprach seine Auffassung, daß »kein Operationsplan mit einiger Sicherheit über das erste Zusammentreffen mit der feindlichen Hauptmacht hinausreicht. Nur der Laie glaubt, im Verlaufe eines Feldzuges den konsequent —, und bis ans Ende festgehaltenen ursprünglichen Gedanken zu erblicken[15].«

Der Westfeldzug 1940

Im September 1939 — 25 Jahre nach dem Beginn des Ersten Weltkrieges — hatte die Wehrmacht die polnische Armee in einem Blitzfeldzug zerschlagen. Nun stand General Halder, der Chef des deutschen Generalstabes des Heeres, völlig unerwartet vor der Aufgabe, einen Feldzugsplan gegen Frankreich vorzulegen.

Halders Aufmarschanweisung zum »Fall Gelb« sah in drei Varianten vom 19. und vom 29. Oktober 1939 sowie vom 30. Januar 1940[16] vor, den Gegner durch einen mehr oder minder frontalen Angriff in Belgien und Nordfrankreich zu schlagen. Je nach der Größe des Erfolges hätte sich daraus entweder eine starre Front nach dem Muster des Ersten Weltkrieges oder die Möglichkeit zu Operationen in die Tiefe Frankreichs entwickelt. Im gedanklichen Ansatz handelte es sich bei dem Plan um die Neuauflage des Schlieffenplans. Es bestand jedoch der elementare Unterschied, daß der französische Generalstab damit rechnen mußte.

Manstein lehnte diesen Plan ab, da nur ein operativer Teilerfolg zu erwarten war. Seiner Auffassung lag folgende Beurteilung der Feindlage zugrunde. Bei geschickter Führung könnte sich der Feind einer vernichtenden Niederlage im belgischen Raum entziehen. Dann würde es ihm gelingen, an der unteren Somme eine starke Abwehrfront aufzubauen. Zu diesem Zeitpunkt hätte aber die deutsche Offensive längst ihren Kulminationspunkt überschritten. Die Heeresgruppe A wäre »weder nach ihrem [bisher vorgesehenen] Ansatz noch nach ihren Kräften« imstande, die Bildung dieser feindlichen Verteidigungsstellung zwischen Sedan und

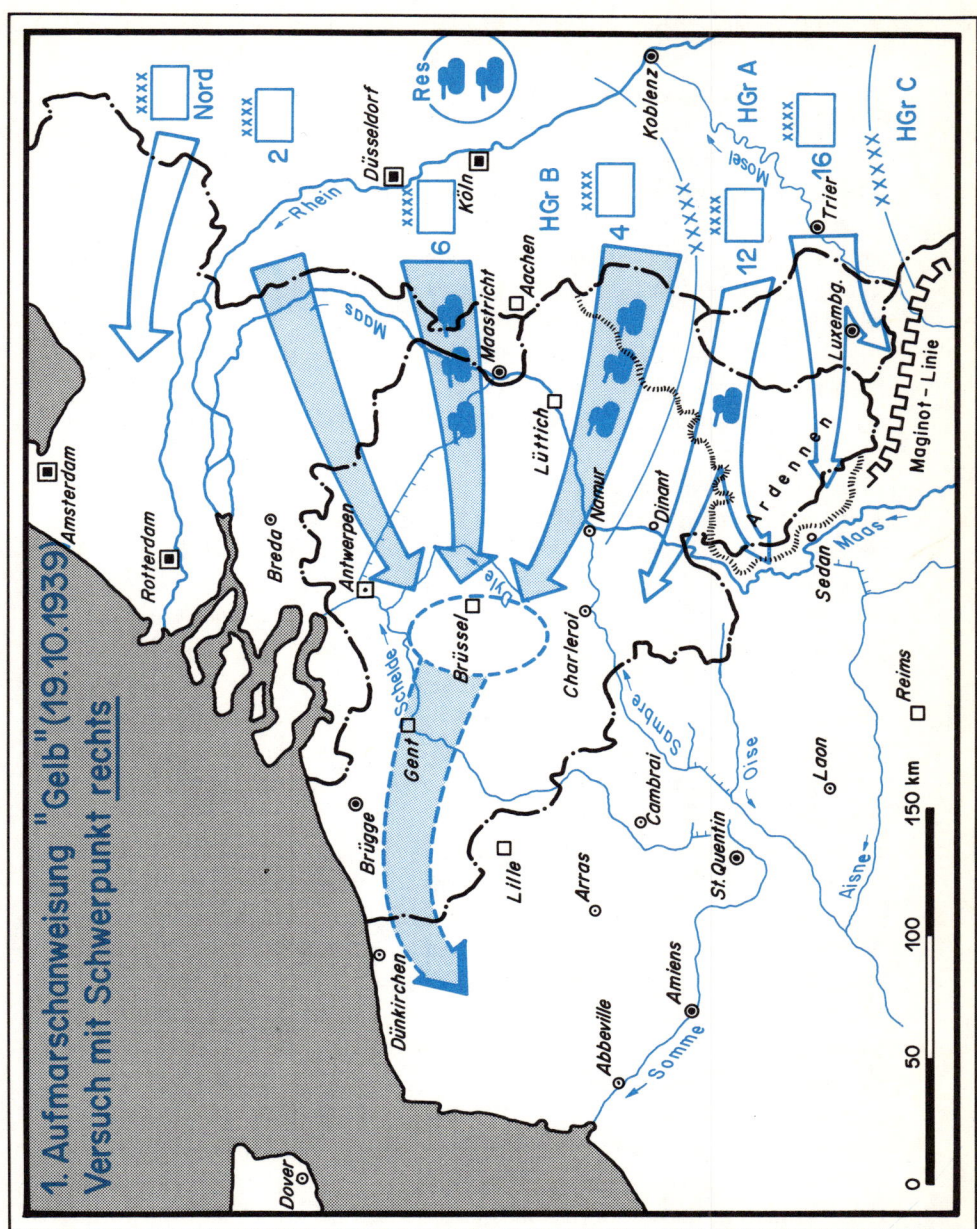

1. Aufmarschanweisung "Gelb" (19.10.1939)
Versuch mit Schwerpunkt rechts

21

unterer Somme zu verhindern. Damit würde das deutsche Heer in eine Lage geraten, die etwa der von 1914 nach Abschluß der Herbstkämpfe glich. Der Plan des Generalstabs des Heeres glich einer starken rechten Geraden[17]. Die Absicht, den Feind zu umfassen und in einer raschen Entscheidungsschlacht zu vernichten, war nicht erkennbar.

Manstein hingegen wollte den nördlich der Somme versammelten Feind insgesamt schlagen und auf keinen Fall nur frontal werfen. Zur Verwirklichung dieser Absicht forderte er, den Schwerpunkt der Gesamtoperation auf den Südflügel zu legen. Der Vorstoß müsse südlich Lüttich über die Maas in Richtung Arras—Boulogne vorgetrieben werden, um alle Kräfte, die der Feind nach Belgien hineinwerfe, nicht frontal auf die Somme zu werfen, sondern hinter ihrem Rücken an der Somme abzuschneiden. Manstein forderte daher eine Schwerpunktverlagerung vom Nord- auf den Südflügel, d.h. von der Heeresgruppe B zur Heeresgruppe A[18].

Dies bedeutete weiterhin, die Gesamtoperation, die zur Vernichtung des Gegners und damit zu einer politischen Entscheidung führen sollte, in zwei Phasen und zwei unterschiedlichen Schwerpunkten zu planen: *Zunächst* seien die in Belgien und Nordfrankreich stehenden Feindkräfte unter gleichzeitiger Deckung nach Süden an der Somme abzuschneiden und zu vernichten. An diese Operation, »Fall Gelb«, sollte sich eine zweite Operation, »Fall Rot«, anschließen. Dazu müßte man nach Süden eindrehen, um die hinter der Linie Somme—Sedan noch verbliebenen Feindkräfte zu zerschlagen. Im Gegensatz zu Schlieffen, der alles in einer einzigen Operation durchführen wollte, war somit dem Clausewitzschen Kulminationsprinzip Rechnung getragen.

Inzwischen hatte das Oberkommando des Heeres eine Kehrtwendung vollzogen und war völlig auf Mansteins Idee umgeschwenkt. In der 4. Aufmarschanweisung des OKH ist unmißverständlich festgelegt: »Der Schwerpunkt des über Belg[isch]—Luxemb[urgisches] Gebiet zu führenden Angriffs liegt süd[lich] der Linie Lüttich—Charleroi [...].

Die [hier] angesetzten Kräfte erzwingen den Übergang über die Maas zwischen Dinant und Sedan (beide einschließl.) und öffnen sich den Weg durch die nordfranzösische Grenzverteidigung in Richtung auf den Unterlauf der Somme[19].«

Dieser neue Plan stellte für die Alliierten eine operative Überraschung dar, denn das Denken der französischen Führung war auf eine Neuauflage des »Schlieffenplans« fixiert. Daß sie daher den deutschen Schwerpunkt

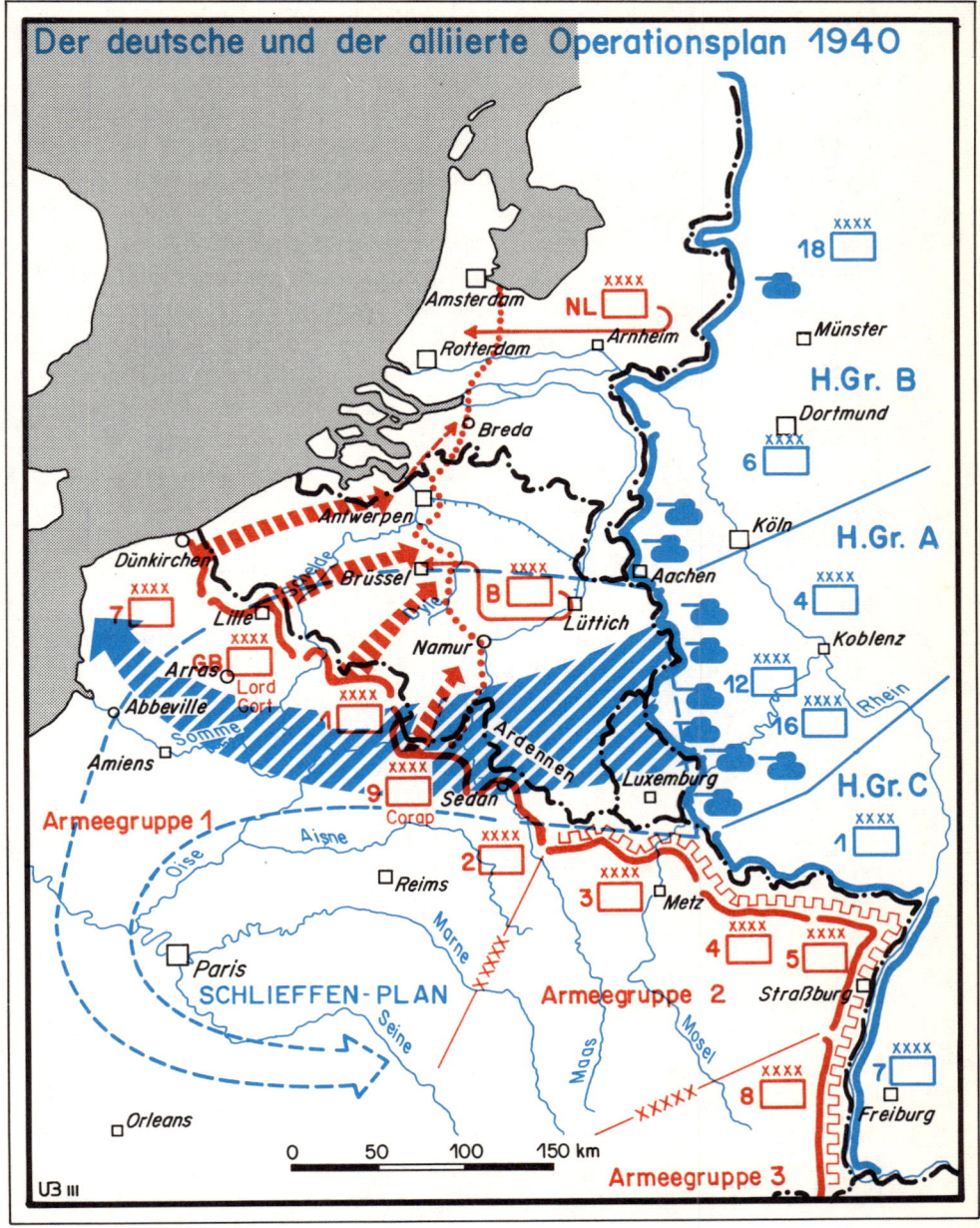

Der deutsche und der alliierte Operationsplan 1940

18 XXXX

Münster

H.Gr. B

Dortmund

6 XXXX

NL XXXX

Amsterdam

Arnheim

Rotterdam

Köln

Breda

H.Gr. A

Antwerpen

Aachen

4 XXXX

Brussel

Lüttich

Koblenz

Dünkirchen

B XXXX

12 XXXX

7 XXXX

Namur

16 XXXX

Lille

Rhein

GB XXXX

Arras

Lord Gort

Luxemburg

H.Gr. C

Abbeville

1 XXXX

Ardennen

1 XXXX

Somme

Amiens

9 XXXX

Corap

Sedan

Armeegruppe 1

Aisne

2 XXXX

Reims

3 XXXX

Metz

Paris

4 XXXX

5 XXXX

SCHLIEFFEN-PLAN

Marne

Armeegruppe 2

Straßburg

Maas

Mosel

Seine

7 XXXX

Orleans

8 XXXX

Freiburg

0   50   100   150 km

Armeegruppe 3

U3 III

23

auf dem rechten Flügel sahen und den Hauptstoß durch Flandern erwarteten, entsprach dem Ergebnis einer durchaus realistischen Lagebeurteilung: Die Alliierten gingen davon aus, daß ihre eigene rechte Flanke durch die Maginotlinie geschützt sei, während in der Mitte Maas und Ardennen einen doppelten geographischen Sperriegel bildeten. Es lag also auf der Hand, die Hauptkräfte auf dem linken Flügel zu konzentrieren.

Um jedoch nicht ganz Belgien schutzlos preiszugeben, sollten französische und britische Interventionstruppen bis zur sogenannten Dyle-Linie vorrücken. Diese erstreckte sich von Antwerpen entlang dem Fluß Dyle bis Namur und von da an die belgische Maas entlang. Das alliierte Oberkommando lag mit dieser Planung zunächst völlig richtig, da das OKH am Anfang tatsächlich den Schwerpunkt bei der Heeresgruppe B gesehen hatte, die nach dem klassischen Vorbild der Offensive von 1914 den Stoß durch Flandern führen sollte. Doch als die Offensive begann, standen die alliierten Hauptkräfte zur falschen Zeit am falschen Ort. Denn zu ihrer größten Überraschung hatten die Deutschen 7 ihrer 10 Panzerdivisionen dort konzentriert, wo dies am wenigsten erwartet wurde: Sie stießen durch das angeblich panzerungeeignete Waldgebirge der Ardennen auf den nur sehr schwach verteidigten Maas-Abschnitt bei Sedan. Die französisch-britischen Streitkräfte liefen durch ihre Schwenkbewegung in die Falle des Sichelschnittplans. Denn je energischer sie nach Norden drängten, desto leichter hatten es die deutschen Panzerdivisionen, in ihrem Rücken zur Somme-Mündung vorzustoßen.

Die Idee Mansteins, nämlich die Alliierten dadurch zu überlisten, daß man mit massierten Panzerverbänden ausgerechnet durch das Waldgebirge der Ardennen angriff, ist nicht die eigentliche gedankliche Leistung des Generals. Diese taktische List war vielmehr das Mittel zum Zweck einer umfassenden operativen Überraschung: Denn nach dem handstreichartigen Überwinden der Maas bei Sedan konnten die deutschen Panzer durch das feindliche Hinterland bis zur Sommemündung vorstoßen. Alle nördlich davon stehenden alliierten Divisionen waren in einer riesigen Falle gefangen.

Das Risiko dieses Plans, bei dem durch den operativen Einsatz der Panzerwaffe ausgerechnet in den Ardennen alles auf eine Karte gesetzt werden sollte, wirkte auf viele deutsche Generäle abschreckend.

Doch nur auf den ersten Blick erschien dieser Operationsplan tollkühn. Entscheidend war die richtige Feindlagebeurteilung. Und Generalleutnant von Manstein hatte richtig gerechnet. Gerade weil dieser Plan so absurd erschien, versäumte es die französische Führung, sich darauf einzustellen. So gelang die vollkommene Überraschung.

Mansteins »Rochade«. Der Gegenschlag vom Dnepr zum Donez im Februar/März 1943[20]

Zu Beginn des Rußlandfeldzuges war es der deutschen Wehrmacht im Sinne des »Blitzkriegskonzepts« gelungen, die weit vorn an der Westgrenze der Sowjetunion dislozierten Verbände der Roten Armee zu durchbrechen und in noch nie dagewesenen Kesselschlachten zu zerschlagen.

Doch im Winter 1941/42 zeigte es sich vor Moskau, daß das deutsche Ostheer personell und materiell völlig erschöpft war. Als die erste Phase des Angriffs ihren »Kulminationspunkt« erreicht hatte und sich durch die ersten Gegenangriffe der Roten Armee bereits der von Clausewitz beschriebene Rückschlag abzeichnete, fehlte eine strategische Reserve, um die Krise vor Moskau zu meistern. Im Winter 1942/43, nach der Katastrophe vor Stalingrad, gelang es der Roten Armee, im Süden des Kriegsschauplatzes zu einem Bewegungskrieg »deutschen Stils« überzugehen. Die Lage im großen hatte sich folgendermaßen entwickelt:

— Ende November 1942 wurde bei Stalingrad die 6. Armee durch eine Zangenoperation eingeschlossen.

— Im Januar 1943 drohte ein »Super-Stalingrad«. Zwei weitere sowjetische Vorstöße zielten aus nördlicher sowie ostwärtiger Richtung auf Rostow, um alle südlich des Don stehenden deutschen Armeen abzuschneiden. Es gelang gerade noch, die 1. und 4. Panzerarmee auf das Nordufer des Don zu retten.

— Gleichzeitig entwickelte sich eine Bedrohung, die alles Bisherige weit übertreffen sollte. Südlich von Woronesch hatten überlegene sowjetische Angriffsverbände die Front in einer Breite von 300 km aufgerissen. Ziel dieser Offensive war es, bis zum Dnepr-Knie vorzustoßen und die wichtigen Flußübergänge bei Dnepropetrowsk und Saporoshje in Besitz zu nehmen. Dadurch wären den nach Westen ausweichenden deutschen Armeen die beiden wichtigsten Rückzugswege versperrt worden. Die Sowjets hätten nun am Unterlauf des Dnepr entlang bis zur Schwarzmeerküste und zur Krim vorstoßen können, um den gesamten deutschen Südflügel abzuschneiden.

General von Manstein

26

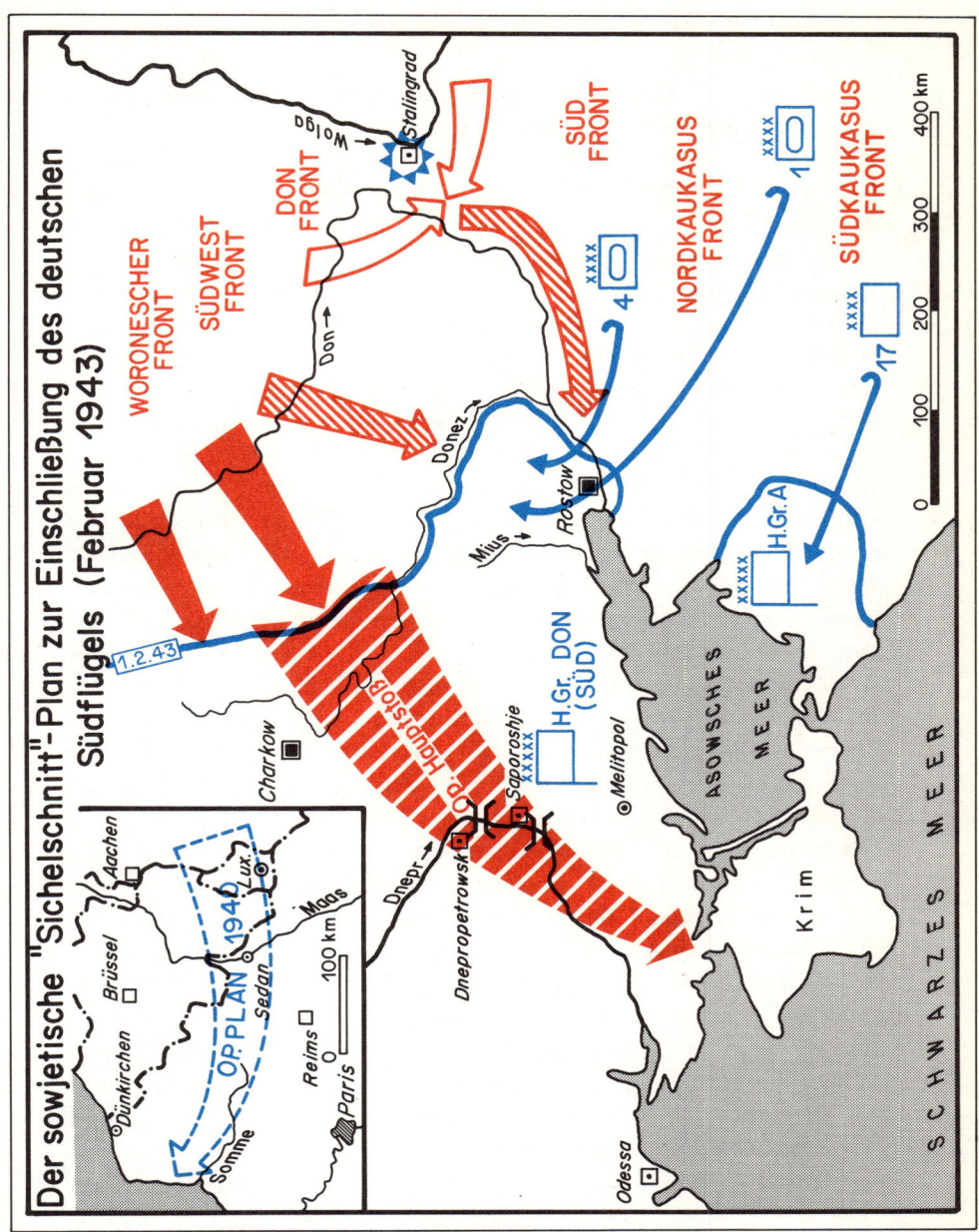

Der sowjetische "Sichelschnitt"-Plan zur Einschließung des deutschen Südflügels (Februar 1943)

WORONESCHER FRONT

SÜDWEST FRONT

DON FRONT

SÜD FRONT

NORDKAUKASUS FRONT

SÜDKAUKASUS FRONT

Woiga

Stalingrad

Don

Donez

Milus

Rostow

OB.-HAUPTSTOẞ

H.Gr. DON (SÜD)

H.Gr. A

Saporoshje

Melitopol

Charkow

Dnepropetrowsk

Dnepr

Odessa

ASOWSCHES MEER

Krim

SCHWARZES MEER

1.2.43

xxxx 1

xxxx 4

xxxx 17

xxxx

xxxx

0 100 200 300 400 km

Aachen

Brüssel

Dünkirchen

Somme

Maas

Sedan

Reims

Paris

OP.PLAN 1940

0 100 km

27

Diese Amputation hätte sogar strategische Auswirkungen haben können, da die gesamte rechte Flanke des deutschen Ostheeres aufgerissen worden wäre. Dies hätte leicht zum frühzeitigen Zusammenbruch der gesamten Ostfront führen können.

Der sowjetische Plan, der erst im Verlauf der Operation seine endgültige Gestalt annahm, erinnert frappierend an Mansteins »Sichelschnittplan« aus dem Westfeldzug 1940: Damals zielte der deutsche Panzervorstoß auf den Unterlauf der Somme, um den gesamten Nordflügel der Alliierten an der Kanalküste einzuschließen. Im Februar 1943 richtete sich der sowjetische Hauptstoß auf den Unterlauf des Dnepr, um den gesamten deutschen Südflügel an der Schwarzmeerküste abzuschneiden. Die Heeresgruppen A und Don wären beide in der Falle gesessen, und ob sich das »Wunder von Dünkirchen« auf der Krim wiederholt hätte, war angesichts der wenigen deutschen Schiffe auf dem Schwarzen Meer sehr zweifelhaft.

Generalfeldmarschall von Manstein gilt nicht nur als Schöpfer des »Sichelschnitts«, der brillantesten Umfassungsidee des Zweiten Weltkrieges. Von ihm stammt gleichzeitig das »kongeniale« Gegenrezept: das »Schlagen aus der Nachhand«. Diese operative Kunst, auf eine drohende Umfassung zu kontern, praktizierte er mit seinem Gegenangriff vom Dnepr zum Donez im Jahr 1943.

Als Mansteins gefährlichster Gegenspieler stellte sich paradoxerweise Hitler heraus. Dieser war im linearen Denken des Stellungskrieges aus dem Ersten Weltkrieg befangen und wollte den Zusammenbruch der Front durch sture Haltebefehle verhindern. Er lehnte Mansteins Vorschlag ab, die Tiefe des Raums als »Waffe« zu nutzen und zu einer beweglichen Operationsführung überzugehen. Da nahmen auf unbeabsichtigte Weise die Sowjets Einfluß auf diesen Konflikt. Hitler hielt sich vom 17. bis zum 19. Februar zu einer Unterredung mit Manstein in dessen Hauptquartier bei Saporoshje auf. Plötzlich näherten sich durchgebrochene sowjetische Panzer der Stadt. Bei Hitlers Abflug waren sie gerade noch 30 Kilometer vom Flughafen entfernt. Angesichts dieser dramatischen Zuspitzung der Lage ließ sich der Oberste Befehlshaber der Wehrmacht ungewohnte Zugeständnisse abringen; er gewährte Manstein operative Handlungsfreiheit.

Im Gegensatz zu Hitler sah der Feldmarschall den heranrollenden Sowjetpanzern mit größter Ruhe entgegen. Ja, er registrierte deren stürmischen Vorstoß sogar mit einer gewissen Befriedigung. Je weiter die feindlichen

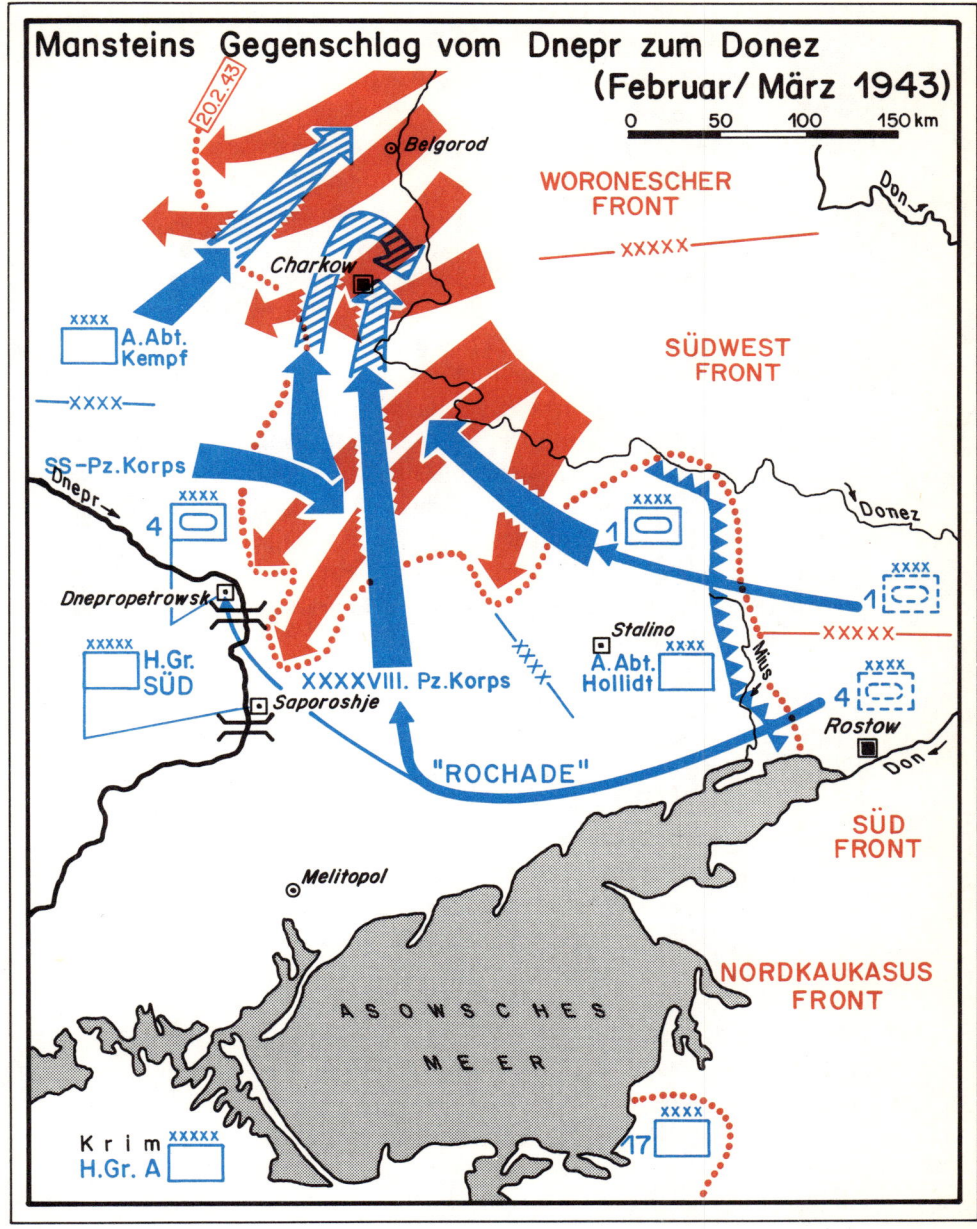

Mansteins Gegenschlag vom Dnepr zum Donez
(Februar/März 1943)

0   50   100   150 km

20.2.43

Belgorod

WORONESCHER
FRONT

XXXXX

SÜDWEST
FRONT

Charkow

XXXX
A.Abt.
Kempf

XXXX

SS-Pz.Korps

Dnepr

4   XXXX

Donez

1   XXXX

1   XXXX

Dnepropetrowsk

XXXX

Stalino

XXXX
A.Abt.
Hollidt

XXXXX

Mius

XXXXX
H.Gr.
SÜD

XXXXVIII. Pz.Korps

Saporoshje

4   XXXX

Rostow

Don

"ROCHADE"

SÜD
FRONT

Melitopol

NORDKAUKASUS
FRONT

A S O W S C H E S

M E E R

Krim   XXXXX
H.Gr. A

17   XXXX

29

Panzermassen nach Westen vordrangen, desto tiefer würden sie in die Falle hineinfahren, und desto erfolgversprechender wäre der geplante Gegenangriff. Bei seinen Überlegungen hatte er das von Clausewitz beschriebene Prinzip des »Kulminationspunktes« vor Augen: Der Feldmarschall wollte erst dann angreifen, wenn der sowjetische Angriff seinen Höhepunkt überschritten hatte. Denn nun hatte der Feind seine Versorgungslinien überdehnt und seine Flanken preisgegeben.

Mansteins Operationsplan war im Prinzip sehr einfach. Er bestand aus einem statischen und einem dynamischen Element:

— Zunächst ließ er den Frontvorsprung vom Rostower Donezbogen auf die Mius-Stellung zurücknehmen. Die Armee-Abteilung Hollidt hatte den Auftrag, diese Stellung unbedingt zu halten.

— Durch diese Frontverkürzung waren die 1. und 4. Panzerarmee für eine bewegliche Operationsführung freigeworden. Es kam nun zu jener berühmten »Rochade«, bei der die 4. Panzerarmee vom rechten Flügel der Heeresgruppe auf den linken verlegt wurde. Durch diesen operativen »Schachzug« gelang es Manstein, eine völlig neue Kräftekonstellation zu schaffen. Aus einem zum Teil hektischen Rückzug heraus hatte er seine Truppen zu einem Gegenangriff aus drei verschiedenen Richtungen formiert.

Mansteins Operationsführung wurde dadurch erleichtert, daß sich die sowjetischen Stoßkräfte exzentrisch auffächerten, statt sich mit geballter Kraft auf das Hauptziel, die Dneprübergänge bei Dnepropetrowsk und Saporoshje, zu konzentrieren. Deshalb verzichtete der Feldmarschall auf eine klassische Zangenoperation in die Flanken. Vielmehr wurden die auseinanderdriftenden sowjetischen Stoßkeile einzeln angegriffen, zerschlagen und teilweise nach ihrer Umfassung aufgerieben. Bis zum 2. März war der Mittellauf des Donez wiedergewonnen. In einer unmittelbar anschließenden Operation gelang Manstein am 14. März ein besonderer Erfolg, die Rückeroberung von Charkow.

Entscheidend bei dieser Operation war wieder der Überraschungseffekt: Wie aus dem Nichts heraus, aus einem scheinbaren Chaos formierte sich plötzlich eine perfekt organisierte Schlachtordnung aus zwei Panzerarmeen und einer Armee-Abteilung zum Gegenangriff. Das Kräfteverhältnis in jenem Frontabschnitt hatte nach Manstein die Relation 1:8. Doch Feldmarschall von Manstein brachte es fertig, zum richtigen Zeitpunkt am richtigen Ort die richtigen Truppen zu konzentrieren.

Hitler gegenüber vertrat er die Ansicht, daß die strategische Defensive, verbunden mit dem operativen Gegenangriff, also das »Schlagen aus der Nachhand«, das beste Mittel sei, um einen kräftemäßig überlegenen Gegner trotzdem besiegen zu können. Ein Konterschlag gegen einen weiträumigen Vorstoß des Feindes würde automatisch zu einer frei beweglichen Operation führen. Hierbei konnten die deutschen Offiziere ihre große Stärke ausspielen, nämlich flexibles Führen im Rahmen der Auftragstaktik.

Doch Hitler wollte im Sommer 1943 wieder zur strategischen Offensive übergehen. Im Gegensatz zu Manstein bevorzugte er das »Schlagen aus der Vorhand«. Als Angriffsobjekt wählte er ausgerechnet den Kursker Frontbogen, den die Sowjets zu einer Panzerabwehr-Festung aufgebaut hatten.

Die Operation »Zitadelle« im Vergleich zum »Sichelschnitt«

Die Operation »Sichelschnitt« (»Fall Gelb«) stellt ziemlich exakt das Gegenstück zur Operation »Zitadelle« dar:

— Mansteins »Sichelschnitt« zielte auf den schwächsten Punkt der feindlichen Front, auf Sedan. Die Operation »Zitadelle« jedoch auf den stärksten, auf Kursk.
    Zum Vergleich: Die Pak-Dichte ergab bei Sedan 4,7 und bei Kursk 30 Geschütze pro Frontkilometer[21]. Die französische 2. Armee, in deren linkem Abschnitt Sedan lag, verfügte insgesamt nur über 16 000 Panzerminen[22]. Im Kursker Bogen soll hingegen die Minendichte in den wichtigsten Abschnitten durchschnittlich 1500 Panzer- und 1700 Schützenminen je Kilometer betragen haben[23].

— Die Alliierten rechneten nicht mit einem deutschen Großangriff auf Sedan. Die Offensive gegen den Kursker Bogen aber prallte genau auf den Frontabschnitt, an dem die Sowjets sie erwarteten. Ihr Geheimdienst hatte außerdem den genauen Zeitpunkt des Angriffsbeginns in Erfahrung gebracht. Neben dem operativen fehlte sogar das taktische Überraschungsmoment.

— Der deutsche Angriff im Raum Kursk führte zu einem frontalen Zusammenprall mit der zahlenmäßig überlegenen sowjetischen Panzer- und Panzerabwehrwaffe. Bei dieser von Hitler so befohlenen Offensive verzichtete man darauf, den Gegner durch eine weiträumige operative Bewegung (wie beim »Sichelschnitt«) auszuma-

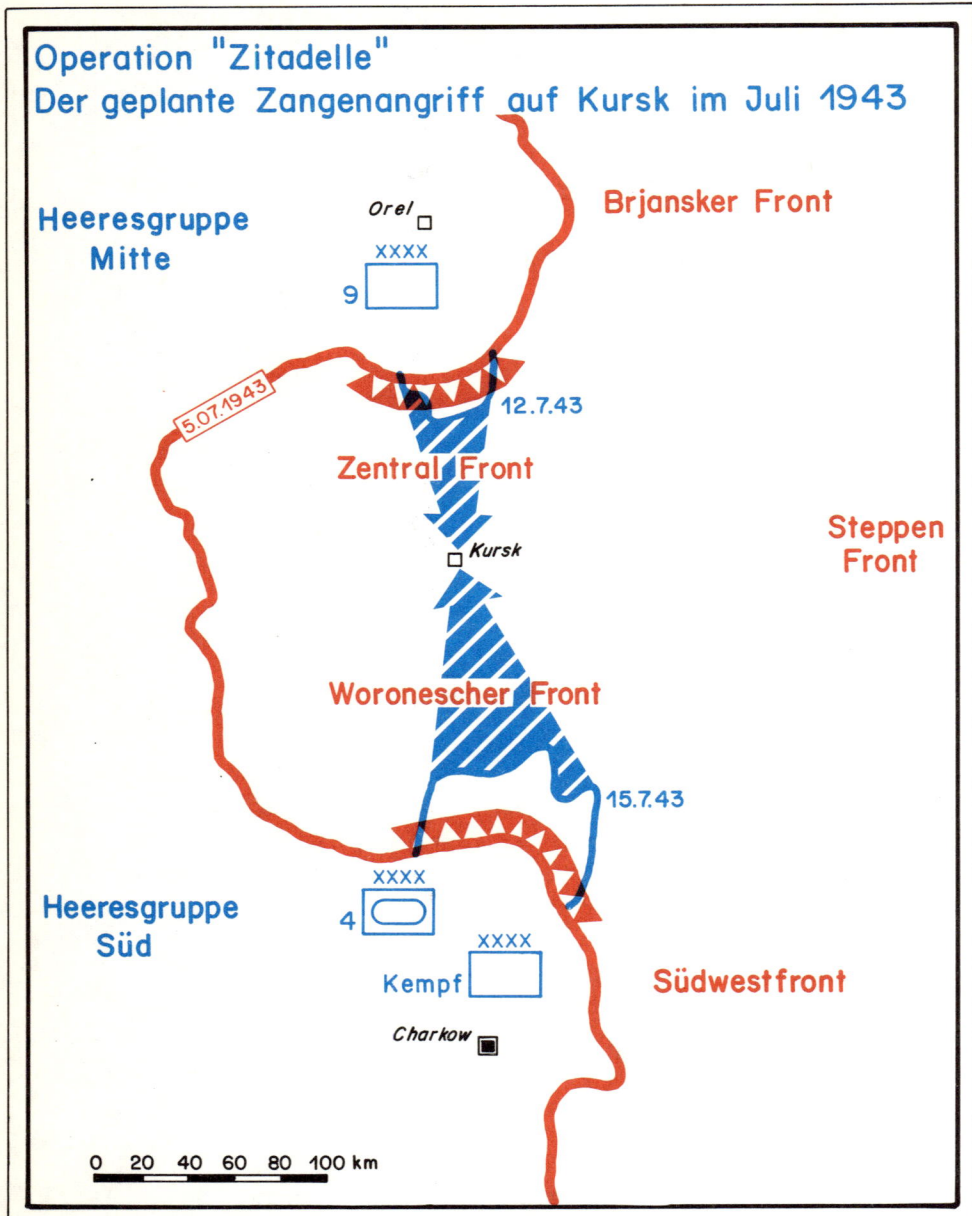

Operation "Zitadelle"
Der geplante Zangenangriff auf Kursk im Juli 1943

Heeresgruppe Mitte

Brjansker Front

Orel

XXXX
9

5.07.1943

12.7.43

Zentral Front

Kursk

Steppen Front

Woronescher Front

15.7.43

Heeresgruppe Süd

XXXX
4

XXXX
Kempf

Charkow

Südwestfront

0 20 40 60 80 100 km

növrieren; die Entscheidung sollte vielmehr taktisch erzwungen werden. Jene »rollende Materialabnutzungsschlacht« bei Kursk wurde zum »Verdun« der deutschen Panzerwaffe.

Interessant erscheint in diesem Zusammenhang, daß Manstein vor der Offensive gegen Kursk zeitweilig mit einem recht unkonventionellen Gedanken spielte: Er schlug vor, den Kursker Frontbogen nicht in einer Doppelzange von Norden und Süden her abzuschnüren, sondern dort anzugreifen, wo dies die Sowjets am wenigsten erwarteten, nämlich frontal von Westen her. Nach dem relativ leichten Durchbruch hätte man nach links und rechts ausfächern und die sowjetischen Verbände in die eigenen Minenfelder drücken können. Somit wäre es zu einer exzentrischen Umfassungsbewegung gegenüber einer »klassischen« konzentrischen Zangenbewegung gekommen.

Auch Hitler verfolgte diese Idee. Nachdem er jedoch schon mehrmals den Beginn der Offensive verschoben hatte, schien es jetzt aus Zeitgründen unmöglich, die Verbände völlig neu zu gruppieren[24].

Hatte man 1940 für den Durchbruch bei Sedan den Weg des geringsten Widerstandes gewählt, so ging man nun den Weg des größtmöglichen Widerstandes. Entscheidend für das Scheitern der deutschen Offensive waren jedoch nicht nur taktische Gründe. Die Führung der Roten Armee hatte für den Fall eines deutschen Durchbruchs bewegliche Reserven in der Tiefe des Raumes bereitgestellt, um dann gegen die bereits erschöpften Kräfte des Angreifers »aus der Nachhand« schlagen zu können.

Kursk bedeutete den strategischen Wendepunkt im deutsch-sowjetischen Krieg. Die Wehrmacht verlor endgültig die Initiative. Damit war auch der von Manstein angestrebte Remisfrieden zunichte gemacht worden. Es erwies sich, daß das Meistern von militärischen Einzelkatastrophen die Gesamtkatastrophe nur hinauszögern konnte — auf Kosten von Verlusten, die ins Riesenhafte stiegen. Im Geist von Clausewitz und Moltke d.Ä. drängte sich die Forderung auf, einen Krieg dann zu beenden, wenn nichts mehr zu gewinnen und nur noch zu verlieren ist.

Zusammenfassung

In der Julikrise von 1914 war die deutsche Politik durch einen militärischen Plan gefesselt. Die für seinen Erfolg unabdingbare Voraussetzung der Neutralitätsverletzungen von Luxemburg und Belgien bewirkte den

Eintritt der Seemacht England in den Krieg. Das rohstoffarme Deutsche Reich bekam einen Krieg, den es überhaupt nicht wollen konnte, Krieg gegen Frankreich, Rußland und die britische Seemacht.

Im September 1914 zeigte sich ein schwerer Fehler in der militärischen Planung und Operationsführung: Als der *Kulminationspunkt* der großangelegten Offensive überschritten war, fehlten die strategischen Reserven, nicht nur um die Lücke zwischen der 1. und 2. deutschen Angriffsarmee zu schließen, sondern auch um die große Umfassung der französischen Hauptkräfte zu vollenden. Bei einem weiteren Vorstoß nach Süden, in Richtung der Seine, drohte sogar die Gefahr, daß die deutschen Angreifer ihrerseits in einem riesigen Kessel zwischen Verdun und Paris eingeschlossen würden. Allein die unterschiedlichen Motive und Vorstellungen der Alliierten über die Operationsführung ersparten den Deutschen ein Cannae.

1939, bei dem Entschluß, Polen anzugreifen, wurde wiederum England falsch eingeschätzt. Zum Entsetzen Hitlers hielt England sein Garantieversprechen gegenüber Polen und riß das mit ihm verbündete Frankreich mit. Das Deutsche Reich sah sich nun in einer Lage, die als »verkehrte Frontstellung« bezeichnet wurde: Hitlers politische Ziele lagen ja eigentlich im Osten und nicht im Westen.

Daß 1940 Frankreich so schnell besiegt werden konnte, ist auch darauf zurückzuführen, daß sich Manstein und der Generalstab von der einseitigen und dogmatischen Lehre der Schlieffen-Schule gelöst hatten. Es kam wieder zu einer stärkeren Orientierung an Clausewitz, der allerdings keine Rezepte vermitteln wollte, sondern als Militärphilosoph lediglich Grundsätze formulierte.

Manstein hatte aus dem Debakel an der Marne im September 1940 gelernt. Seine Konsequenz: Angriff in zwei Phasen mit unterschiedlichen Schwerpunkten und Bereitstellung von Reserven, um der unausweichlichen Krise des »Abnehmens des Schwungs des Angriffs« und dem dann *folgenden* Rückschlag *initiativ* zu begegnen.

1941 vor Moskau und 1942 bei Stalingrad wurden in maßloser Überschätzung der eigenen und in überheblicher Unterschätzung der russischen Kräfte die Lehren von Clausewitz mißachtet. Die dilettantische Führung Hitlers und die mangelnde Durchsetzungsfähigkeit des Chefs des deutschen Generalstabs des Heeres führten zu sinnlosen Haltebefehlen und zur Zersplitterung der Kräfte durch die Festlegung gleich mehrerer Schwerpunkte. Das Prinzip der Auftragstaktik wurde unterlaufen.

In der Rückschau ist als Paradoxon festzuhalten, daß im Ersten Weltkrieg zunächst ein militärischer Plan die Politik fesselte und in seinem Verlauf die Heeresleitungen ihre Zuständigkeit so verabsolutierten, daß sie der Diplomatie keine Chance boten.

Im Zweiten Weltkrieg fiel der Politiker Hitler seinen Generälen in den Arm, indem er ständig in die operativen und taktischen Entscheidungsprozesse intervenierte.

Hitlers Durchhaltebefehle widersprachen dem Ethos der Kulturvölker, wenn auch der Krieg lange als »legitimes« Mittel der Politik angesehen wurde. Darin liegen, nicht zuletzt, Schicksal und Tragik des deutschen Soldaten und der am Kriege beteiligten Völker.

Manches scheint dafür zu sprechen, daß die Historiker bei der Rückbetrachtung des 20. Jahrhunderts die zweite Hälfte der 80er Jahre als historische Wendemarke bezeichnen werden. Die NATO wird ein neues sicherheitspolitisches Gesamtkonzept erarbeiten. Der Vertrag über die Abschaffung der Mittelstreckenraketen in Europa und der Mangel an Wehrpflichtigen erfordern eine neue Heeresstruktur. Mobilmachung, Aufmarsch und die operativ-taktischen Führungsgrundsätze müssen neu überdacht werden. Diese Situation eröffnet die Chance, unser Verteidigungskonzept auch am Begriff der Defensive im Sinne von Clausewitz zu messen. Dieser hat erklärt:

»... so ist es denn wirklich törichterweise eine Grundansicht über die Verteidigung geworden, daß ihre Schlachten nur auf das Abwehren, nicht auf das Vernichten des Feindes gerichtet wären. Wir halten dies für einen der schädlichsten Irrtümer[25].«

Die französische Armee war 1940 im sogenannten »Maginot«-Denken befangen. Sie beschränkte sich auf eine rein *passive* Verteidigung, überließ die Initiative dem Gegner und reduzierte ihre operative Führung auf bloßes Reagieren. Noch immer von der Lineartaktik des Ersten Weltkrieges bestimmt, waren die französischen Verbände entlang der Grenze perlschnurartig nebeneinander aufgereiht. Als bei Sedan operativ zusammengefaßten deutschen Panzerverbänden der entscheidende Durchbruch gelang, war die französische Armeeführung nicht in der Lage, im Rahmen eines operativen Gegenangriffs zu reagieren. Zwar verfügten die Alliierten über ca.

3400 Kampfpanzer gegenüber lediglich 2400 deutschen, doch diese waren größtenteils entlang der Front verstreut. Es fehlte an der ausreichenden Bereitstellung mechanisierter Reserven in der Tiefe, um einen Schlag aus der Defensive zu führen, wie dies 1943 Manstein bei seiner Rochade oder im selben Jahr die Sowjets bei Kursk durchexerziert hatten.

Die Franzosen wollten wie im Ersten Weltkrieg den Durchbruch frontal abriegeln, um die Angreifer durch das Feuer der Artillerie zu zerschlagen. Als es darauf angekommen wäre, die weit vorgepreschten deutschen Panzerkeile durch einen Gegenangriff in die Flanke des Durchbruchskorridors abzuschneiden, zeigte es sich, daß man hierfür keine Vorschriften, keine Führungsmittel, keine geschulten Stäbe besaß. Ein derartiger operativer Einsatz mechanisierter Kräfte war bislang nicht einmal in Planübungen durchgespielt worden.

Heute ist das Kriegsbild noch viel stärker als im Ersten Weltkrieg vom Faktor Feuer bestimmt. Der Einsatz atomarer Gefechtsfeldwaffen war zur Alternative konventioneller Gegenangriffe geworden. Ob die Drohung, Westeuropa in ein »atomar verstrahltes Verdun« zu verwandeln, abschreckend wirkt, könnte bezweifelt werden, vor allem, wenn der Angreifer glaubt, das »Feuer« im Blitzkriegtempo unterlaufen zu können. Dann jedoch wäre ein Szenario wie 1940 vorstellbar, wo sich die operative Führungskunst der französischen Armee im passiven Reagieren und im rein defensiven Abriegeln erschöpfte.

Clausewitz hat »die verteidigende Form der Kriegführung« als die stärkere bezeichnet[26]. Dennoch erschien sie ihm als die »negative« Form der Kriegführung[27]. Er hat deshalb hinzugefügt:

»Ein schneller, kräftiger Übergang zum Angriff — das blitzende Vergeltungsschwert — ist der glänzendste Punkt der Verteidigung; wer ihn sich nicht gleich hinzudenkt, oder vielmehr, wer ihn nicht gleich in den Begriff der Verteidigung aufnimmt, dem wird nimmermehr die Überlegenheit der Verteidigung einleuchten [...] Ferner ist es eine grobe Verwechslung, wenn man unter Angriff immer einen Überfall versteht und sich folglich unter Verteidigung nichts als Not und Verwirrung denkt[28].«

Im Gegensatz zu Schlieffen hat Manstein Clausewitz ernst genommen und seine Theorien auf die Bedingungen eines modernen Kriegsbildes *umgesetzt*. Manstein hebt sich deshalb von allen Militärs des Zweiten Weltkrieges ab, weil er den Interpretationsspielraum der clausewitzschen Philosophie nutzt, kreativ und unkonventionell zu agieren und sich daher jedem dogmatischen Denken zu entziehen. Für Manstein trifft der auch heute bedenkenswerte, Perikles zugeschriebene Satz zu: »Es ist auch unsere Art, dort am freiesten zu wagen, wo wir am besten durchdacht haben.«

Anmerkungen

1 Carl von Clausewitz, Vom Kriege, Bonn, 19. Auflage 1980, S. 991.
2 Gerhard Ritter, Der Schlieffenplan. Kritik eines Mythos, München 1956, S. 8 f. Hierzu auch Jehuda L. Wallach, Das Dogma der Vernichtungsschlacht. Die Lehren von Clausewitz und Schlieffen und ihre Wirkung in zwei Weltkriegen, Frankfurt a.M. 1967, S. 61 f.
3 Wallach (wie Anm. 2), S. 62.
4 Sebastian Haffner, Die sieben Todsünden des Deutschen Reiches im Ersten Weltkrieg, Bergisch Gladbach 1981, S. 33.
5 Ebd., S. 32 ff.
6 Zit. bei Wallach (wie Anm. 2), S. 58.
7 Clausewitz (wie Anm. 1), S. 1012.
8 Sebastian Haffner/Wolfgang Venohr, Das Wunder an der Marne. Rekonstruktion der Entscheidungsschlacht des Ersten Weltkrieges, Bergisch Gladbach 1982, S. 79.
9 Clausewitz (wie Anm. 1), S. 180.
10 Ebd., S. 879.
11 Ritter, Schlieffenplan (wie Anm. 2), S. 51.
12 Ebd., S. 47.
13 Ebd., S. 51.
14 Moltkes Kriegslehren. Die operativen Vorbereitungen zur Schlacht, hrsg. vom Großen Generalstab, Berlin 1911 (= Moltkes Militärische Werke, Bd 4, Teil 1), S. 71.
15 Ebd.
16 Hans-Adolf Jacobsen (Hrsg.), Dokumente zur Vorgeschichte des Westfeldzuges 1939—1940, Berlin, Frankfurt 1956 (= Studien und Dokumente zur Geschichte des Zweiten Weltkrieges, Bd 2a), S. 41-46, 46-51, 59-63.
17 Hans-Adolf Jacobsen, Der Fall Gelb. Der Kampf um den deutschen Operationsplan zur Westoffensive 1940, Wiesbaden 1957, S. 68.
18 Jacobsen, Dokumente zur Vorgeschichte (wie Anm. 16), S. 155 f.
19 Ebd., S. 64 f.
20 Zu Mansteins Rochade vgl.: Paul Carell, Verbrannte Erde. Schlacht zwischen Wolga und Weichsel, Frankfurt/Wien 1976, S. 158 ff.; Geschichte des Großen Vaterländischen Krieges, Bd 3: Der grundlegende Umschwung im Verlauf des Großen Vaterländischen Krieges, Berlin (Ost) 1964, S. 133 ff.; Othmar Hackl, Operative Führungsprobleme der Heeresgruppe Don bzw. Süd bei den Verteidigungsoperationen zwischen Donez und Dnepr im Februar und März 1943, in: Truppenpraxis, 3/1982, S. 191-200; 4/1982, S. 268-274; ders., Das »Schlagen aus der Nachhand«. Die Operationen der Heeresgruppe Don bzw. Süd zwischen Donez und Dnepr 1943, in: Truppendienst, 2/1983, S. 132-137; Erich von Manstein, Verlorene Siege, Bonn 1955, S. 397 ff.; Friedrich Wilhelm von Mellenthin, Panzerschlachten. Eine Studie über den Einsatz von Panzerverbänden im Zweiten Weltkrieg, Neckargemünd 1963,

S. 131 ff.; Walther Nehring, Die Geschichte der deutschen Panzerwaffe 1916—1945, Berlin 1969, S. 283 ff.; Eberhard Schwarz, Die Stabilisierung der Ostfront nach Stalingrad, Göttingen/Zürich 1985, S. 44 ff.; Dieter Ose (Hrsg.), Wehrgeschichtliches Symposium an der Führungsakademie der Bundeswehr (9. September 1986): Ausbildung im operativen Denken unter Heranziehung von Kriegserfahrungen, dargestellt an Mansteins Gegenangriff im Frühjahr 1943, Bonn 1987.

21 Robert A. Doughty, French Antitank Doctrine, 1940. The antidot that failed, in: Military Review, Vol. 56, No 5 (May 1976), S. 36-48, hier S. 46.

22 Ebd., S. 46.

23 Ernst Klink, Das Gesetz des Handelns. Die Operation »Zitadelle« 1943, Stuttgart 1966 (= Beiträge zur Militär- und Kriegsgeschichte, Bd 7), S. 207, Anm. 299.

24 Carell, Verbrannte Erde (wie Anm. 21), S. 83 f., berichtet, Manstein habe diese Idee gehabt. Nach dem Kriegstagebuch der Heeresgruppe Süd (Bundesarchiv-Militärarchiv, RH 19 VI/45) berichtete Zeitzler am 20.4. dem Chef des Generalstabes der H.Gr. Süd, Hitler erwäge diesen »Gedanken«; am 2.6. wurde er von beiden erneut kurz erörtert. Beide »lehnten diese Operation aus den schon in zurückliegender Zeit festgelegten Gründen übereinstimmend ab.«

25 Clausewitz (wie Anm. 1), S. 669.

26 Ebd., S. 615.

27 Ebd.

28 Ebd., S. 634.

John E. Tashjean

Smolensk 1941.
Zum Kulminationspunkt in Theorie und Praxis

> Die Siege sind sehr verschiedener Art.
> (Clausewitz, Strategie aus dem Jahr
> 1804 (1937), S. 41)

I.

In unserem Thema überschneiden sich drei ganz unterschiedliche Erkenntnisinteressen. Das erste zielt ab auf operative Lehren oder zumindest Kriegsgeschichte auf operativer Ebene. Zweitens gibt es ein großes und allgemeines Interesse an der Vorgeschichte und Geschichte des Zweiten Weltkrieges; von diesem Standpunkt betrachtet ist die Schlacht von Smolensk im Sommer 1941 nicht hauptsächlich Gegenstand einer Schlachtanalyse, sondern mehr Endpunkt und Symbol des Barbarossafeldzuges — vielleicht sogar der deutsch-sowjetischen Beziehungen seit 1939. Drittens hat die Clausewitzforschung ein Interesse an unserem Thema, da ja der Begriff Kulminationspunkt von Clausewitz stammt, dessen Kriegstheorie unvermeidlich in einem anregenden, aber schwierigen Verhältnis zur Kriegswirklichkeit steht.

Schwerpunkt dieses Referats ist der Brückenschlag von der operativen Ebene der Analyse zum Clausewitzschen Begriff Kulminationspunkt und anderen Kernstücken seiner Kriegstheorie. Das Bild vom Brückenschlag soll natürlich nicht behaupten, daß diese Verbindung hier erstmalig hergestellt wird. Es geht nur darum, diese Brücke neu zu betrachten und auszubauen.

Das Gesagte impliziert Selbstbeschränkung zweierlei Art. Die Vorgeschichte und Geschichte des Zweiten Weltkrieges wird hier nur am Rande, praktisch garnicht behandelt. Hier und da wird sie in Form von Hypothesen gestreift.

Gänzlich unbehandelt bleibt der deutsche und der sowjetische Historikerstreit und die neuere deutsche Kontroverse über Hitlers Stufenprogramm[1].

II. Kulminationspunkt: Thesen und Fragen

Der originellste Brückenbauer wie auch der kleinste Brückeninspekteur tut recht, das tragende Fundament zu untersuchen. Für uns ist der Begriff »Kulminationspunkt« die wichtigste Grundlage. Schon die flüchtigste Betrachtung wirft ein Problem auf, da das Wort Kulmination im Alltagsgebrauch der modernen europäischen Sprachen zweideutig ist. »Kulmination« bedeutet im Alltagsgebrauch ungefähr soviel wie Aufstieg, aber auch den erreichten Höchstpunkt: also Prozeß und Augenblick. Diese Zweideutigkeit verbietet automatisch den wissenschaftlichen Gebrauch des Wortes, es sei denn in anerkannt eingeschränktem, d.h. eindeutigem Sinn.

Zweitens gibt es eine Sackgasse, in die uns der Alltagsgebrauch von »Kulmination« und »Kulminationspunkt« nur allzuleicht verleitet. Auf Kriegsgeschichte angewendet, legt der Alltagsgebrauch die Begriffe Invasion, Ausdehnung und Eroberung nahe. Demzufolge wäre dann der Kulminationspunkt der weiteste im Angriff erreichte Punkt oder der Zeitpunkt größter flächenmäßiger Eroberung. Schon diese zwei Bedeutungen sind offensichtlich nicht unbedingt identisch.

Dieser Sinn von Kulminationspunkt führt in eine Sackgasse. Im Rückblick ist er zwar feststellbar; aber eben nur im Rückblick. Im Kampf ist er total unbrauchbar. Für unser Referat hat dieser Sinn von Kulminationspunkt nur den eigentümlichen Reiz, daß er einen hundertprozentig sicheren Beweis erlaubt — etwas, dessen man sich in den Geistes- und Geschichtswissenschaften nicht immer erfreut. Im Sinne des Alltagsgebrauches von »Kulminationspunkt« — wie gesagt, weitester erreichter Punkt — war Smolensk sicherlich *nicht* der Kulminationspunkt. Denn später, 1942 und 1943, hat der Angriff beträchtlichen Raumgewinn verzeichnet. Das belegt jeder historischer Atlas des Zweiten Weltkrieges. Sehr erfreulicherweise also benutzt Clausewitz das Wort ganz anders, hochoriginell, und ungemein anregend. (Die Geschichte des Kulminationsbegriffes vor, bei und nach Clausewitz lassen wir hier beiseite und verweisen nur auf die neueste Literatur[2].)

Bei Clausewitz bedeutet Kulminationspunkt keineswegs die am weitesten entfernte im Angriff erreichte Linie oder die flächenmäßig umfangreichste Eroberung. Im Gebäude seiner Kriegstheorie ist der Begriff Kulminationspunkt ein drittrangiger Baustein. Übergeordnet ist die Einsicht, daß Krieg der Kampf zweier unabhängiger Willen ist (kurz, Kriegsdialektik). Daraus resultiert auf zweiter theoretischer Ebene das Verhältnis von Angriff und dem Schwerpunkt der anderen Seite. Da der Angriff aus verschiedenen Gründen, die Clausewitz für den Landkampf seiner Zeit ziemlich erschöpfend darlegte, im Verlauf schwächer wird, kommt die Kriegstheorie drittens auf den Gedanken eines Kulminationspunktes. Dieser ist, nach Clausewitz, eigentlich kein Punkt, sondern eine Gesamtlage bzw. die Entscheidung angesichts der Gesamtlage. »Punkt« ist nur eines jener anschaulichen Bilder, die Clausewitz so gerne gebrauchte. Die Gesamtlage Kulminationspunkt ist nach ihm die Lage, in der der Angriff zur Verteidigung übergehen *kann oder soll* — beides unterscheidet Clausewitz nicht —, um Verhandlungen zum Zwecke des Friedensschlusses einzuleiten bzw. abzuwarten. Man sieht ganz klar und deutlich, daß der Kulminationspunkt wohl von operativer Bedeutung, aber keineswegs ein »rein militärischer« Fachbegriff ist.

Die von Clausewitz nicht vollzogene, aber eben angedeutete Unterscheidung von *kann* und *soll*, d.h. von *Möglichkeit* und *Norm*, ist festzuhalten und zu betonen. Mit dieser Unterscheidung kommt man zur Frage, ob Smolensk für den Angreifer der Kulminationspunkt war oder hätte sein sollen.

Damals sind keine Friedensverhandlungen eingeleitet worden, sondern die Wehrmacht trat sehr bald zu weiterem Angriff (Operation Taifun) in Richtung Moskau an. Rein faktisch also ist die Frage zu verneinen. Weder OKH/OKW noch Führerhauptquartier haben damals Stillstand erwogen; für eine derartige Erwägung gibt es keinerlei Anhalt.

Das schließt frühere und spätere entgegengesetzte Meinungsäußerungen nicht aus, die hier kurz erwähnt werden sollten. Ende 1940 hat es, allem Anschein nach, so etwas wie einen Fait accompli gegeben, bei dem die Kriegsmarine sich nicht durchsetzen konnte. Das konstruiert der Verfasser forsch, aber revisionsbereit aus zwei Umständen. Im November 1940 fanden alle Führerkonferenzen, auf denen ein möglicher Angriff im Osten diskutiert wurde, nur nach Ausscheiden von Admiral Raeder statt[3]. Trotzdem muß er etwas gehört haben, denn am 27. Dezember 1940 legte er schwere Bedenken gegen Barbarossa ein[4]. Vom Walhall der Admirale hat damals Admiral Tirpitz wohl zustimmend auf seinen Nachfolger herabgeblickt, denn er hatte im Ersten Weltkrieg auch den Schwerpunkt auf England, nicht auf Rußland legen wollen[5]. Es springt ins

Auge, daß Teilstreitkräfte über Jahrzehnte eine selektive Rezeption oder Interpretation der übergreifenden Begriffe der Clausewitzschen Kriegstheorie betreiben. Immerhin war die Spannung Heer — Marine nicht so akut wie im Japan der dreißiger Jahre.

Hätte Smolensk der Kulminationspunkt sein sollen? Diese Frage verweist anfänglich wieder auf die zwei von Clausewitz angeführten Kriterien, Übergang zur Defensive und Einleitung von Verhandlungen.

Diesmal jedoch ist die Antwort nicht klar und kurz; ganz im Gegenteil, die Frage bleibt offen. Allerdings erlaubt das erste Kriterium, der Übergang zur Defensive, einen konkretisierenden Gedankengang. Der Übergang hätte wohl Verschiedenes erfordert, was die Wehrmacht im Sommer 1941 nicht hatte, aber sich *vielleicht* rechtzeitig und in genügendem Ausmaß hätte verschaffen können.

Erstens wäre Panzerabwehr erforderlich gewesen, die dem T-34 und seinen Nachfolgepanzern gewachsen war. Zweitens und zwecks beweglicher Verteidigung wäre eine enorme Vergrößerung und Vereinheitlichung der Motorisierung der Infanterie notwendig gewesen, mit allen dazugehörigen Maßnahmen betreffend Treibstoff, Öl, Reparatur usw. Drittens — abgesehen vom »Schild« — wäre das »Schwert« einer strategischen Luftwaffe angebracht gewesen, denn wichtige Zentren der sowjetischen Rüstungsindustrie lagen ja weit außerhalb der im Juli 1941 erreichten Linie.

Die Erfüllung dieser drei Bedingungen für den Übergang zur Defensive hätte Zeit erfordert, die natürlich auch vom Gegner genutzt worden wäre. Zwischen- und Endresultate hier dogmatisieren zu wollen, wäre vollkommen unangebracht. Unsere Konkretisierung des Clausewitzschen Kriteriums »Übergang zur Defensive« liefert nur Ausgangspunkte für Kriegsspiele der hypothetischen Geschichte. Gibt es ein Schwert, mit dem man den Knoten der Unentscheidbarkeit durchschlagen kann? Nur das Schwert politischer Einsicht: Clausewitz sagt bekanntlich, daß Rußland nur durch eigene Schwäche und Zwist besiegt werden könne[6].

Für diese eben skizzierte Problematik ist es vielleicht relevant, daß ein halbes Jahr nach Smolensk, d.h. am 23. Dezember 1941, Generaloberst Fromm, der Befehlshaber des Ersatzheeres, zu Friedensverhandlungen riet[7]. Auf das Thema Reserven kommen wir noch zu sprechen.

III. Sechs operative Themen

Die europäische Kriegsgeschichte der letzten vier Jahrhunderte bezeugt besonders für den Landkrieg eine zunehmende Erweiterung des Horizontes. Im 17. Jahrhundert schrieb ein namhafter Feldherr wie Montecuccoli noch *Delle battaglie*, über die Schlacht[8]. Im 20. Jahrhundert behalten Taktik und Schlacht ihre Wichtigkeit, werden aber Mittel, Resultat und Voraussetzung auf operativer Ebene. Daraus folgt, daß die operative Analyse einer Schlacht gegebenenfalls weit zurückgreifen muß auf den Feldzug wie auch auf das Vorkriegsgeschehen.

Überraschung ist, zweifellos, ein wichtiges Thema der Vorgeschichte von Smolensk. Obwohl die historische Forschung in dieser Hinsicht beträchtlichen Fortschritt verbuchen kann, wartet man noch auf eine detaillierte — und beiderseitige — Gesamtdarstellung dieses Themas. Drei seiner Aspekte sind der Betonung wert.

Erstens steht es wohl fest, daß die deutsche Überraschung Stalins und der Roten Armee sowohl taktisch wie operativ voll gelang. (Ob das auch für Stalins strategische Ansichten stimmt, darf bezweifelt werden, steht aber außerhalb des hier abgesteckten Rahmens.) Die deutsche operative Überraschung war nicht zuletzt deshalb so erfolgreich, weil sie auch die praktisch totale Luftüberlegenheit errang, mit allen Möglichkeiten der Unterstützung des Heeres, die daraus folgten[9]. Ein gleichfalls sehr wichtiger Aspekt der Überraschung war, daß der deutsche Schwerpunkt bei der Heeresgruppe Mitte lag, nicht, wie von Stalin erwartet, weiter südlich gegen die Südwestfront Timoschenkos.

Für den Historiker der Gegenwart, in der totale Luftüberlegenheit immer seltener wird, gibt es hier wohl eine Fallstudie von beträchtlichem Interesse.

Die Vorteile der Überraschung wurden aber beeinträchtigt bzw. aufgewogen durch Selbstbeschränkungen verschiedener Art. Zur Hälfte kann man sie zusammenfassen unter der Rubrik Vernachlässigung der Logistik; die andere Hälfte enthält den politischen Alleingang, den Professor Hillgruber mit Bezug auf Japan mehrmals unterstrichen hat, der aber auch Italiens Verhalten beinhaltet.

Die höchst unzulängliche Vorbereitung der Reichsbahn für das erste Kriegshalbjahr ist neulich von Schüler in aller wünschenswerten Tiefe quellenmäßig belegt worden[10]. Was noch einer ähnlichen Darstellung harrt, ist jedoch die unzulängliche Motorisierung der Infanterie. Es war nicht nur ein zahlenmäßiges Defizit, sondern auch eine vom Gesichtspunkt der Ersatzteillieferung und Reparatur höchst nachteilige Zersplitterung in eine Vielzahl von Marken und Firmen. Auf die operative Bedeutung dieses Motorisierungsmankos kommen wir im Zusammenhang mit dem Dilemma Kesselschließung oder Vorstoß ganz kurz zurück.

Zum Aspekt politischer Alleingang sind zwei Bemerkungen wohl angebracht. Mitte Juni 1941 soll Ribbentrop versucht haben, Japan zu einem Angriff auf Sibirien vor einem Angriff auf Südostasien zu überreden[11]. Das ist zwar fehlgeschlagen, korrigiert aber die weitverbreitete Meinung, Berlin habe gegenüber Tokio Barbarossa völlig geheimgehalten. Jedenfalls kann man das Risiko, das Ribbentrop — eine Woche vor Kriegsausbruch — einging, als schwindelerregend bezeichnen; war es doch damals für eine erfolgreiche Diversion viel zu spät.

Mit diesen verschiedenartigen Selbstbeschränkungen, deren Ursachen vielfältig waren und Jahre zurücklagen, kommen wir auf den Gedanken der Kompensation für die Beschränkungen. Dieser letzte Aspekt des Themas Überraschung ist pure Hypothese und Spekulation.

Etwas dramatisch zugespitzt geht es hier um Hitler als Ludendorff, d.h. um das Verhältnis von Staatskunst und Militärstrategie. Betrachtet man nämlich das Dreieck Berlin—Warschau—Moskau in den 30er Jahren, so wird man auf einen Zusammenhang aufmerksam, der, soviel wir wissen, kaum erforscht und auch kaum dargestellt ist. Den Zusammenhang bezeichnen wir kurz mit dem Ausdruck »Außenpolitik als Aufmarsch« und würden ihn mit der Mandschukuo-Krise 1931 beginnen lassen, als Japan sich einen sowohl für einen Angriff auf Sowjetasien als auch auf China geeigneten Satelliten erwarb[12]. Nach Hitlers Machtergreifung zwei Jahre später fuhren die deutsch-polnischen Beziehungen zunächst auf friedlichem Gleis. Als es aber mit der Einbeziehung Polens in die deutsche Interessensphäre nicht klappte, kam es zur großen Wende der deutschen Außenpolitik im September 1939.

Die Hypothese, die wir hier nur skizzieren, ist folgende. In den zwei Jahrzehnten zwischen den Weltkriegen haben sich die europäischen Militärs viele Gedanken über die Reihenfolge von Kriegserklärungen und -ausbruch, Mobilisierung, Aufmarsch und Angriff gemacht. Diese traditionelle Reihenfolge erschien immer problematischer, nicht zuletzt deshalb, weil sie operative und strategische Überraschung praktisch ausschloß.

Der Gedanke kam auf, Mobilisierung und Aufmarsch vorzuverlegen und den Krieg mit dem Angriff zu beginnen. Das ist der militärstrategische Teil der Hypothese.

Der außenpolitische Teil wurzelt in der Tatsache, daß Deutschland die Sowjetunion zu Lande nicht direkt angreifen konnte. Der neue militärstrategische Gedanke erforderte die Dislozierung der Wehrmacht irgendwie schon *vor und ohne* Kriegsausbruch in möglichster Nähe der Grenze zur Sowjetunion. Wir *spekulieren*: Wenn die deutsch-polnischen Beziehungen sich freundschaftlich entwickelt hätten, wäre ein halbwegs triftiger Vorwand für zahlreiche deutsche Berater, Militärmissionen usw. gefunden worden, wie es ja später tatsächlich in Rumänien geschah. Da sie sich aber verschlechterten, mußte es zum deutsch-sowjetischen Nichtangriffspakt 1939 kommen. Das ermöglichte die von der neuen militärstrategischen Konzeption geforderte Dislozierung.

Unser zweites operative Thema ist Friktion, die Reibung in militärischen Prozessen, die Clausewitz als erster begrifflich erfaßt und benannt hat. Friktion wird meistens als rein taktisches Phänomen eingestuft und abgetan; das ist vielleicht ein voreiliges Urteil. Es liegt auf der Hand, daß Clausewitz die Begriffe der »Friktion« und der militärischen »Maschine« der Physik seiner Zeit entlieh, obwohl die Heere seiner Zeit nichtmechanisiert und nichtmotorisiert waren. Er hat vielleicht in dichterischer Vorahnung ein sehr prägnantes Bild gewählt, das erst in unserem Jahrhundert in voller Tragweite erkennbar wurde. Motorisierung ist zwar das Schulbeispiel der potentiellen Reichweite des Phänomens Friktion; doch muß unterstrichen werden, daß Clausewitz mit Friktion viel mehr meint als den physikalischen Prozeß der Reibung. Er bringt nämlich die Friktion mit allem Unkalkulierbaren in Verbindung, so z.B. mit dem Wetter. *Alles Unkalkulierbare, das normale militärische Wirkung herabsetzt bzw. verhindert*, ist vielleicht das von Clausewitz mit »Friktion« Gemeinte. Wird der Begriff derartig bestimmt, so ist er sehr elastisch und keineswegs unbedingt auf taktische Prozesse beschränkt[13].

Friktion in Form einer Verbindung, d.h. einer *negativen Synergie* von Wetter und Reibung, war nun im Rußlandfeldzug von Anfang an von nicht zu übersehender und mehr als taktischer Bedeutung. Schinzers statistische Auswertung deutscher Verluste im Osten — sowohl an Personal wie an Panzern — zeigt ganz deutlich, daß in den Schlammperioden im Frühling und Herbst die Verluste regelmäßig absanken[14]. Verminderung der Beweglichkeit erschwert eben den Kontakt mit dem Feind und reduziert so — abgesehen von Artillerie und Luftwaffe — das mögliche Höchstmaß an Bodengewinn, Gefangenen und Verlusten. Die Schlammperioden bedeuteten auch erheblich erhöhten Verbrauch von Treibstoff und Maschinenöl sowie größeren Verschleiß von Motoren. Das wiederum bedeutete zusätzliche Belastung der ganzen Logistik und Verzögerungen aller Art. Im heißen Sommer der Schlacht von Smolensk spielte auch der Staub eine Rolle; kurz und gut, eine meteorologische Geschichte des Barbarossafeldzuges ist noch zu schreiben. Die Einwirkung derart verursachter Verzögerungen auf taktische und operative Pläne und Angriffe sollte eine Detailstudie wert sein. Ansatzpunkte zu einer derartigen Studie hat Schüler schon geliefert.

Es wäre ganz unzulässig, den Friktionsbegriff auf rein mechanische Abnutzung von Transport und Waffen, einschließlich der Verzögerungseffekte, zu beschränken. Eine veränderliche Größe ganz anderer Art spielt nach Clausewitz in das Phänomen Friktion hinein, nämlich der Widerstand im besetzten Gebiet[15]. Für Barbarossa und den Kampf vor und zu Smolensk ist der unerwartet zähe Widerstand auch eingeschlossener (oder von Einschließung bedrohter) Sowjeteinheiten sicherlich eine betrachtenswerte Form der Friktion.

Insgesamt erhellt die große operative Bedeutung der Friktion daraus, daß das »Produkt« Friktion von der Schnelligkeit des Angriffes »abgezogen« werden muß. Da ja, wie schon Clausewitz sagt, der Angriff gar nicht schnell genug vorgehen kann, ist das offensichtlich für Feldzugsplanung und Strategie eine höchst ernste Sache.

Das von Clausewitz mit den Begriffen »Kulmination« und »Friktion« bewiesene Talent für militärische Namen- und Sinngebung hat ihn aber in einer anderen Hinsicht im Stich gelassen. Es geht hier um ein Phänomen der gesamten Kriegsgeschichte, das Clausewitz immerhin beschrieben und umschrieben hat, so daß wir es nur taufen müssen. Vom Kriege beschreibt im Kapitel 6 B des 8. Buches die Kriegsdialektik der Französischen Revolution mit den sie bekämpfenden Staaten und kommt zu folgendem hochdramatischen politisch-militärischen Schluß: »Man kann also sagen: die zwanzigjährigen Siege der Revolution sind hauptsächlich die Folge der fehlerhaften Politik der ihr gegenüberstehenden Regierungen[16].«

Der Begriff einer kriegsentscheidenden Summe der Fehler ist unser drittes Thema, das Clausewitz, wie gesagt, schon in seiner Fallstudie formuliert und das man nur allgemeiner fassen muß. Es ist jedenfalls bemerkenswert, daß Clausewitz sich überhaupt zu dieser Einsicht durchrang. Die übliche Betrachtungsweise ist ja, daß man nur Fehler der eigenen Planung und Ausführung bemerkt und untersucht und dann dieselbe Betrachtungsweise auf die andere Seite anwendet. Clausewitz tut den wesentlichen weiteren Schritt, Fehler als *beiderseitiges Verhältnis* zu begreifen. Hier haben wir also das große und weitaus nicht genug untersuchte Thema Fehlervergleich oder Fehlerverhältnis. Es ist theoretisch möglich, daß man einen Krieg gewinnt, weil der Gegner die ärgeren Fehler begeht; und daß man einen Krieg wegen der eigenen ärgeren Fehler verliert.

Da die eben zitierte Clausewitzsche Fallstudie sich auf Fehler der höheren und höchsten Führung beschränkt, ist es hier in Hinsicht auf den Hauptzweck des Referats angebracht, das Fehlerverhältnis prinzipiell mit Friktion in Beziehung zu setzen. Es liegt auf der Hand, daß Fehler unerwünschte und unerwartete nachteilige Beeinflussung der eigenen Lage bedeuten. Das spielt wegen der Unberechenbarkeit der Fehler schon in das Begriffsfeld Friktion hinein. Hier liegt also ein großes Feld der Kriegsgeschichte brach und erfordert zumindest eine begriffliche Durchdringung des Phänomens Fehler.

Aus diesen vielleicht etwas exotisch anmutenden Gefilden der Kriegstheorie kehren wir mit den letzten drei Themen zu besser erforschten zurück.

Der Kampfverlauf zu Smolensk und Jelnia liefert für die operative Begriffsbildung ganz ausgezeichnetes Lehrmaterial, da ja das Geschehen auf rein faktischer Ebene schon seit der journalistischen Berichterstattung vom Juli 1941 im wesentlichen feststeht[17]. Es kommt also nur auf die begriffliche Verarbeitung an. Man hat diesbezüglich den Eindruck, daß die anerkannten Autoritäten (Klink, Kipp, Fugate u.a.) mit den Begriffen Dilemma bzw. Spannung, Kesselschließung, und Vorstoß bzw. Sicherung der Ausgangsbasis für Vorstoß sehr gut auskommen. Zwecks Behebung des Dilemmas durch schnellere Kesselschließung wäre volle Motorisierung der Infanterie vermutlich sehr wünschenswert gewesen. Jedenfalls muß hier im Interesse der Clausewitzforschung festgehalten werden, daß die erwähnten Begriffe auf operativer Ebene an Begriffen der nächst höheren, d.h. strategischen Ebene rühren. Ein Dilemma Kesselschließung/Vorstoß ist, in kriegstheoretischer Sicht, nur eine Konkretisierung des Dilemmas Besetzung/Schnellangriff.

Unser vorletztes Thema heißt Schwerpunkt bzw. Feldzugsziel. Wie schon im Zusammenhang mit dem Begriff Kulminationspunkt dargelegt, ist das Verhältnis von Angriff und Schwerpunkt (der anderen Seite) die höchste Konkretisierung der Kriegsdialektik nach Clausewitz. Allerdings stellt sich damit sofort die Frage, was ist ein Schwerpunkt? Was war der Schwerpunkt der Sowjetunion im Jahre 1941?

Große Militärhierarchien leben in einer Geisteswelt ganz eigentümlicher Art. Taktisch und operativ mag manches Erlebnis vergessen oder verdrängt sein, aber von der großen Theorie wird kaum etwas aufgegeben. Vor und bis Clausewitz, also im Zeitalter absoluter und konstitutioneller Monarchien, bedeutete Schwerpunkt soviel wie Hauptstadt. Dann kam das Dogma der Militärstrategie auf, demzufolge der Schwerpunkt keineswegs in der Hauptstadt oder Landeinnahme lag, sondern im Gros der feindlichen Streitmacht. Seit der Revolution der Bolschewiken im Herbst 1917 fragt man sich, ober der Schwerpunkt in der KPdSU liege.

Diese grobe Skizze der begrifflichen Entwicklung hat einen gewissen Erklärungswert für das Aufschieben klarer Entschlüsse deutscherseits. Dazu kommt als weitere Komplikation der Gedanke vom totalen Krieg, d.h. von der Wichtigkeit von Weizen, Treibstoff, usw. Zusammengenommen gibt uns diese »Begriffsgeschichte« eigentlich schon alle die Argumente, die im Sommer und Herbst 1941 der deutschen Führung soviel Zwist und Kopfzerbrechen verursachten. Für den Historiker operativer, auch gesamtstrategischer Begriffe gibt es hier wohl noch ein Arbeitsfeld.

Schließlich, ganz kurz, eine Bemerkung zum Thema Reserven. Reserven sind ein großer Schlüssel zum Sieg. Schon Montecuccoli unterstrich, daß Operationen stark genug sein müßten, um bei errungenem Sieg den Sieg auszunutzen. Anders ausgedrückt heißt das, daß selbst der glänzendste Sieg viel Glanz verliert, wenn am nächsten Morgen keine Reserven bereitstehen. Siege sind eben, wie Clausewitz bemerkt, von sehr verschiedener Art. Wenn man in Sachen Reserven nicht aus dem vollen schöpft, d.h. wenn Schwerpunktbildung nur durch mehr oder weniger großes Risiko an anderen Sektoren möglich ist, dann sind Motorisierung der Infanterie und lückenlose Aufklärung (einschließlich Fernaufklärung) wichtigste Maßnahmen. Keine Reserven zu haben *und* schwach motorisiert zu sein, ist weit mehr als *operatives* Vabanquespiel.

IV. Verhältnis Theorie und Praxis

Kurz und bündig kehrt unsere Schlußbetrachtung zur Frage im Ausgangspunkt zurück. Wie schon im ersten Abschnitt dargelegt, war der Clausewitzsche Begriff des Kulminationspunktes im Kriegs- und Entscheidungsprozeß des Juli 1941 durchaus Nebensache. Dieser Begriff wurde weder erwogen noch angewandt. Diesbezügliche Unterschiede zwischen Heer und Marine wurden angedeutet. In dieser Schlußbetrachtung ist jedoch das nationale Moment hinzuzufügen. Dem Historiker der Schlacht von Smolensk und von Barbarossa, der auch den von Professor Hillgruber zu Recht unterstrichenen bündnispolitischen Aspekt einbezieht, springt der Unterschied zwischen der deutschen und der japanischen operativ-strategischen Einstellung ins Auge. Die Hypothese ist unumgänglich, daß auch ohne die japanisch-sowjetischen Grenzkämpfe die japanische Erfahrung mit Kulmination in China die Grundursache des japanischen Zögerns und Skeptizismus war. Allgemein formuliert ist für die zeitgenössische wie auch die rückblickende Kritik der *Eindruck des letzten Krieges* eine sehr wichtige Größe. Nach den blendenden Erfolgen in Polen und Frankreich ging die Wehrmacht mit einem Kriegsbild in die Zukunft, das gänzlich unbeeinflußt war von Japans Erfahrungen mit Kulmination in einem Land von kontinentalem Ausmaß und Dritte-Welt-Zuständen.

Angenommen, wie gesagt, der Begriff Kulminationspunkt habe im Sommer 1941 praktisch keine Rolle gespielt, besagt das natürlich keineswegs, daß man die ganze Clausewitzsche Kriegstheorie zu den Akten legen kann. Die Theorie ist ohnmächtig, aber ewig. Theorie ist für ihr Weiterleben nicht auf Anwendung, geschweige denn auf erfolgreiche Anwendung angewiesen. Des Menschen Erklärungsdrang allein erhält sie schon am Leben. Das Streben nach Anwendung ist lehrreich und nützlich, aber die Theorie ist an lange Jahre in der Wüste gewöhnt.

Doch stellt sich offensichtlich die Frage, wie man den Begriff Kulminationspunkt für die Praxis relevant oder relevanter macht. Der Weiterentwicklung des Begriffes soll der hier eingeschlagene Weg dienen. Zu dem schon Gesagten fügen wir hier zwei Erwägungen hinzu, die wesentlichste Aspekte unseres Themas beleuchten.

Erstens geht es um eine zeitgemäße und zukunftsmächtige Fassung des Clausewitzschen Feldherrnideals. Nach Clausewitz ist das richtige Erkennen des Kulminationspunktes die schwierigste Prüfung und der echteste Beweis der Feldherrngröße[18]. In der Clausewitzliteratur ist es üblich, als Kriterien des »Feldherrn« Genie und Willensstärke zu nennen[19]. Das kommt aber einem individualpsychologischen Formalismus sehr nahe. Die Clausewitzsche Darstellung der Lage, in der der ideale Feldherr den Kulminationspunkt richtig erkennt, ist ganz eingebettet in die Gruppenpsychologie eines Hauptquartiers, das mit der Unsicherheit fertigwerden muß, die im Kriege bei allen operativen, strategischen und außenpolitischen Fragen gegeben ist. Es geht also um ein in politisch-militärischen Krisen als erfolgreich ausgewiesenes »team« von Feldherr und Stab. Dabei ist zu unterstreichen, daß nach Clausewitz der Kulminationspunkt im Angriff keineswegs eine Schlacht sein muß; das eben gebrauchte Wort Krise ist also sehr weit und elastisch zu fassen. Es geht um Erkenntnisse nicht nur der beiderseitigen, sondern der gesamten internationalen Gesamtlage.

Zweitens und schließlich muß man in Betracht ziehen, daß nach Clausewitz der Kulminationspunkt des Angriffes dann wichtig ist, wenn Übergang zur Defensive und Verhandlungen in Frage kommen, d.h. wenn der Krieg kein Niederwerfungsziel verfolgt, sondern solcher Art ist, daß man ihn heutzutage begrenzten Krieg nennt.

Diese zweite Erwägung ist, vom theoretischen Ideal der umfassenden Analyse gesehen, zweifellos eine Relativierung des Kulminationspunktes. Der theoretische Nachteil ist jedoch — wir wollen es hoffen — ein Zeichen der Zukunftshoffnung der Menschheit. Von den Niederwerfungsversuchen brauchen wir im Nuklearzeitalter höchstens die gelehrte Erinnerung. Das ist natürlich kein Plädoyer für begrenzte Kriege als Kriege, wohl aber für ihre Begrenzung. In dieser Hoffnung und Annahme liegt letzten Endes die Bedeutung unseres Themas.

Anmerkungen

1 Siehe z.B. »Pravda publishes attack on Stalin,« New York Times, 21. Juni 1988, S. A 12; S.F. Starr, »Was Hitler Stalin's Fault? With Glasnost, the Great Myth of World War II is Unraveling,« Washington Post, 18. Sept. 1988, S. C 5; und mit Bezug auf das Stufenprogramm Hitlers: Hartmut Schustereit, Vabanque. Hitlers Angriff auf die Sowjetunion 1941 als Versuch, durch den Sieg im Osten den Westen zu bezwingen, Herford, Bonn 1988.

2 J.E. Tashjean, Zum Kulminationsbegriff bei und nach Clausewitz, in: Clausewitz, Jomini, Erzherzog Carl, red. von M. Rauchensteiner, Wien 1988, S. 50-73.

3 Anthony Read und David Fisher, The Deadly Embrace: Hitler, Stalin, and the Nazi-Soviet Nonaggression Pact 1939—1941, New York 1988, S. 514.

4 Michael Salewski, Die deutsche Seekriegsleitung 1935—1945, Bd 1, Frankfurt a.M. 1970, S. 319.

5 L.L. Farrer, The Short-War Illusion; German Policy, Strategy and Domestic Affairs August—Dezember 1914, Santa Barbara, Calif. 1973, S. 102 f.

6 Vom Kriege (1980), S. 1024: »Ein solches Land kann nur bezwungen werden durch eigene Schwäche und durch die Wirkungen des inneren Zwiespaltes.«

7 Gerd R. Ueberschär, Das Scheitern des Unternehmens »Barbarossa« (usw.), in: ders. und Wolfram Wette (Hrsg.), »Unternehmen Barbarossa«, Paderborn 1984, S. 163, bes. Anm. 115.

8 Piero Pieri, La formazione dottrinale di Raimondo Montecuccoli, in: Revue internationale d'histoire militaire, Nr. 10 (1951), S. 92-115, bes. S. 101-108; mit interessanten Bemerkungen über Vernichtungsschlacht und Parallelen von Montecuccoli und Clausewitz.

9 »In October [...] the Russians admitted the destruction of 5,000 planes (the size of the Soviet Air Force in June, 1941).« Carl Boyd, Significance of MAGIC and the Japanese Ambassador to Berlin: (I) The Formative Months before Pearl Harbor, in: Intelligence and National Security, Bd 2 (Januar 1987), Nr. 1, S. 156.

10 Klaus A. Friedrich Schüler, Logistik im Rußlandfeldzug. Die Rolle der Eisenbahnen bei Planung, Vorbereitung und Durchführung des deutschen Angriffs auf die Sowjetunion bis zur Krise vor Moskau im Winter 1941/42, Frankfurt a.M. 1987. Hier zu Herrn Prof. Dr. Hillgruber sehr für seinen freundlichen Hinweis auf dieses Schlüsselwerk gedankt.

11 Peter Herde, Pearl Harbor, 7. Dezember 1941, Darmstadt 1980, S. 74.

12 J.E. Tashjean, The Cannon in the Swimming Pool: Clausewitzian Studies and Strategic Ethnocentrism, in: Journal of the RUSI (London), Juni 1983, S. 54-57.

13 S. des Verfassers Artikel »friction« in der International Military and Defense Encyclopedia (erscheint demnächst bei Pergamon-Brassey, 1990-91).

14 D. Schinzer, Verluste im Gefecht — in Kriegsgeschichte und Operations-Research, in: Wehrwissenschaftliche Rundschau, Mai—Juni 1981, S. 84-87.

15 Vom Kriege (1980), S. 936: »Von dem Augenblick an, wo wir das feindliche Gebiet betreten, ändert sich die Natur des Kriegstheaters, es wird feindlich; wir müssen dasselbe besetzen, denn es gehört uns nur so weit, wie wir es besetzt haben, und doch bietet es der ganzen Maschine überall Schwierigkeiten dar, die notwendig zur Schwächung ihrer Wirkungen führen müssen.«

16 Vom Kriege (1980), S. 997.

17 Waldo Heinrichs, Threshold of War. Franklin D. Roosevelt and American Entry into World War II, New York 1988.

18 Vom Kriege (1980), S. 945.

19 J.E. Tashjean, The Ideal General of General von Clausewitz, in: Journal of the RUSI (London), Dez. 1986, S. 75-76.

David M. Glantz

Soviet Operational Intelligence in the Kursk Operation (July 1943)*

On 22 June 1941, the German Army unleashed a devastating surprise attack on the Soviet Union. This attack heavily damaged the Red Army and ultimately shook the foundations of the Soviet state. The June disaster was, in part, the product of a Soviet strategic intelligence failure. In early September 1941, Guderian's Second Panzer Group turned abruptly southward from Smolensk, thrust by surprise into the rear of the Soviet Southwestern Front defending Kiev, and swallowed up over 600,000 Soviet troops. The September catastrophe was due in part to faulty Soviet intelligence. In October 1941 German armies launched their expected thrust on Moscow through sectors the Soviet had not expected them to use. The intelligence failure proved fatal for four Soviet armies and almost led to a loss of the capital. On 17 May 1942 German armies crushed a Soviet attacking force in the Khar'kov region of southern Russia, encircling and capturing over 250,000 men as a prelude to the surprise German strategic thrust that culminated at Stalingrad. Again Soviet intelligence failures played a major role.

On at least four occasions in the first year of war, Soviet intelligence failed with disastrous consequences. Yet six months later at Stalingrad in November 1942, the Soviets responded with their first successful strategic offensive — an offensive that encircled over 250,000 German and Rumanian soldiers and successfully parried German attempts to relieve the imperiled force. At Stalingrad, Soviet intelligence redeemed itself to a degree, assisted in part by an insatiable German appetite for territory which spread out German military forces and conditioned them for defeat. We can investigate the period through the Stalingrad operation — up to March 1943 — with a degree of accuracy because Soviet *classified* sources are available which expose Soviet combat performances with a considerable degree of candor. In November 1942 the *STAVKA* created a system to collect and analyze war experience and to exploit those experiences to improve the Soviet force structure and refine combat techniques.[1]

Between early 1943 and 1949 the Soviet General Staff, drawing upon reports of armies and *fronts*, produced about sixty-eight volumes of collected war experiences *(Sbornik materialov po izuchenie opyta voiny [Collection of materials for the study of war experience])*. Each volume was classified *sekretnyi* [secret] and numbered. Each, in turn, served as a basis for preparing new orders and regulations covering force structuring and mandating use of new combat techniques. German intelligence obtained seven of the first nine volumes, and these are now available for analysis. They provide a remarkably candid view of Soviet combat performance during the first two years of war.[2]

Throughout the seven volumes are numerous references to Soviet intelligence collection techniques and assessments of the performance of Soviet *razvedka* (intelligence) organs. The last of the available volumes contains a section dealing with the Soviet artillery counter-preparation at Kursk, which provides insights as to what intelligence was available prior to the German offensive.[3] We can further use these detailed sources *to validate* the voluminous Soviet open source materials which exist for the Kursk period and to create a baseline by which we may judge the performance of Soviet intelligence throughout the war. Based on these sources and German archival materials, what then can we say about Soviet intelligence prior to the Kursk operation? First, and foremost, we can conclude that the Soviets learned from their failures.

The Soviet term for intelligence — *razvedka* — has no equivalent in English.[4] It describes a unity — a process of collecting, synthesizing, and analyzing data on the enemy to determine his capabilities and intentions. It is a *ubiquitous* and *unitary* process which transcends all levels of war. The same term applies to the strategic, operational, and tactical levels and encompasses a host of functional activities. Adjectives give the term »*razvedka*« its meaning and context. It ranges from the activities of super spies and codebreakers at the highest level to the most mundane reconnaissance efforts of groups of dog-faced infantry operating on the battlefield itself.

The Soviets possessed a well-thought-out theoretical basis for conducting »*razvedka*« in the pre-war years.[5] They understood the impact of changing technology on force structure and the nature of combat, and the implication of these changes for intelligence collection and analysis. By the late 1930s the Soviets had established an articulated, centralized system for military intelligence collection. An intelligence hierarchy controlled by the NKVD and the General Staff's Intelligence Department, the *Glavnoe razvedyvatel'noe upravlenia* [GRU] extended down into *fronts*, armies, corps, and divisions. Formal intelligence plans were required for every operation; and a system of documents, orders, and forms existed in support of this planning.

This *razvedka* system relied on ground intelligence collection by combat units, and on artillery and engineer *razvedka* at the lowest levels; on air, agent, radio, and reconnaissance-diversionary *razvedka* at the operational level; and on long-range air, radio, and agent *razvedka* at the highest levels.

Although the Soviets thoroughly understood the means of intelligence collection and their potential value, and they possessed a sound theoretical system for both collecting and processing intelligence information, lack of training and technical difficulties plagued the system as it operated — particularly regarding air and radio *razvedka*. The June 1941 surprise attack compounded these problems and conditioned the Soviets to eighteen months of intelligence difficulties. These difficulties were, in turn, further accentuated by the misperceptions and misjudgements of the High Command — particularly Stalin — who often overruled or ignored existing intelligence and the correct judgement of senior commanders. This was the case in June 1941, in September and October 1941, in May 1942, and again as late as February 1943. Fortunately for the Soviets, these misperceptions faded at the same time that Soviet intelligence capabilities revived. As Soviet authors have recently written, Soviet combat performance materially improved when, in the summer of 1943, Stalin began deferring to a greater degree to his military experts.[6]

The revival process included these concrete measures to improve intelligence:

— The establishment in late summer 1941 of a centrally controlled *razvedka* and counter-*razvedka* system including the special departments [*osobyi otdel'*—OOs] and intelligence departments [*razvedyvatel'nyi otdel'*—ROs] at the *STAVKA*, *front*, and army levels — which grew in efficiency after 1942.

— The establishment and exploitation of a partisan network to conduct partisan *razvedka*.

— Generalization of aviation *razvedka* by line units and, ultimately, the creation of *razvedka* squadrons at *STAVKA* and *front* level and smaller detachments within armies. Growth of photo *razvedka*, which

by November 1942, surveyed most tactical defenses, especially penetration sectors. By the time of Stalingrad, by virtue of photographic
razvedka, the Soviets demonstrated a rudimentary capability for
tracking the movements of German operational reserves as well.
— Development of rudimentary communications intercept proce-
dures and, by late 1942, creation of specialized intercept/jamming
units at *front* and, later, army level.
— Proliferation of combat (troop) *razvedka* (searches, sweeps, ambu-
shes and interrogation) and, ultimately, routine use of systematic
reconnaissance in force.
— Establishment of artillery *razvedka* by air and ground observation
and, in 1942, by flash and sound ranging.
— Development of engineer ground *razvedka* to determine the speci-
fic nature of defenses.[7]

By November 1942, in a static situation, the Soviets could decipher the
nature of tactical defenses to a depth of 20-30 kilometers, particularly in
penetration sectors. The Soviets could, by a combination of agent, air, and
radio means, detect general enemy unit movements in the operational
depths (up to 200 kilometers) with about a fifty percent capability for unit
identification. They had marginal capabilities for monitering strategic
movements (up to 400 kilometers) as well. In a fluid situation, this capability diminished, tactically and operationally, although, by focusing
resources, they could detect large-scale operational redeployments.[8]

These capabilities permitted successful conduct of he Stalingrad operation and determination of the general pattern of German movements
which the Soviets then adjusted to counter, for example 2d Guards Army's
movement to thwart the German relief attempt at Stalingrad. Soviet *razvedka* capabilities markedly improved, particularly regarding air and radio,
in the winter of 1943 — although again Soviet misperceptions negated
the value of intelligence information obtained. In February 1943, despite an adequate supply of intelligence, Soviet misperceptions at the strategic level, probably reinforced by inaccurate information from abroad,
produced yet another operational disaster in the Donbas and around
Khar'kov.[9] This experience left a legacy of skepticism regarding specialized intelligence collection means. Never again would the Soviets per-
mit themselves to fall victim to major misperceptions. The growing Soviet
intelligence capability and a more sober attitude of the Soviet High Com-

mand combined to produce significant intelligence strides by the summer of 1943.

By the summer of 1943, Soviet intelligence employed a vast spectrum of well-organized collection means including agent-diversionary, air, partisan, radio-electronic, troop, artillery, and engineer. More important, the Soviets possessed a well-articulated centralized structure to assess intelligence data and to harness it in the service of field commanders and operations officers. The GRU coordinated the entire effort through the RUs and ROs in the chain of command and in the partisan movement.

German archival materials provide one basis upon which we may evaluate the Soviet *razvedka* system. In October 1943 German Foreign Armies East [Fremde Heere Ost] prepared a revealing study on Soviet intelligence collection capabilities which exposed the vast complexity of the system and provided insights into its capabilities.[10] The system embraced territories within the Soviet Union and abroad and involved a complex chain of intelligence directorates (RUs) and departments (ROs) subordinate to the Peoples' Commissariat of the Navy, the Peoples' Commissariat of Defense (NKO), the Partisan Central Staff, and the Peoples' Commissariat of Internal Affairs (NKVD). All were centralized under the State Committee for Defense, in essence the *STAVKA*.

Within the General Staff, the Main Intelligence Directorate (GRU), the second department, controlled intelligence training, an agent network abroad, and an operational group to collect and process intelligence from *fronts* and other subordinate collection assets. Subordinate to the Chief of Intelligence were a communications control group, a radio division for radio-electronic *razvedka*, and a cipher department. An information group recorded, analyzed, and processed collected information. Analogous organizations existed within each *front's* intelligence department (RO). The *front's* intelligence collection responsibilities extended to a depth of 500 kilometers. In addition to an agent control group, the *front* RO coordinated army intelligence collection and conducted its own *razvedka* with organic means. It also possessed a radio department tasked with intelligence collection and disruption of enemy communications (jamming), as well as a cipher department.

The army intelligence department (RO) controlled *razvedka* to a depth of 200 kilometers through its own collection efforts and those of subordinate divisions. An information section processed the collected data and dispatched it to *fronts*. At division level, the intelligence department (RO) controlled a limited agent capability but primarily conducted troop ground *razvedka* with the division reconnaissance company and infantry and cavalry reconnaissance units of subordinate regiments.

Prior to April—May 1943, the Germans correctly assessed that intelligence activities were controlled both by the NKVD and the Peoples' Commissariat of Defense. The NKVD's Directorate of Special Departments coordinated actions of special departments (*osobyi otdel'/OO*) within *fronts*, armies, and divisions. These conducted counter-*razvedka* against enemy agents both in the enemy and Soviet rear areas. The GRU was responsible for *razvedka* within *fronts*, armies, and divisions through the hierarchy of ROs. After April—May both counter-*razvedka* and *razvedka* were centralized under the Commissariat of Defense. The Main Directorate for Counter-*razvedka*, nicknamed »Death for Spies« [*Smert' shpionam* or SMERSH] accomplished the former at each command level, while the ROs under GRU control conducted the latter.

A parallel intelligence network performed the *razvedka* function within the partisan command controlled by the Intelligence Department (RO) of the Central Partisan Headquarters. This network was closely supervised by the GRU and ROs at *front* and army level.

The German study accurately reflected the vast scope of Soviet intelligence activities and the centralized nature of the entire system. It revealed the many facets of collection activities and hinted at its potential effectiveness. Hundreds of shorter reports scattered through German archives provide an even more imposing impression regarding the system's capabilities. These reports, together with Soviet accounts, add further detail to the Soviet intelligence collection system and indicate an even greater effectiveness than the October 1943 *Fremde Heere Ost* report implied.

German reports and Soviet studies published since the war detail the operating agencies and forces within the Soviet intelligence system. The *razvedka* means controlled by the GRU and subordinate headquarters included air, agent-diversionary, partisan, radio-electronic, troop, artillery, and engineer forces, supplemented by extensive personal reconnaissance on the part of commanders at all command levels. A brief look at each means reveals capabilities and forces well beyond those recognized in the German intelligence reports of late 1943.

Air surveillance was one of the most important means for determining German force regroupings and movement, which were the principal indicars of German intentions, either offensive or defensive. While air reconnaissance was a secondary task of all air force aircraft, the Soviets created secialized units to perform the function. Air reconnaissance regiments were subordinate to both Soviet Long-Range Aviation (under *STAVKA* control) and *front* air armies, while smaller air reconnaissance detachments served as the eyes of army commanders.[11] Depth of reconnaissance varied according to the depth of intelligence responsibilities of headquarters controlling the aircraft. Pilots used both visual observation and photography to survey German dispositions in the tactical and operational depths. Soviet war experience analysis indicated that photographic techniques were far more advanced than the Germans suspected.[12]

Agent and reconnaissance-diversionary *razvedka* was more multifaceted than German intelligence assessed it to be. Agents and specialized reconnaissance-diversionary forces of different types operated at every command level, to varying depths, and with a wide range of missions. At the highest level, in late 1941 the NKVD created the Separate Motorized Rifle Brigade of Special Designation.[13] This unit, formed from athletes of Moscow sports clubs (i.e. Dynamo), received special training in reconnaissance and diversionary activity, and often German language training as well. The Soviets deployed groups and small teams from the brigade in critical sectors of the German rear under NKVD »Central« control. Later, teams operated in similar fashion across the front, often under *front* control.

The GRU controlled an agent network abroad which encompassed the infamous spy networks operating in Switzerland (»Dora«, »Lucy«). Although much has been written in a popular vein about these networks, their impact on operations was only marginal. The historian Sir Harry Hinsley, who wrote the official history of British intelligence in the war, has catagorically denied the British used these networks to pass Ultra-derived information to the Soviets.[14] Moreover, in 1942 and 1943 intelligence information from Switzerland (and elsewhere) was either ignored or was incorrect. In these cases, it either failed to affect Soviet performance, or it contributed to the poor intelligence picture. After mid-1943 Soviet internal military intelligence organs and means improved sufficiently to render foreign information to only secondary value.

Soviet *front* ROs employed a variety of reconnaissance-diversionary groups. The destroyer [*istrebitel'naia*] brigade, originally trained for rear area security and cooperation with partisans, eventually also provided multiple teams for use in the enemy rear.[15] Among other such teams were those formed from sapper (miner) battalions, which conducted reconnaissance-diversionary tasks of an engineer nature.[16] Similar detachments and groups operated at army level, only on a lesser scale. An excerpt from a post-war analysis of German G-2 (Ic) efforts assembled by former German intelligence officers provided a glimpse of agent effectiveness:

The agents used by the Russians for missions to be carried out deep in German territory were, for the most part, very well schooled and provided with stories and background that were very credible so that it was difficult, in interrogation, to arrive at the truth of the situation. In addition, these agents usually had almost no information concerning the mission as a whole and had no knowledge of other agents who might have been employed, but had very limited horizons.[17]

The Central Staff of the Partisan Movement and its subordinate headquarters and forces employed an analogous system of agents and reconnaissance-diversionary detachments and groups. These operations were closely integrated with activities of the GRU and *front* and army ROs. An extensive communications network insured coordinated action between regular and partisan intelligence collectors.[18] German archives are replete with assessments made concerning activity in their rear area. Illustrative of the types of Soviet forces in the German rear and the extensive nature of their activities is an assessment made in December 1944 on the eve of the Vistula-Oder operation.[19] The assessment distinguished between Soviet, Polish, and Slovakian groups, but lumped other activities together under the titles *Banden* [bands] and *Kundschafter-Gruppen* [scouting groups].

By 1943 radio-electronic *razvedka* was performed by special-purpose radio battalions created and employed within the GRU and *fronts*.[20] These battalions both monitered German radio traffic and attemted to jam it when necessary. Although they were only marginally effective in early 1943, by late 1943 they proved more effective. In 1944 the Soviets developed a similar capability within operating armies.

Although there is no proof the Soviets possessed a high level deciphering capability similar to he British »Ultra«, that capability cannot be ruled out. The Soviets certainly had the opportunity to capture German Enigma ciphering machines on several occasions, and by 1943 they possessed the technical capability for exploiting that technology. It is clear that by late 1942 the Soviets were intercepting and deciphering lower level German communications. According to official British accounts, the Soviets did receive Ultra-derived information via the British Military Mission in Moscow. By the summer of 1943, however, in part because of Soviet intransigence in sharing intelligence data, the flow of British information dried up. The last valuable report transmitted by the British was purported to have been a substantive April 1943 German report on their offensive intentions in the summer of 1943.[21]

Shorter-range Soviet intelligence collection involved troop, artillery, and engineer *razvedka* and personal reconnaissance by commanders and staffs. By far, this was the most effective aspect of Soviet intelligence collection. Troop *razvedka* involved a variety of ground actions by patrols, detachments, and groups under control of all levels of command down through regiment.[22] These actions, plus more sophisticated reconnaissance in force conducted prior to operations, provided a detailed mosaic of intelligence indicators whose sum was far more important than each component part. In fact, the Soviets believed the sum of such mundane acts could produce profound impact on the outcome of battle.

Artillery *razvedka* involved establishment of an extensive observation network at all level supplemented with artillery instrumental reconnaissance (AIR) conducted on the ground and in the air.[23] The principal focus of artillery *razvedka* was to »illuminate« the nature of the defense and provide accurate targeting data. Engineer *razvedka* performed a similar function in the engineer realm.[24] A variety of engineer posts, reconnaissance groups, and patrols supplemented or joined normal reconnaissance efforts to »illuminate« engineer aspects of enemy defenses. Finally, the Soviets employed a well-defined system of personal reconnaissance [*rekognostsirovka*] by commanders and staffs to familarize all parties with the nature of terrain and close enemy defenses.[25] All commanders from *front* down to battalion conducted personal reconnaissance accompanied by senior or subordinate commanders. Since such a reconnaissance could become an indicator of impending action, by 1943 simulated reconnaissance became a formal part of Soviet deception planning as well.

All of these Soviet intelligence efforts focused on the practical needs of commanders and staffs in two principal respects:

— First, to determine principal offensive indicators (first and foremost, movement of operational and tactical reserves);
— Second, to support tactical and operational defensive and penetration operations, which the Soviets considered necessary first steps for achieving operational and strategic success.

The primary Soviet presumption was that a valid intelligence picture depended directly on the quantity and quality of tactical detail. They believed the sum of seemingly mundane data would often be profound. Above all, the Soviets resolved to avoid operating on the basis of presumption and preconceived notion, which had led to disasters before, and to treat intelligence skeptically. This produced a tendency for the Soviets to »safe-side« their assessments and prepare accordingly, as was the case at Kursk.

In the spring and early summer of 1943, the Soviets conducted *razvedka* to support strategic and operational planning and to implement associated deception planning. The Soviets realized a new German offensive was likely and, based on prior experience, they appreciated the difficulty involved in halting that offensive before it reached operational or even strategic depths. Despite this realization, the Soviets themselves intended to resume strategic offensive operations, which had been interrupted by German counterattacks in February and March 1943 in the Donbas region.

The Soviet solution to this dilemma was to orchestrate a strategic offensive incorporating a defensive first phase. During the defensive phase, the Soviets intended to blunt the expected German thrust wherever it occurred. Thereafter Soviet forces were to resume the offensive, first in the most critical sectors, and then along the entire front. The principal task of *razvedka* during the first phase of the strategic operation was to determine the timing, direction, and strength of the German offensive. During subsequent phases, *razvedka* would moniter German movements in support of Soviet offensive operational planning and Soviet deception measures.

During the spring of 1943 German planners, as directed by Hitler, sketched out plans for three operations codenamed »Habicht«, »Panther«, and »Zitadelle«, the former two involving operations east of Khar'kov and the latter requiring a large-scale assault on both flanks of the Kursk Bulge (see figure 1). Ultimately, »Zitadelle« became the approved Ger-

62

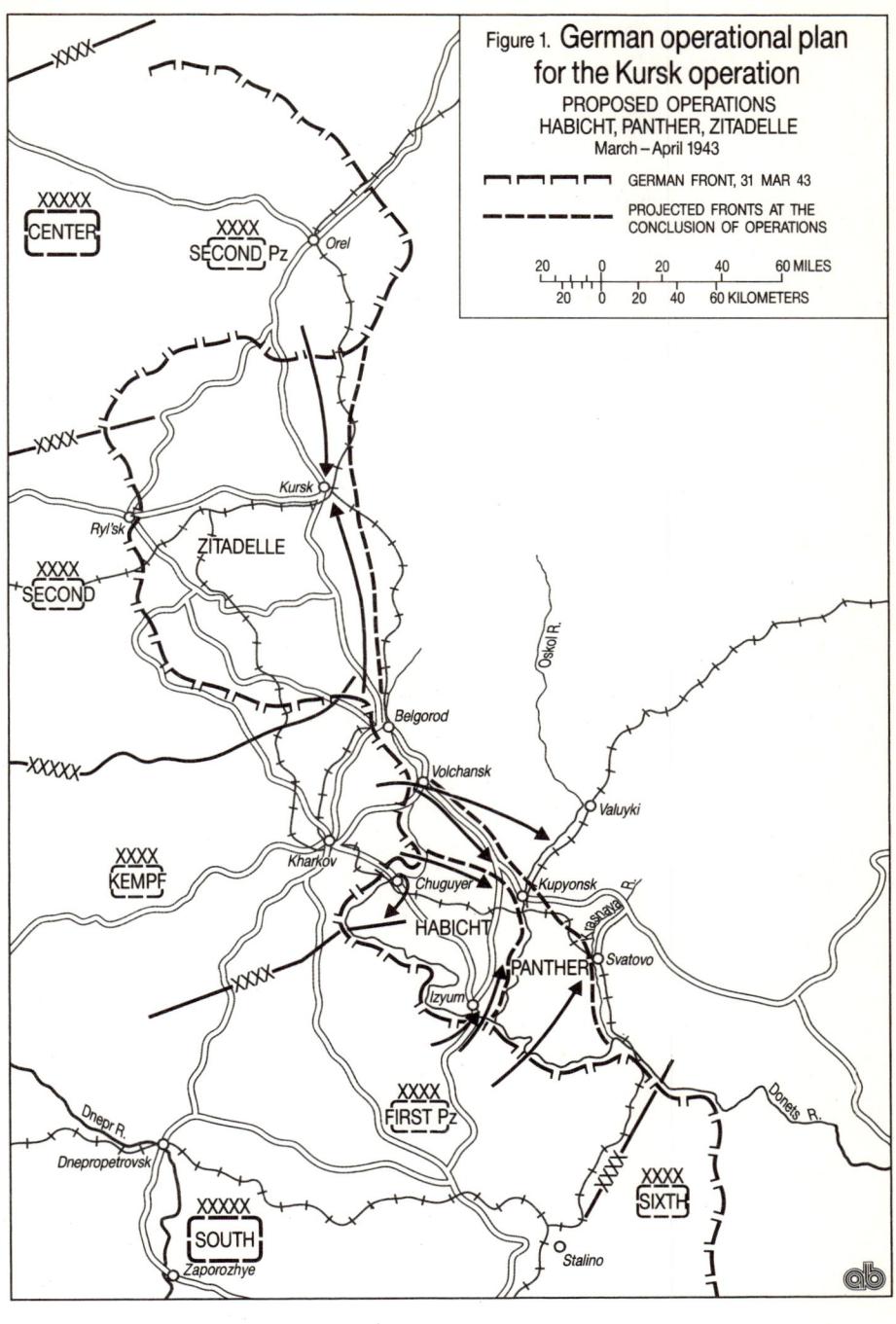

Figure 1. **German operational plan for the Kursk operation**

PROPOSED OPERATIONS
HABICHT, PANTHER, ZITADELLE
March – April 1943

GERMAN FRONT, 31 MAR 43

PROJECTED FRONTS AT THE
CONCLUSION OF OPERATIONS

20   0   20   40   60 MILES
20   0   20   40   60 KILOMETERS

XXXXX
CENTER

XXXX
SECOND Pz

Orel

XXXX
SECOND

Ryl'sk

Kursk

ZITADELLE

Oskol R.

Belgorod

Volchansk

Valuyki

XXXX
KEMPF

Kharkov

Chuguyev

Kupyonsk

HABICHT

PANTHER

Svatovo

Izyum

Oskalaya R.

XXXX
FIRST Pz

Dnepr R.

Dnepropetrovsk

Donets R.

XXXX
SIXTH

XXXXX
SOUTH

Zaporozhye

Stalino

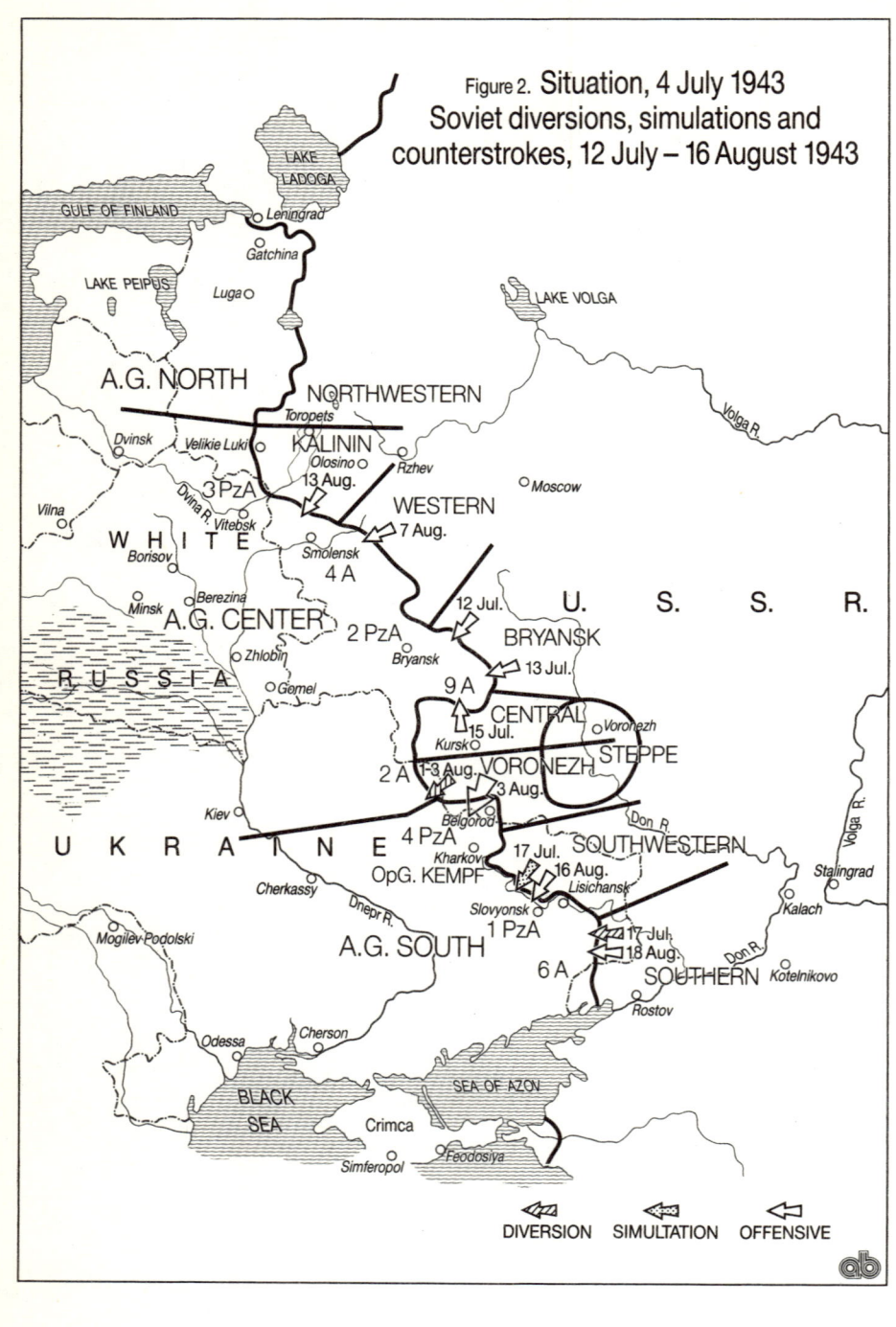

Figure 2. Situation, 4 July 1943
Soviet diversions, simulations and
counterstrokes, 12 July – 16 August 1943

LAKE LADOGA

GULF OF FINLAND

Leningrad
Gatchina

LAKE PEIPUS

Luga

LAKE VOLGA

A.G. NORTH

NORTHWESTERN

Toropets

Dvinsk

Velikie Luki

KALININ

Olosino

Rzhev

Volga R.

3 PzA
Dvina R.

Vilna

13 Aug.

WESTERN

Moscow

Vitebsk

W   H   I   T   E

Borisov

Smolensk

7 Aug.

4 A

Berezina

Minsk

A.G. CENTER

12 Jul.

U.   S.   S.   R.

2 PzA

Zhlobin

Bryansk

BRYANSK

R   U   S   S   I   A

Gomel

13 Jul.

9 A

CENTRAL

Voronezh

15 Jul.

Kursk

STEPPE

2 A

1-3 Aug.

VORONEZH

Kiev

3 Aug.

Belgorod

Don R.

U   K   R   A   I   N   E

4 PzA

SOUTHWESTERN

Stalingrad

Kharkov

OpG. KEMPF

17 Jul.

16 Aug.

Lisichansk

Volga R.

Cherkassy

Dnepr R.

Slovyonsk

Kalach

Mogilev-Podolski

1 PzA

17 Jul.

A.G. SOUTH

6 A

18 Aug.

Don R.

SOUTHERN

Kotelnikovo

Rostov

Odessa

Cherson

SEA OF AZOV

BLACK
SEA

Crimca

Feodosiya

Simferopol

DIVERSION   SIMULATION   OFFENSIVE

man plan, but planning for the other two blurred for the Soviets the issue of where the offensive would occur. Henceforth Soviet *razvedka* organs focused primarily on refining German intentions.

Soviet *razvedka* had to support an elaborate Soviet deception [*maskirovka*] plan as well (see figure 2).[26] The plan sought to confuse the Germans regarding Soviet offensive intentions and, by a variety of diversions and simulations, prompt the Germans to move critical operational reserves from the areas of Soviet main attack. In short, the Soviets sought first to defeat the German offensive. At the moment the German assault was halted, Soviet forces would themselves attack the Orel salient north of Kursk. Shortly thereafter, to the south, the Soviet Southwestern and Southern Fronts were to launch attacks across the Northern Donets and Mius Rivers after demonstrative and open offensive preparations designed to be detected by German intelligence. These attacks were designed to attract German reserves from the Belgorod and Khar'kov areas and fix them in the south until the main Soviet thrust had achieved its goals.

The Soviet main thrust was designed to occur on the critical Belgorod—Khar'kov—Poltava—Kiev—Kremenchug axis, where other Soviet operational and tactical simulations conducted only days before the attack were to further disperse German tactical reserves. After the Belgorod—Khar'kov thrust had developed, virtually all Soviet *fronts* would join the offensive to force German forces back to the Dnepr River. During the offensive phases of the Kursk operation, *razvedka* had the task of tracking German reserves to verify the effectiveness of the deception plan.

Throughout the spring, the Soviets focused all *razvedka* assets on determining German intentions. Among the most important indicators of German intent was the disposition of German panzer corps which would have to play a central role in the offensive. The Soviets employed air, agent, and radio means to pinpoint the location of these units in the operational depths while tactical reconnaissance strained to detect the presence or arrival of these units in the tactical forward areas.

Off particular importance for the German offensive were the panzer corps (XXXXVIII, II SS, LVII, XXIV, and XXXX) located in the depths on an arc from southwest of Belgorod to south of Izyum. The size and depth of dispositions of these forces made Soviet detection of their movement more feasible than detection of movement within the more tightly concentrated mass of German mobile units located around Orel to the north. Movement of German forces in the south became the preeminent attack indicator for Soviet intelligence.

The Soviets issued warnings for an impending German attack on four occasions during the spring and summer as follows:[27]

PREDICTED ATTACK DATES

Warning Date	Projected Attack Date
1 May	2 May
8 May	10—12 May
19 May	26 May
1 July	5—6 July

Close analysis of German troop movements from April to early July indicates a close correlation between major German troop movements and the Soviet issuance of warnings.[28] In short, each warning came after a burst of German movement activity. The last warning of 1 July occurred after the most extensive German movement to date. Detection of German movement (most of which occurred at night and in camouflaged condition) was through a combination of agent, reconnaissance-diversionary, air, and radio *razvedka*. Human intelligence obtained by Soviet aerial and ground observation of main rail and road routes was probably most important. Within weeks Soviet reconnaissance-diversionary forces would conduct active attacks and sabotage against these very same routes. Classified and open-source Soviet accounts credit detection of German movement as the chief means for determining German intentions.[29]

Soviet *razvedka*, assisted by British intelligence reports provided in April, determined German offensive intent. Thereafter intelligence was able to determine the general areas of the German main attacks, although not in every case the precise tactical direction. Despite the success, enough indicators existed to indicate possible German attacks in other sectors as well, in particular in the Izyum sector. These factors, as well as Soviet offensive planning, contributed to the ultimate pattern of Soviet strategic deployment of forces.

Soviet strategic dispositions reflected a maturity on the part of Soviet planners often absent in earlier years. Having experienced intelligence failures in the past, the Soviets resolved to treat intelligence data skeptically and, above all, to rid operations and strategic planning of pre-conceived notions or misperception. In short, the Soviets prepared for every eventuality in their preparations for the Kursk operation.

Knowledge of prior Soviet experience, as well as an examination of German archival sources, indicates Soviet skepticism was prudent. Originally the Germans had planned for operations in sectors adjacent to that of Kursk proper. As the date of the offensive neared, the Germans resurrected these plans (»Habicht« and »Panther«) either for deception (as diversions) or as adjuncts to the actual Kursk offensive. An order to First Panzer Army on 29 June required deceptive measures by that Army in the Izyum region.[30] As late as 7 July, two days after the German assault at Kursk, new orders to First Panzer Army postulated delivery of a supporting attack in that region.[31] Consequently Soviet strategic planners prepared for every eventuality and concentrated their forces in a wide band from Moscow in the north to Voroshilovgrad in the south.

Actual Soviet dispositions in the summer of 1943 were not recognized by German intelligence in July 1943. Nor did German commanders writing long after the war had ended understand the realities of July. Most general Soviet studies of the Kursk operation reinforce that false picture. Most maps of the Kursk operation show an immense concentration of forces at Kursk including those initially in the area on 5 July and those which joined combat in the region over the course of the operation (see figure 3).

Careful reading of Soviet sources and study of post-Kursk German archival materials paint a different picture. Examination of Soviet manpower strength deployed along strategic directions confirms pre-eminent Soviet concern for the southwestern direction (axis) from north of Kursk to south of Izyum (see figure 4). Inspection of individual *front* strengths provides a more refined picture (see figure 5).[32] The four strongest Soviet *fronts* were the Western, Central, Voronezh, and Southwestern, covering the three main likely German axes of advance: the Vyaz'ma—Moscow, Orel—Voronezh, Belgorod—Voronezh, and Izyum—Voronezh. The Steppe Front backed up Soviet forces along the three southern axes, but as we shall see, significant reserves also backed up the Western Front, the strongest of the *fronts*. The deployment of Soviet reserve armies more clearly evidences this fact (see figure 6).

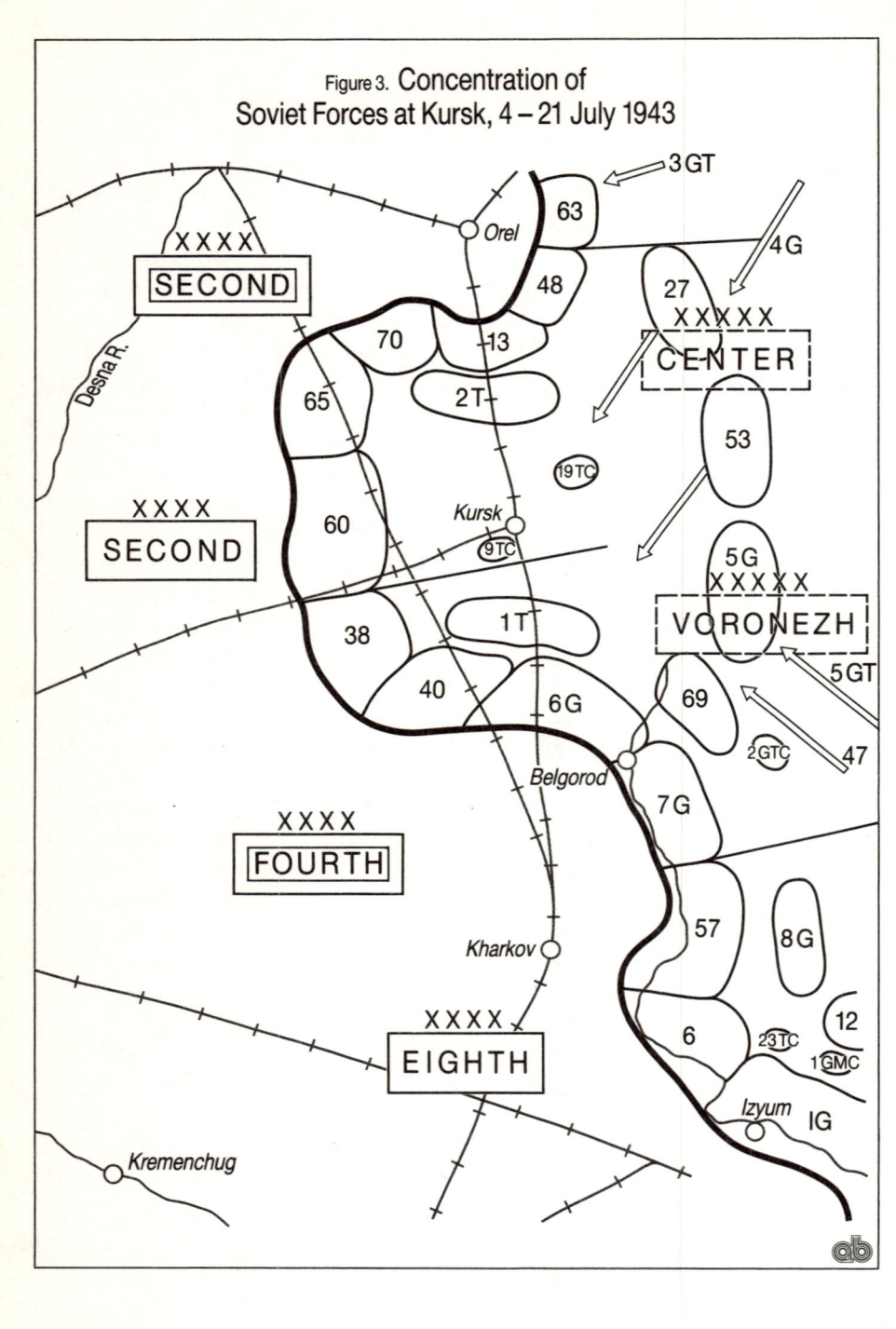

Figure 3. Concentration of
Soviet Forces at Kursk, 4 – 21 July 1943

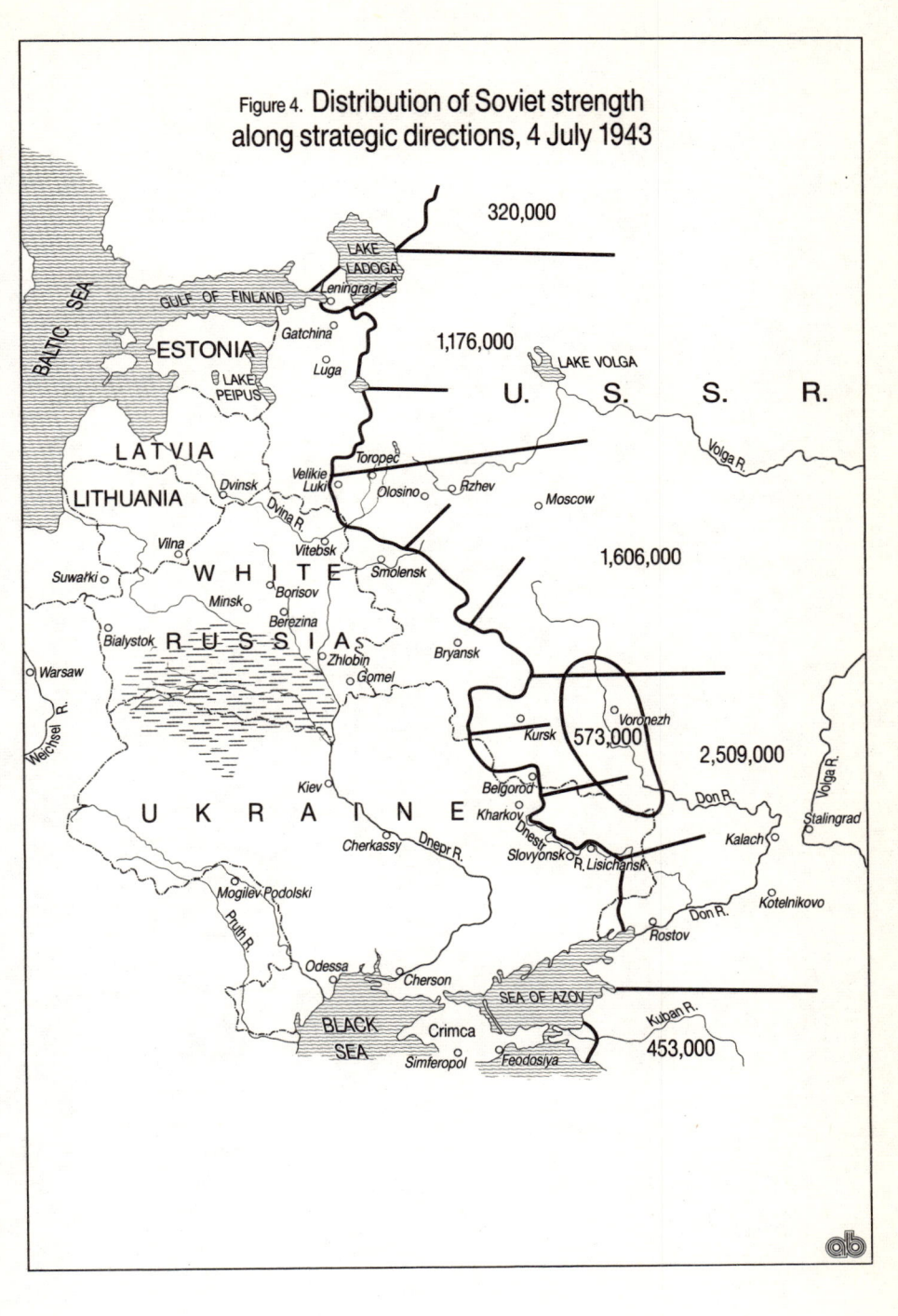

Figure 4. Distribution of Soviet strength along strategic directions, 4 July 1943

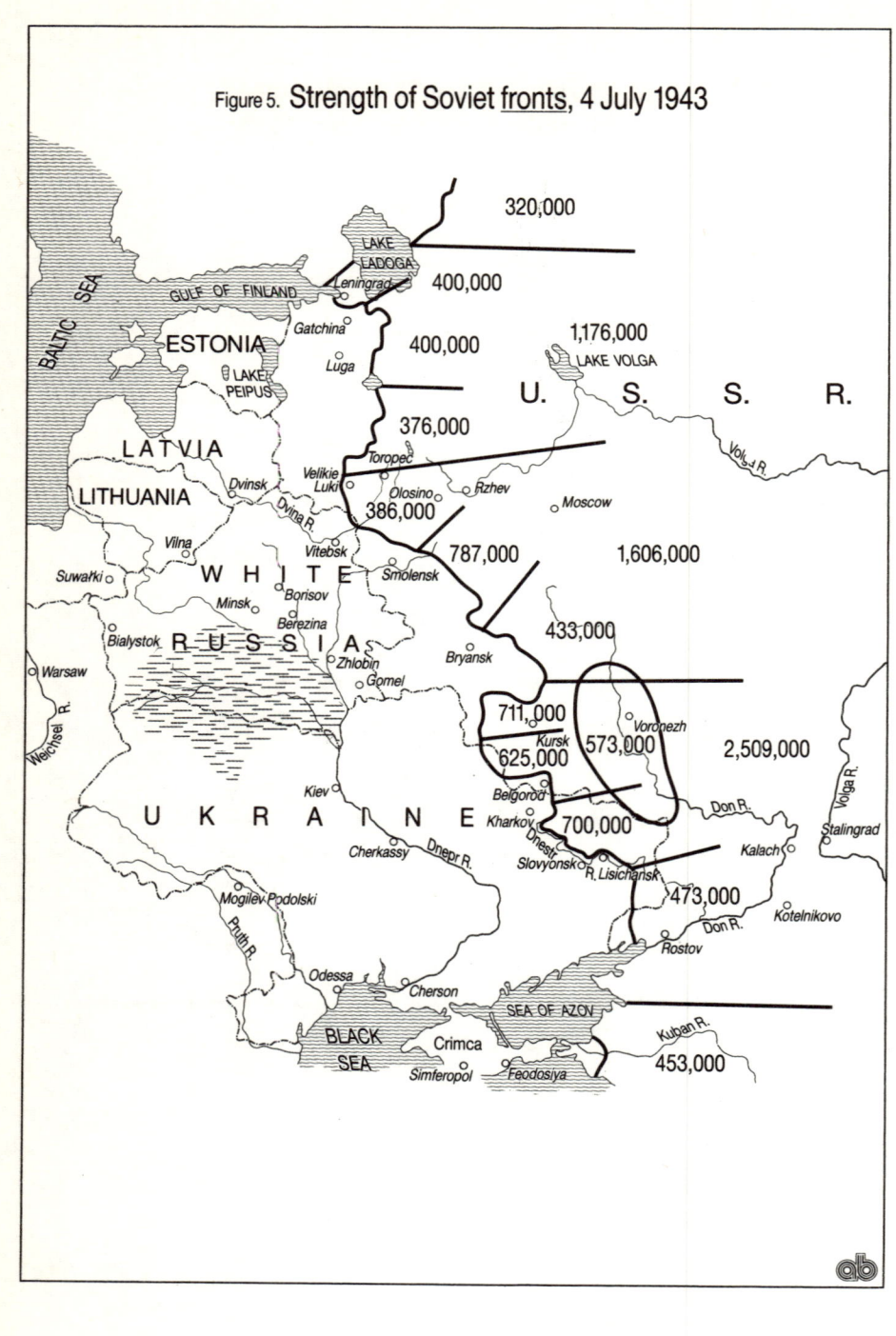

Figure 5. **Strength of Soviet fronts, 4 July 1943**

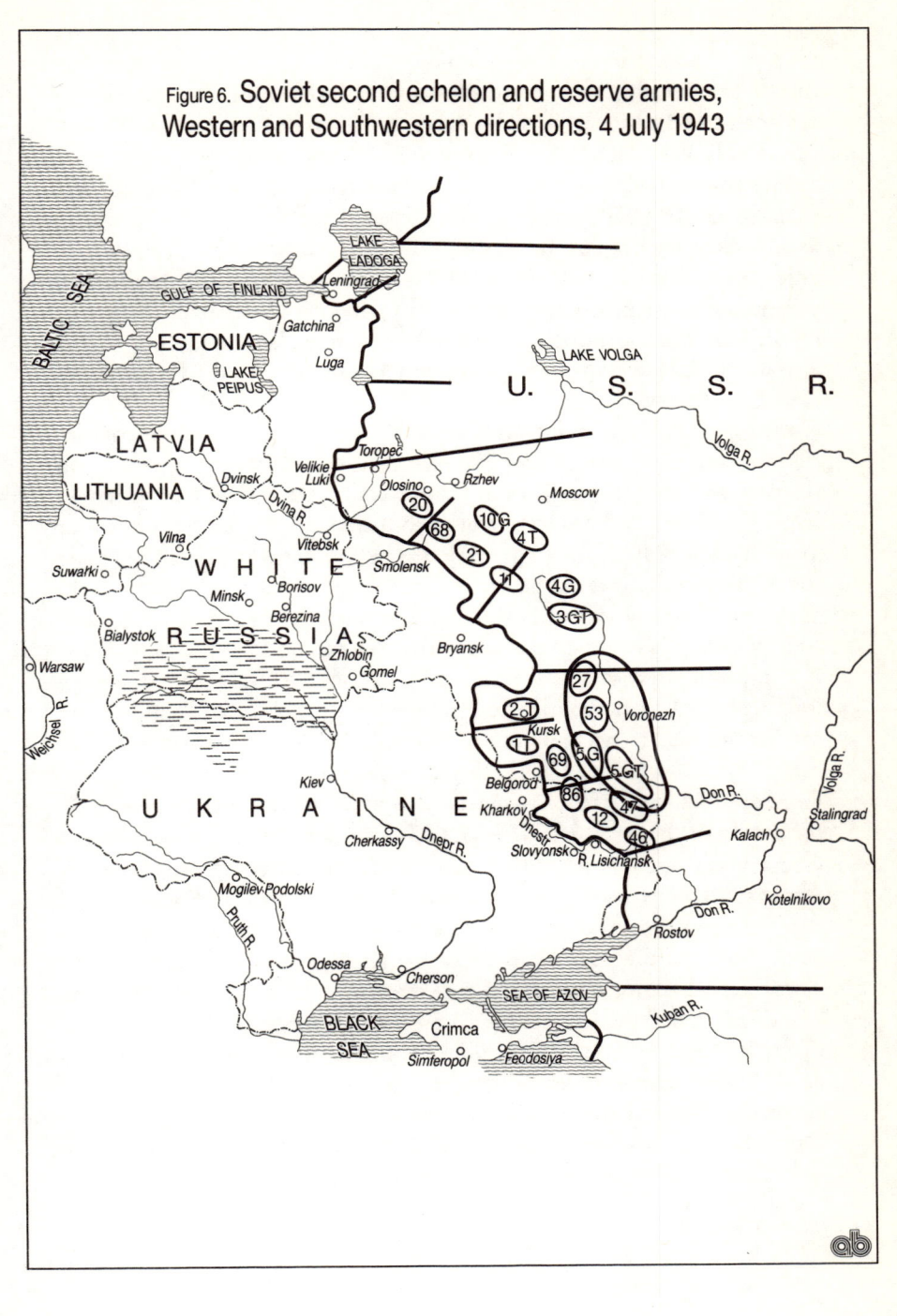

Figure 6. Soviet second echelon and reserve armies, Western and Southwestern directions, 4 July 1943

A closer examination of Soviet deployments as of 5 July reveals the magnitude and breadth of Soviet dispositions.[33] In fact, the Soviets had forces positioned to cover virtually every major strategic direction. Powerful, deeply echeloned armies covered the Kursk Bulge with two tank armies (1st and 2d) positioned to strike the flanks of the advancing German forces. Two echelons of rifle armies covered the Izyum—Voronezh axis, backed up by separate mobile corps. The Steppe Front, with four rifle armies and one tank army (5th Guards), was poised well to the rear, positioned to strike German forces advancing along either the Kursk or Izyum axis. Further north, two echelons of armies, backed up by a reserve rifle army and two tank armies (4th and 3d Guards), covered the approaches to Moscow.

Contemporary German intelligence assessments failed to note the concentrations, and twenty years later Field Marshal von Manstein's appreciation scarcely reflected the realities of 5 July (see figure 7).[34] In fact, German intelligence data and post-war works continued to reinforce the popular view that the bulk of the Red Army was initially at Kursk, ready to meet the 5 July assault. Instead, the larger concentrations would ultimately form at Kursk, but only well after the Germans hat initiated their action and only when it became crystal clear that Kursk was the target.

A composite view of actual Soviet dispositions and the armies German intelligence identified and failed to identify provides a clear indication of German intelligence failures and evidence that Soviet dispositions were not unduly affected by advanced warning of a German attack at Kursk. German intelligence failed to detect ten armies, two of which were tank. It held six of these armies to be located in the Northwestern and North Caucasus Front regions. It only tentatively identified 3d Guards Tank Army south of Moscow. Thus, it missed the majority of the Soviet second echelon armies on the Moscow and Izyum—Voronezh axes and much of the Soviet strategic reserves deployed on the southwestern direction. These were the armies which not only halted the German thrust at Kursk but also initiated the strategic counteroffensive across the breadth of the front. This was indicative of similar though greater German failures to detect Soviet reserves in later operations, particularly in the summer campaign of 1944 and the winter campaign of 1945.

Once the German Kursk assault had commenced and the Soviets were convinced of German intentions, then and only then did Soviet armies

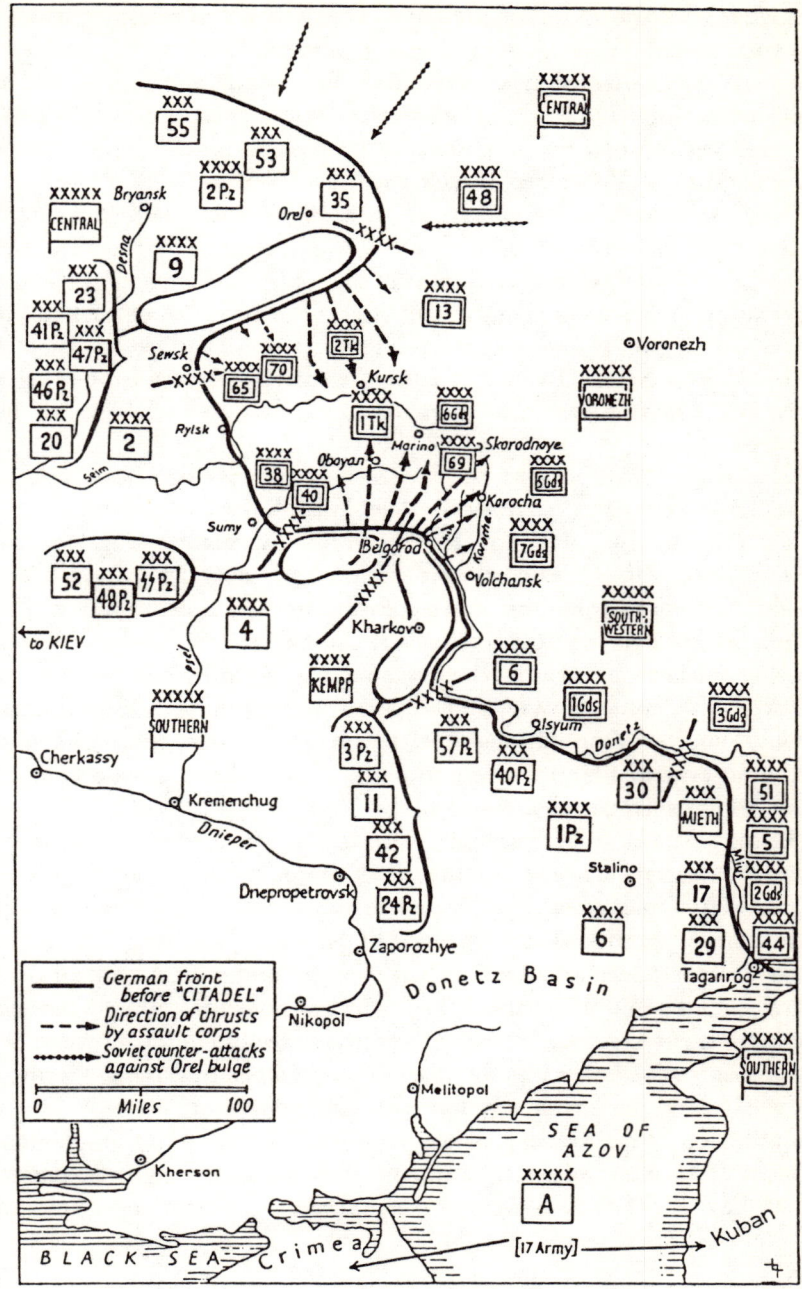

Fig. 7. Field Marshal von Manstein's assessment of Kursk

move toward the sound of the guns. The Steppe Front committed its armies toward Kursk between 7 and 9 July, while the second echelon armies on the Moscow axis moved south between 14 and 18 July to join battle near Orel and Kursk. The legacy of Soviet deception is such that, to this day, most works on Eastern Front operations still do not reflect the realities of Soviet deployments in July 1943.

Once operations had commenced at Kursk, Soviet intelligence kept close track of German operational reserves as they shifted to meet the mid-July Soviet diversionary assaults in the south. The sequence of Soviet operations unfolded as planned, and German reserves flowed back to the Khar'kov region in mid-August, too late to stem effectively the tide of the Soviet advance. By late August German forces, under extensive pressure across a broad front, were forced to initiate a withdrawal to the Dnepr.

Razvedka, in close concert with deception, played a significant role in the Soviet operation at Kursk. By late April, Soviet intelligence assessments assisted by data from the British were accurate enough for the *STAVKA* to plan strategic operations incorporating a defensive phase, a significant counteroffensive, and a complex strategic deception plan. Despite the accurate strategic intelligence assessments, the Soviets avoided earlier mistakes by treating the assessments skeptically and by creating powerful defenses on every major potential strategic axis the German could employ. Thus, throughout the planning phase, they took into account potential German deception like that which had been so effective in the spring and summer of 1942.

Having created a stratetgic »safety net«, the Soviets focused on operational and tactical *razvedka* to refine their appreciation of German intentions. These measures, focused primarily on detecting German troop movements, produced the warnings of May and June and, ultimately, of the actual German attack in July. Careful and patient control over strategic reserve units enabled the Soviets to redeploy those forces and commit them to combat at the most critical times and in the most important sectors. *Razvedka* thereby detected and helped thwart the German offensive and paved the way for successful counteroffensives.

Simultaneously, *razvedka* provided requisite information for implementation of an effective strategic deception plan. To a far greater degree than before, the Soviets were able to moniter German troop units in the operational and strategic depths. This increased sophistication in *raz-vedka* was absolutely vital for such an equally sophisticated deception plan to succeed. Succeed it did, in large part due to improved Soviet intelligence.

At Kursk the Soviets successfully detected German strategic, operational, and tactical intent, while masking to a considerable degree their own counteroffensive intent. This combination of factors spelled doom for German offensive plans in the summer of 1943 and, more important, ultimately sealed the fate of German fortunes on the Eastern Front as a whole.

Notes

* This summary paper is derived from a more detailed study with the same title available in manuscript copy from the Soviet Army Studies Office, Ft. Leavenworth, Kansas.

1 For an explanation of the war experience analysis system and a verbatum copy of the order mandating its creation, see »Concerning the Soviet Use of War Experience«, *The Journal of Soviet Military Studies*, Vol. I, No. 1 (April 1988), 133-144.

2 National Archives, not catalogued. For Example, see »Nekotorye voprosy operativnoi razvedki« [Some questions of operational intelligence], *Sbornik materialov po izucheniiu opyta voiny Nr. 8 avgust-oktriabr' 1943 g* [Collection of materials for the study of war experience No. 8 August-October 1943], (Moscow: Voenizdat, 1943) 115-124. Classified »secret«.

3 »Organizatsiia i planirovanie kontrapodgotovki« [Organizing and planning a counter-preparation], *Sbornik materialov po izucheniiu opyta voiny No. 9 noiabr'-dekabr' 1943 g* [Collection of materials for the study of war experience No. 9 November-December 1943], (Moscow: Voenizdat, 1944), 40-58. Classified »secret«.

4 R.G. Simonian, »Razvedka« [Intelligence (reconnaissance)], *Sovetskaia voennaia entsiklopediia* [Soviet military encyclopedia], 8 vols., (Moscow: Voenizdat, 1976—1980), 7:32. Hereafter cited as *SVE* with appropriate volume.

5 For details on pre-war *razvedka* theory and practice, see David M. Glantz, *Soviet Operational Intelligence [Razvedka] to 1943*, (Ft. Leavenworth, KS: Soviet Army Studies Office, 1988), 13-53.

6 Typical of this view is V. Kulish, »Nachalo voiny: schet k Staliny« [The beginning of war: Stalin's role], *Sputnik*, No. 10 (October 1988), 128-134.

7 Glantz, *Soviet Operational Intelligence [Razvedka] to 1943*, 104-158.

8 Ibid., 174-223.

9 For details, see David M. Glantz, *Soviet Operational Intelligence [Razvedka] in the Kursk Operation (July 1943)*, (Ft. Leavenworth, KS: Soviet Army Studies Office, 1988), 54-65.

10 »Die Organisation des Sowjet-Nachrichtendienstes im Kriege, Oktober 1943« [The Organization of the Soviet Intelligence Service in the War, October 1943], *Abteilung Fremde Heere Ost H 3/1850*, NAM T-78/677.

11 For details, see Glantz, *Soviet Operational Intelligence [Razvedka] to 1943*, 119-122.

12 »Kharacter oborony nemtsev na Demianskom platsdarme« [The nature of German defenses in the Demiansk bridgehead], *Sbornik materialov No. 9*, 150-165 describes the role of photographic reconnaissance at Demiansk. See also L. Safronov, »Iz opyta fotorazvedka v Velikoi Otechestvennoi voine« [From the experience of photo *razvedka* in the Great Patriotic War], *Voenno-istoricheskii zhurnal* [Military historical journal], No. 5 (May 1979), 20-23. Hereafter cited as *VIZh*.

13 F.L. Kurlat, L.A. Studnikov, »Brigada osobogo naznacheniia« [Special designation brigade], *Voprosy istorii* [Questions of History], No. 9 (September 1982), 95-104.

14 See F.H. Hinsley, *British Intelligence in the Second World War*, Vol. 2, (New York: Cambridge University Press, 1981), 60, in which Hinsley writes: »There is no truth in the much-publicized claims that the British authorities made use of the »Lucy« ring, a Soviet espionage organization which operated in Switzerland, to forward intelligence to Moscow«.
The British did provide the Soviets with Ultra-derived materials, without revealing the source of the data, via the British Military Mission in Moscow. This information did little to improve Soviet performance prior to 1943. After April 1943, the information diminished in volume and importance, and after July 1943 it virtually ceased.

15 *Voina v tylu vrage, 1 v.* [War in the enemy rear, Part 1], (Moscow: Izdatel'stvo politicheskoi literatury, 1974), 115. These brigades are also referred to in order of battle data found in the *Sbornik materialov*.

16 S.Kh. Aganov, *Inzhenernye voiska Sovetskoi armii 1918-1945* [Engineer forces of the Soviet Army 1918-1945], (Moscow: Voenizdat, 1985), 460.

17 *The German G-2 Service in the Russian Campaign (IC Dienst Ost)* (Washington, D.C.: Military Intelligence Division, War Department, 22 July 1945), 113.

18 V.N. Andrianov, »Partizanskaia razvedka v gody Velikoi Otechestvennoi voiny« [Partisan *razvedka* in the Great Patriotic War], *VIZh*, No. 8 (August 1986), 14.

19 *Tätigkeitsbericht des Generals des Transportwesens* [Activity Report of the General of the Transportation Organization], HGr. A Ic vom 1. November bis 31. Dezember 1944. NAM T-311/274.

20 A. Paly, »Radioelektronnaia bor'ba v khode-voiny« [Radio-electronic struggle during war], *VIZh*, No. 5 (May 1977), 12; V. Griankin, V. Zmievsky, »Iz istorii radioelektronnoi bor'by« [From the history of radio electronic struggle], *VIZh*, No. 3 (March 1975), 84.

21 Hinsley, 764-765.

22 I. Viazankin, »Sovershenstvovanie organizatsii i vedeniia razvedki boem« [Improvement in the organization and conduct of reconnaissance in force], *VIZh*, No. 11 (November 1969), 26; P.A. Kurochkin, *Obshchevoiskovaia armiia v nastuplenii* [The combined arms army on the offensive], (Moscow: Voenizdat, 1966), 67-69.

23 M. Sidorov, »Ognevoe porazhenie pri proryve oborony protivnika po opytu Velikoi Otechestvennoi voiny« [Fire destruction during the penetration of an enemy defense based on the experience of the Great Patriotic War], *VIZh*, No. 8 (August 1984), 18-23.

24 E. Kolibernov, »Inzhenernoi obespechenie proryva oborony protivnika po opytu voiny« [Engineer support in the penetration of an enemy defense based on war experience], *VIZh*, No. 8 (August 1980), 42-50.

25 V.P. Krikunov, »Iz opyta raboty komandyiushchikh i shtabov armii na mestnosti« [From the experience of the work of commanders and staffs on the terrain], *VIZh*, No. 7 (July 1987), 21-28.

26 David M. Glantz, *Soviet Military Deception in the Second World War*, (London: Frank Cass and Co., 1989), 146-184.

27 Glantz, *Soviet Operational Intelligence [Razvedka] in the Kursk Operation (July 1943)*, 161-184.

28 Maps derived from PzAOK 2 Ia, *Anlagenband 38 zum KTB*, Lage am 1.5.43—27.5.43, NAM T 313/171; PzAOK 4, Ia, *Lagenkarte 4. Pz.Armee*, Stand 27.4.43—4.7.43, 2200, NAM T-313/369; PzAOK 1, Ia, *Lagenkarten*, Lage 27.4.43—4.7.43, NAM T 313/60; AOK 9, Ia, *Anlage zu KTB*, Lage vom 23.5.43—4.7.43, NAM T-312/295, 304.

29 Glantz, *Soviet Operational Intelligence [Razvedka] in the Kursk Operation (July 1943)*, 161-184.

30 From »Orders pertaining to the ›Zitadelle‹ offensive, 1 May—31 August 1943«, PzAOK 1, 44652/6, *Chefsachenanlagen zum KTB Nr 11. PzAOK 1, Ia*, NAM T-313/60.

31 Ibid.

32 Personnel strengths in various sectors taken from B.G. Solov'ev, ed., *Istoriia vtoroi mirovoi voiny 1939—1945 T-7* [History of the Second World War 1939—1945 Vol. 7], (Moscow: Voenizdat, 1976), 114, 120, 140, 159, 172, 194, 221, 241, as checked against numerous detailed operational studies. Consideration has been made for armies which shifted sectors during the operations, i.e. 37th Army.

33 Soviet unit locations based on G.A. Koltunov, B.G. Solev'ev, *Kurskaia bitva* [The battle of Kursk], (Moscow: Voenizdat, 1970), 55-56; A.M. Vasilevsky, *A Lifelong Cause*, (Moscow: Progress Publishers,1978), 264, 267, 268; A.S. Zhadov, *Chetyre goda voiny* [Four years of war], (Moscow: Voenizdat, 1978), 84-91; A.M. Zvartsev, *3-ia gvardeiskaia tankovaia* [3d Guards Tank], (Moscow: Voenizdat, 1982), 61-69; P.A. Rotmistrov, *Stal'naia gvardiia* [Steel guards], (Moscow: Voenizdat, 1984), 171-181; I.M. Managarov, *V srazhenii za Khar'kov* [In the battle for Khar'kov], (Khar'kov: »Prapor«, 1978), 50-55; I.F. Vorontsov, N.I. Biriukov, A.F. Smelakov, *Ot volzhskikh steppei do avstriiskikh al'p* [From the Volga steppes to the Austrian Alps], (Moscow: Voenizdat, 1971), 26-28; V.P. Istomin, *Smolenskaia nastupatel'naia operatsiia* [The Smolensk offensive operation], (Moscow: Voenizdat, 1975), 6-18; V.I. Chuikov, *Gvardeitsy stalingrada idut na zapad* [Stalingrad guardsmen advance to the west], (Moscow: Izdatel'stvo »Sovetskaia rossiia«, 1972), 52-62; »Dvenadtsataia armiia« [12th Army], SVE, 2:112. These locations have been verified by *ex post facto* German intelligence maps.

34 Field Marshal Erich von Manstein, *Lost Victories*, (Chicago: Henry Regnery Co., 1958), 444. For contemporary German order of battle assessments of Soviet forces, see Fremde Heere Ost (IIc), *Übersicht über Streitkräfte, Fronten, Armeen und Korps der Roten Armee*. Gliederung am 4.4.43, 14.4.43, 24.4.43, 4.5.43, 14.5.43, 24.5.43, 3.6.43, 13.6.43, 23.6.43, 3.7.43, 13.7.43, 23.7.43. NAM T-78/588.

Werner Rahn

Weiträumige deutsche U-Boot-Operationen 1942/43 und ihre logistische Unterstützung durch U-Tanker*

Die deutsche Kriegsmarine versuchte ab September 1939, unter Verzicht auf den Kampf um die Seeherrschaft im Atlantik allein in der Minderung und Ausschaltung des Transportelements der überlegenen angelsächsischen Seemächte eine strategische Entscheidung zu erzwingen. Insbesondere der Befehlshaber der U-Boote (B.d.U.), Admiral Karl Dönitz (1891—1980), sah in dem »Wettrennen« zwischen Versenkungen und Schiffsneubauten eine Chance, den Gegner zu bezwingen: Wenn es über längere Zeit gelang, mehr Schiffe zu versenken, als der Gegner durch Neubauten ersetzen konnte, so mußte zwangsläufig die britische Wirtschafts- und Verteidigungskraft erlahmen und letztlich zusammenbrechen. Da die Alliierten ihre Schiffbaukapazität ständig vergrößerten, spielte der Zeitfaktor eine entscheidende Rolle. Deutschland mußte also möglichst schnell viel Schiffsraum versenken, bevor der Gegner durch vermehrten Neubau die Höhe der Versenkungen ausgleichen konnte. Da der Gegner gezwungen war, jedes versenkte Schiff durch einen Neubau zu ersetzen, war es aus der Sicht von Dönitz gleichgültig, wo ein Schiff versenkt wurde. Dem B.d.U. kam es darauf an, die Schiffe des Gegners dort zu versenken, wo mit kurzen Operationen und geringen Verlusten an Booten große Erfolge erreicht werden konnten. Dönitz prägte dafür den Begriff des »ökonomischen U-Boot-Einsatzes«[1].

Der Kriegseintritt Japans und die unmittelbar darauf folgende deutsche Kriegserklärung an die Vereinigten Staaten im Dezember 1941 kamen für die Seekriegsleitung (Skl) zu diesem Zeitpunkt so überraschend, daß keine Vorbereitungen dazu getroffen waren, innerhalb weniger Tage mit Seestreitkräften, insbesondere U-Booten, weit in die panamerikanische Sicherheitszone oder gar bis in die Küstengewässer Nordamerikas vorstoßen zu können. Nach den verlustreichen und für den Kampf gegen die alliierte Handelsschiffstonnage wenig effektiven Einsätzen der U-Boote im Mittelmeer und vor Gibraltar im November und Dezember 1941 sah Admiral Dönitz in der Ausweitung des Operationsgebietes auf den gesamten Atlantik die Chance, mit seiner Waffe dort Schwerpunkte zu bilden, wo nach dem Prinzip des »ökonomischen U-Boot-Einsatzes« ein erheb-

licher Anstieg der Versenkungserfolge zu erwarten war. Dies galt zunächst
für die Seewege an der Ostküste Nordamerikas, die selbst unter Inkauf-
nahme der langen Anmarschwege von 3000 bis 3600 Seemeilen ein lohnen-
des Operationsgebiet zu werden versprachen, solange der Seeverkehr dort
unkontrolliert und weitgehend ungeschützt verlief und die US-Navy nur
wenig Erfahrung in der U-Boot-Abwehr hatte. Um die günstige Lage so
schnell wie möglich auszunutzen, beantragte der B.d.U. bereits am 9. Dezember bei der Skl den sofortigen Einsatz von 12 verfügbaren größeren
Booten vom Typ IX B bzw. C, die wegen ihrer großen Seeausdauer (Fahrstrecke: 13 000 sm bei 10 kn) und ihres hohen Torpedovorrates (22) besonders dafür geeignet waren. Dönitz wollte zu einem »Paukenschlag« ausholen, wie er in seinem Kriegstagebuch formulierte, doch die Seekriegsleitung, die seiner Auffassung im Grundsatz wohl zustimmte, stand immer
noch unter dem Eindruck der kritischen Lage im Mittelmeerraum und gab
zu Dönitz' Bedauern nur sechs Boote für Einsätze an der amerikanischen Ostküste frei[2]. Angesichts der großen Entfernungen und der
noch geringen Zahl der verfügbaren Boote sah die Skl in der »freien Jagd«
gegen Einzelfahrer zunächst die größten Erfolgsmöglichkeiten. Hinsichtlich der Abwehrmaßnahmen des Gegners rechnete sie mit der schnellen
Einführung des Konvoisystems, so daß »sehr bald der geleitete Ansatz
auf die Geleitzüge die Regel sein [wird], wobei unsere U-Boote allmählich auch von der amerikanischen Küste weg wieder auf den freien Atlantik herausgedrückt werden«[3]. Dies war allerdings eine erhebliche Überschätzung der gegnerischen Fähigkeiten und Möglichkeiten.
Trotz aller Bemühungen der vergangenen Jahre war es nicht gelungen,
die Zahl der Front-U-Boote auf eine Höhe zu bringen, die eine bessere
Ausnutzung dieser günstigen Lage im Atlantik mit einer stärkeren Schwerpunktbildung ermöglicht hätte. Zu diesem Zeitpunkt hatte die deutsche
U-Boot-Waffe mit insgesamt 249 im Dienst befindlichen Booten (Stich-
tag: 1. Januar 1942) wohl rein zahlenmäßig eine beachtliche Stärke
erreicht, doch diese Zahl kann leicht zu einer Fehleinschätzung führen,
denn im unmittelbaren Fronteinsatz standen erst 91 Boote. Davon waren
bereits 26 im Mittelmeer, sechs vor Gibraltar und vier im norwegischen
Raum gebunden. Für den als entscheidend angesehenen Kampf gegen
den alliierten Seeverkehr im Nordatlantik verblieben somit nur noch
55 Boote, von denen wiederum nur 22 in See standen, etwa zur Hälfte
im eigentlichen Operationsgebiet und zur Hälfte auf dem Hin- oder

Die wichtigsten deutschen U-Boot-Typen 1942/43

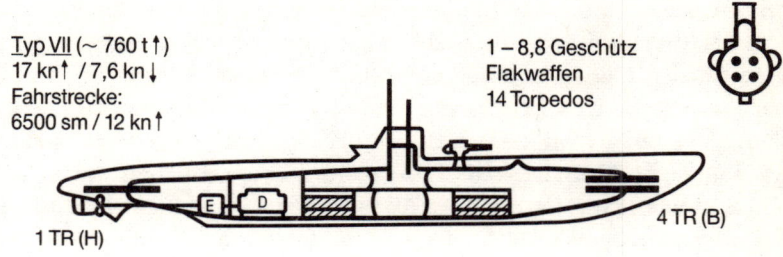

Typ VII (~ 760 t ↑)
17 kn↑ / 7,6 kn↓
Fahrstrecke:
6500 sm / 12 kn↑

1 – 8,8 Geschütz
Flakwaffen
14 Torpedos

1 TR (H)

4 TR (B)

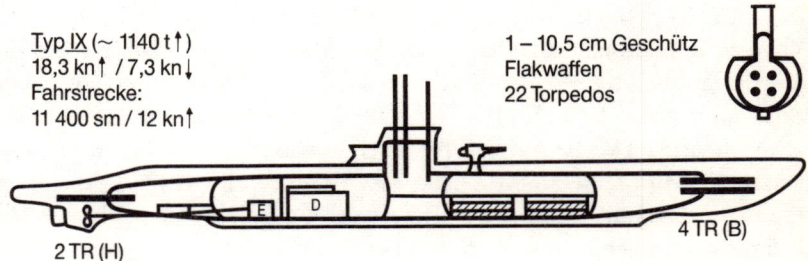

Typ IX (~ 1140 t ↑)
18,3 kn↑ / 7,3 kn↓
Fahrstrecke:
11 400 sm / 12 kn↑

1 – 10,5 cm Geschütz
Flakwaffen
22 Torpedos

2 TR (H)

4 TR (B)

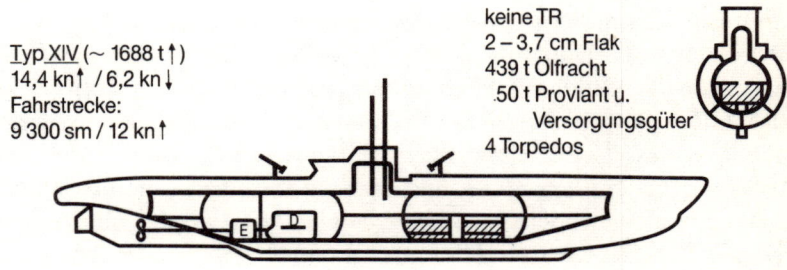

Typ XIV (~ 1688 t ↑)
14,4 kn↑ / 6,2 kn↓
Fahrstrecke:
9 300 sm / 12 kn↑

keine TR
2 – 3,7 cm Flak
439 t Ölfracht
50 t Proviant u.
    Versorgungsgüter
4 Torpedos

Hinweise:
Typ VII und Typ IX hatten verschiedene Varianten mit
unterschiedlicher Wasserverdrängung und Fahrstrecke.

↑ = über Wasser   sm = Seemeile (1852 m)
↓ = unter Wasser   kn = Knoten (1 sm/h)
TR = Torpedorohr   E = E-Maschinen
(H) = Heck   D = Dieselmotoren
(B) = Bug

0   10   20   30   40   50 m

Quelle: Generalisierte Skizzen nach Hezlet, Submarine and Seapower

Rückmarsch[4]. Wenn nur 10-12 Boote, das waren 12 Prozent der verfügbaren Frontboote oder — rein quantitativ gerechnet — 4,8 Prozent des produzierten Potentials dieser Waffe, im unmittelbaren Einsatz gegen die alliierte Seetransportkapazität standen, konnte nicht von einer strategischen Schwerpunktbildung, geschweige denn von einem Ansatz gesprochen werden, der sich »kriegsentscheidend« auswirken sollte.

Mit ihren bisherigen Erfolgen hatten die U-Boote eine beachtliche Leistungsfähigkeit gezeigt, zumal ihre Verluste bis Ende Dezember 1941 mit 2,5 Booten im Monatsdurchschnitt recht gering geblieben waren. Dies führte — wie schon im Ersten Weltkrieg — zu einer Überschätzung des Waffensystems bei der politischen und militärischen Führung. Jetzt sahen vor allem Hitler und die Wehrmachtführung in den U-Booten ein willkommenes Instrument, das sich schnell und effektiv zur kurzfristigen Bereinigung von kritischen Lagen, z.B. im Mittelmeer, einsetzen ließ. Dabei unterblieb meist ein kühles Abwägen von Aufwand, Risiken und Nutzen im Rahmen gesamtstrategischer Dimensionen. Die Seekriegsleitung gab diesen Forderungen oft zu schnell und widerstandslos nach, um nicht noch mehr an Einfluß auf zentrale Entscheidungen der Gesamtkriegführung zu verlieren. Das Nachsehen hatte der für den operativen Einsatz der Boote verantwortliche Befehlshaber, der B.d.U., der gegen seine Überzeugung Maßnahmen anordnen und Risiken eingehen mußte, die er in Seegebieten mit großen Erfolgsaussichten, z.B. im Atlantik, noch vermeiden konnte.

Nachdem zwischen dem 7. und 9. Januar 1942 sieben mittlere Boote vom Typ VII im Seegebiet der Neufundlandbank eingetroffen waren, erreichten ab 11. Januar die ersten fünf größeren Boote vom Typ IX die amerikanische Ostküste und versenkten dort innerhalb von zwei Wochen 15 Schiffe mit insgesamt 97 242 BRT. Weitere Boote folgten, so daß dort ständig etwa sechs bis acht Boote einzeln operierten. Hinzu kamen etwa acht bis zehn mittlere Boote, die aufgrund ihrer geringeren Reichweite und der noch fehlenden Versorgungsmöglichkeit zunächst nur bis in die kanadischen Gewässer vor Halifax und südlich von Neuschottland vorstoßen konnten. Als vom Februar 1942 an eine zweite Gruppe von fünf größeren Booten zur Verfügung stand, wurden die weiträumigen Einsätze bis in die Karibik hinein ausgedehnt.

Auch nach 2 1/2 Monaten U-Boot-Einsatz im amerikanischen Raum waren beim Gegner noch keine durchgreifenden Maßnahmen erkennbar, die die Erfolgsaussichten der Boote reduziert hätten. Gerade vor dem Hintergrund des Engagements der US-Navy bei der Konvoisicherung im Nordatlantik ab September 1941 bleibt es aus heutiger Sicht erstaunlich und bemerkenswert, daß diese Schwäche im eigenen Küstenvorfeld so lange anhielt. Nicht ohne Genugtuung registrierte daher der B.d.U. am 13. März in seinem Kriegstagebuch, die gegnerische Abwehr sei gering, schlecht organisiert und ungeübt. Von einer straffen und schnell reagierenden Leitung und Führung des Seeverkehrs könne nicht gesprochen werden. Dönitz erwartete wohl in Zukunft die Bildung von Geleitzügen, rechnete jedoch vorerst nicht mit einem wirksamen Schutz des alliierten Verkehrs in den amerikanischen Gewässern, da die Seeverbindungen zu zahlreich seien und der Mangel an geeigneten Geleitfahrzeugen anhalte[5]. Seine Hoffnungen konzentrierten sich auf die bevorstehende Einsatzbereitschaft der neuen U-Boot-Tanker, mit deren Hilfe die Operationen in den entfernten Seegebieten erheblich verlängert werden konnten.

Bereits am 8. September 1939 hatte Dönitz den Bau von drei U-Boot-Tankern beantragt, um für weitreichende Operationen im Atlantik die Stehzeit der Boote, die in erster Linie von ihrem Brennstoffvorrat abhing, zu erhöhen. Zu diesem Zeitpunkt ließ sich noch nicht absehen, daß der deutschen Seekriegführung bald Stützpunkte an der französischen Atlantikküste zur Verfügung stehen würden[6].

Die erste Serie von sechs U-Tankern des Typs XIV wurde 1940/41 auf der Werft »Deutsche Werke« in Kiel gebaut. Die Boote konnten vom November 1941 an im Abstand von wenigen Wochen in Dienst gestellt werden. Ein Jahr später folgten vier weitere Einheiten dieses Typs. Die U-Tanker vom Typ XIV (mit 1688 t Wasserverdrängung) hatten neben ihrer normalen Bunkerfüllung von 203 t eine zusätzliche Kapazität von 439 t Dieselöl und etwa 50 t sonstige Vorräte (Proviant, Wasser, Schmieröl, Ersatzteile, Verbrauchsstoffe etc.). Ihre Bewaffnung bestand nur aus leichten Flakwaffen. Auffallend ist der geringe Torpedovorrat (4!). Von großer psychologischer Bedeutung für die Besatzungen der 3000 Seemeilen vom Heimatstützpunkt entfernt operierenden Boote war zweifellos der Arzt des U-Tankers, denn deutsche U-Boote hatten normalerweise keinen Arzt an Bord. Nunmehr konnten die Besatzungen der zu versorgenden Boote auch medizinisch betreut werden. Bei schweren Erkrankungen kamen die Seeleute an Bord des U-Tankers, der dann aus seiner Personalreserve einzelne

Leute an die Boote abgab. Daneben verfügten die Tanker über eine Werkstatt und Spezialpersonal, um kleinere Reparaturen, z.B. Schweißarbeiten, durchführen zu können, was zur Verlängerung der materiellen Einsatzbereitschaft der U-Boote beitrug[7]. Zur Unterstützung der weiträumigen Seeversorgung wurden 1942 und 1943 neben dem Boot »UA« (extürkisch »Batiray«) auch vier große Minen U-Boote vom Typ X B (1763 t) eingesetzt, die jedoch nur etwa 240 t Öl abgeben konnten.

Nach einer gründlichen Erprobung und Gefechtsausbildung in der Ostsee lief der erste U-Tanker U-459 (K.Kapt. v. Wilamowitz-Möllendorff) im März 1942 aus und erreichte am 23. April seinen Einsatzraum etwa 500 Seemeilen nordostwärts der Bermudas. Dort versorgte er bis zum 5. Mai nicht weniger als 15 Boote meist vom mittleren Typ VII C, die nur auf diese Weise überhaupt entlang der amerikanischen Ostküste effektiv operieren konnten. Bei dieser ersten Versorgungsoperation erhielten 13 Boote vom Typ VII C durchschnittlich 27 t Öl (das waren etwa 24 Prozent ihrer normalen Bunkerfüllung) und 0,95 t Proviant (das waren etwa 10 Tagessätze Verpflegung für eine U-Bootsbesatzung). Dadurch erhöhte sich die Einsatzdauer der VII C-Boote um durchschnittlich 20 bis 22 Tage. Einige Zahlen sollen dies verdeutlichen: Boote dieses Typs, die im Frühjahr 1942 vor Halifax operierten, blieben ohne Versorgung durchschnittlich 41 Tage in See, vom April 1942 an erreichen sie mit einer Versorgung durch U-Tanker eine Seeausdauer von durchschnittlich 62, bei einer zweimaligen Versorgung bis zu 81 Tagen[8].

Die Versorgung der Boote wurde im Stab des B.d.U. sorgfältig geplant und vorbereitet, d.h. man wußte anhand der Meldungen der Boote ungefähr, wie hoch ihr Brennstoff- und Torpedovorrat noch war, und setzte entsprechende Prioritäten bei der Zuteilung der Vorräte aus dem U-Tanker. Die Versorgungsplätze lagen weitab von den bekannten Routen des alliierten Seeverkehrs. Bis Anfang 1943 wurden die Versorgungsgruppen kaum durch gegnerische See- und Luftstreitkräfte gestört, obwohl bei schlechtem Wetter oft Peilzeichen gefunkt wurden, um die U-Boote heranzuführen. Die Ölübernahme erfolgte in Form eines Schleppmanövers. Innerhalb von einer Stunde konnten je nach Wetterlage und Ausbildungsstand bis zu 30 t gepumpt werden. Bei Windstärke 6 und mehr und entsprechendem Seegang mußte allerdings die Versorgung meist abgebrochen werden. Den Booten blieb nichts anderes übrig, als mit langsamer Fahrt auf Wetterbesserung zu warten. Bei einer solchen Schlechtwetter-

periode ereignete sich am 27. Oktober 1942 in unmittelbarer Nähe des
U-Tankers U-463 ein Unfall, der immer wieder bei den Einsätzen der
U-Boote im Nordatlantik vorkam: Bei Wind 7-8 und Seegang 6-7 wurde das im Kielwasser von U-463 laufende U-706 von einer hohen See
vollständig überlaufen. Auf U-463 nahm der Wachhabende Offizier an,
daß dabei ein Mann über Bord gespült worden war. Er drehte daher sofort
auf die Unfallstelle zu und konnte einen Mann lebend bergen. Nach den
beiden anderen über Bord gespülten Seeleuten suchten beide U-Boote
vergeblich[9]. Seeversorgung erforderte damals wie auch heute viel
Geschick in Seemannschaft. Die Kriegstagebücher der U-Tanker enthalten viele Beispiele dafür, wie unterschiedlich die U-Bootkommandan-
ten mit ihrem Boot umgehen konnten. Nicht selten geriet nämlich der
Ölschlauch in das vordere Tiefenruder und riß, was längere Reparaturen zur Folge hatte[10]. Die Kommandanten der ersten U-Tanker waren
durchweg ältere, erfahrene Offiziere. Ihr Durchschnittsalter lag bei etwa
42 Jahren und damit etwa 10—12 Jahre über dem der übrigen U-
Boot-Kommandanten.

Ab Mitte Juni 1942 standen im Mittelatlantik regelmäßig zwei bis drei
U-Tanker in verkehrsarmen Seegebieten außerhalb der alliierten Luftüberwachung und eröffneten damit der U-Boot-Führung neue operative Möglichkeiten nicht nur in bislang unberührten verkehrsreichen Gebieten in der Karibik und im Golf von Mexiko, sondern auch bei der zu
erwartenden Wiederaufnahme der Geleitzugskämpfe im Nordatlantik.
Mit Genugtuung konnte Dönitz Anfang Juli 1942 feststellen, »daß die
U-Tanker im richtigen Zeitpunkt zur Front getreten sind«. Ihre Anwe-
senheit habe im Mai und Juni in hohem Maße zu den Erfolgen in den
amerikanischen Gewässern beigetragen. »Es ist zum ersten Male trotz
der langen Anmarschwege möglich geworden, eine große Anzahl von
Booten bis zur Erschöpfung ihres Torpedo- und Artilleriebestandes im
Op.-Gebiet zu halten[11].« Anfänglich bestand zwar noch das Risiko, daß
der einzige verfügbare U-Tanker durch Feindeinwirkung oder maschi-
nelle Störungen ausfallen konnte und dann etliche Boote ohne ausreichende Brennstoffvorräte weit im Westen des Atlantiks stehen würden.
Doch als die nächsten beiden U-Tanker einsatzbereit im Operationsgebiet standen, war dieses Risiko praktisch ausgeschlossen.

In dem Bestreben, durch den Vorstoß von U-Booten auch in entfernte
Seegebiete gegnerische Abwehrkräfte zu binden und gleichzeitig Versen-

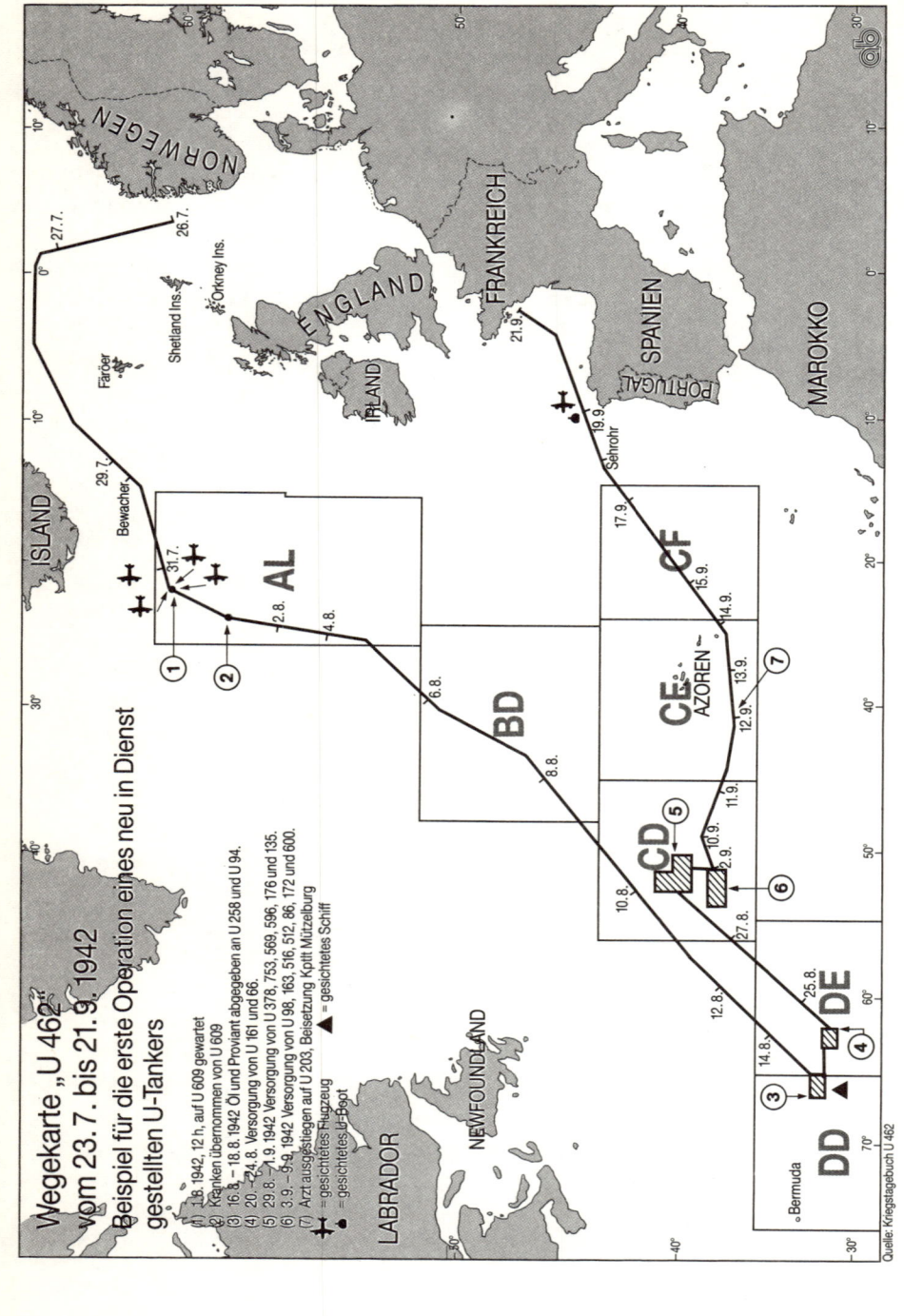

Wegekarte „U 462"
vom 23.7. bis 21.9.1942

Beispiel für die erste Operation eines neu in Dienst
gestellten U-Tankers

① 1.8.1942, 12 h, auf U 609 gewartet
② Kranken übernommen von U 609
③ 16.8. – 18.8.1942 Öl und Proviant abgegeben an U 258 und U 94.
④ 20. – 24.8. Versorgung von U 161 und 66.
⑤ 29.8. – 1.9.1942 Versorgung von U 378, 753, 569, 596, 176 und 135.
⑥ 3.9. – 9.9.1942 Versorgung von U 98, 163, 516, 512, 86, 172 und 600.
⑦ Arzt ausgestiegen auf U 203, Beisetzung Kptlt Mützelburg

= gesichtetes Flugzeug   ● = gesichtetes Schiff
▲ = gesichtetes U-Boot

NORWEGEN

ISLAND

Shetland Ins.

Faröer

Orkney Ins.

ENGLAND

IRLAND

FRANKREICH

SPANIEN

PORTUGAL

MAROKKO

NEWFOUNDLAND

LABRADOR

Bermuda

Bewacher

AL

BD

CD

CE

CF

DD

DE

AZOREN

Sehrohr

27.7.
26.7.
29.7.
31.7.
2.8.
4.8.
6.8.
8.8.
10.8.
12.8.
14.8.
25.8.
27.8.
2.9.
10.9.
11.9.
12.9.
13.9.
14.9.
15.9.
17.9.
19.9.
21.9.

Quelle: Kriegstagebuch U 462

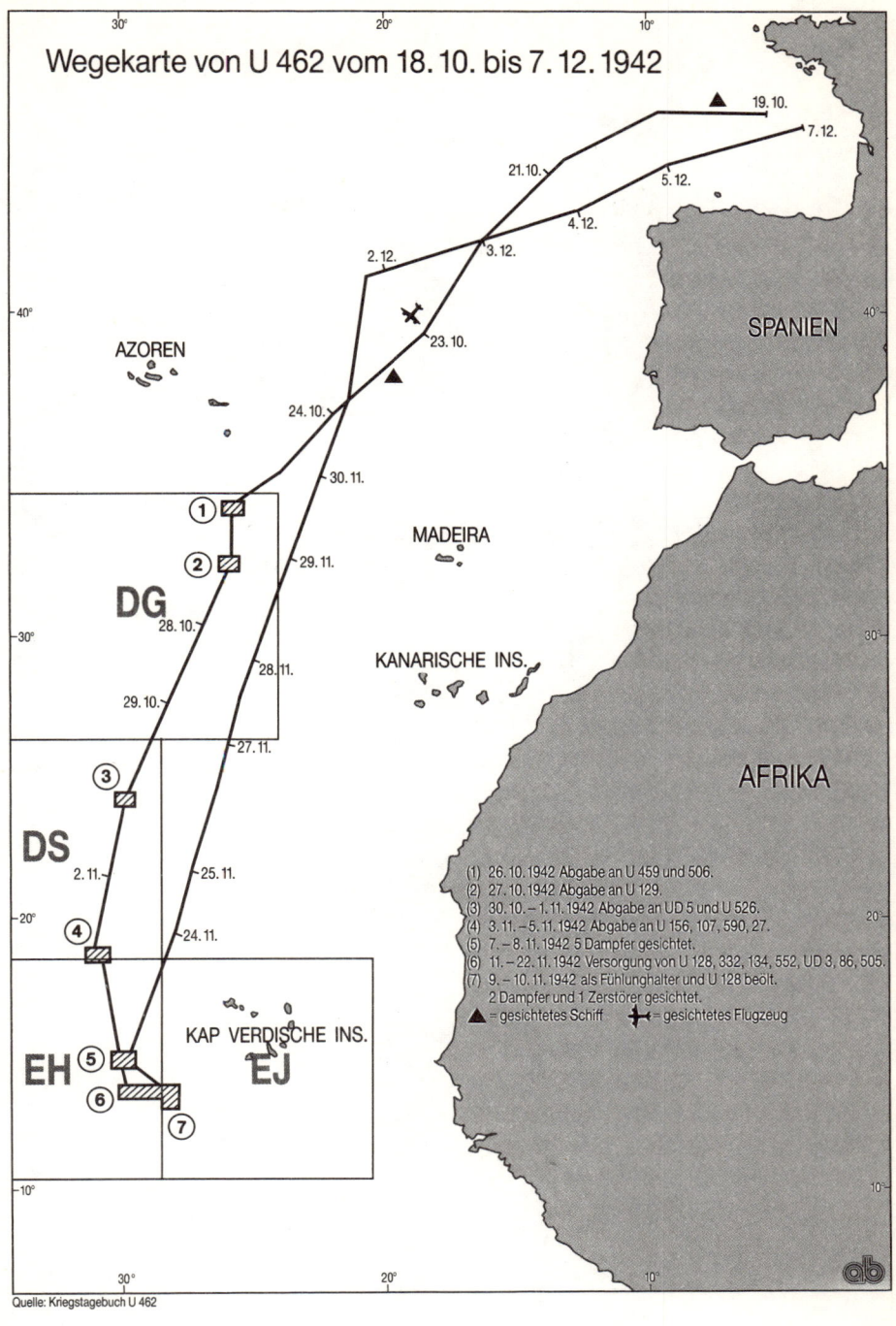

Wegekarte von U 462 vom 18. 10. bis 7. 12. 1942

19. 10.
7. 12.
21. 10.
5. 12.
4. 12.
2. 12.
3. 12.
23. 10.
24. 10.
30. 11.
29. 11.
28. 11.
27. 11.
25. 11.
24. 11.
28. 10.
29. 10.
2. 11.

SPANIEN

AZOREN

MADEIRA

KANARISCHE INS.

AFRIKA

DG

DS

EH

EJ

KAP VERDISCHE INS.

(1)
(2)
(3)
(4)
(5)
(6)
(7)

(1) 26. 10. 1942 Abgabe an U 459 und 506.
(2) 27. 10. 1942 Abgabe an U 129.
(3) 30. 10. – 1. 11. 1942 Abgabe an UD 5 und U 526.
(4) 3. 11. – 5. 11. 1942 Abgabe an U 156, 107, 590, 27.
(5) 7. – 8. 11. 1942 5 Dampfer gesichtet.
(6) 11. – 22. 11. 1942 Versorgung von U 128, 332, 134, 552, UD 3, 86, 505.
(7) 9. – 10. 11. 1942 als Fühlunghalter und U 128 beölt.
     2 Dampfer und 1 Zerstörer gesichtet.
▲ = gesichtetes Schiff   ✈ = gesichtetes Flugzeug

Quelle: Kriegstagebuch U 462

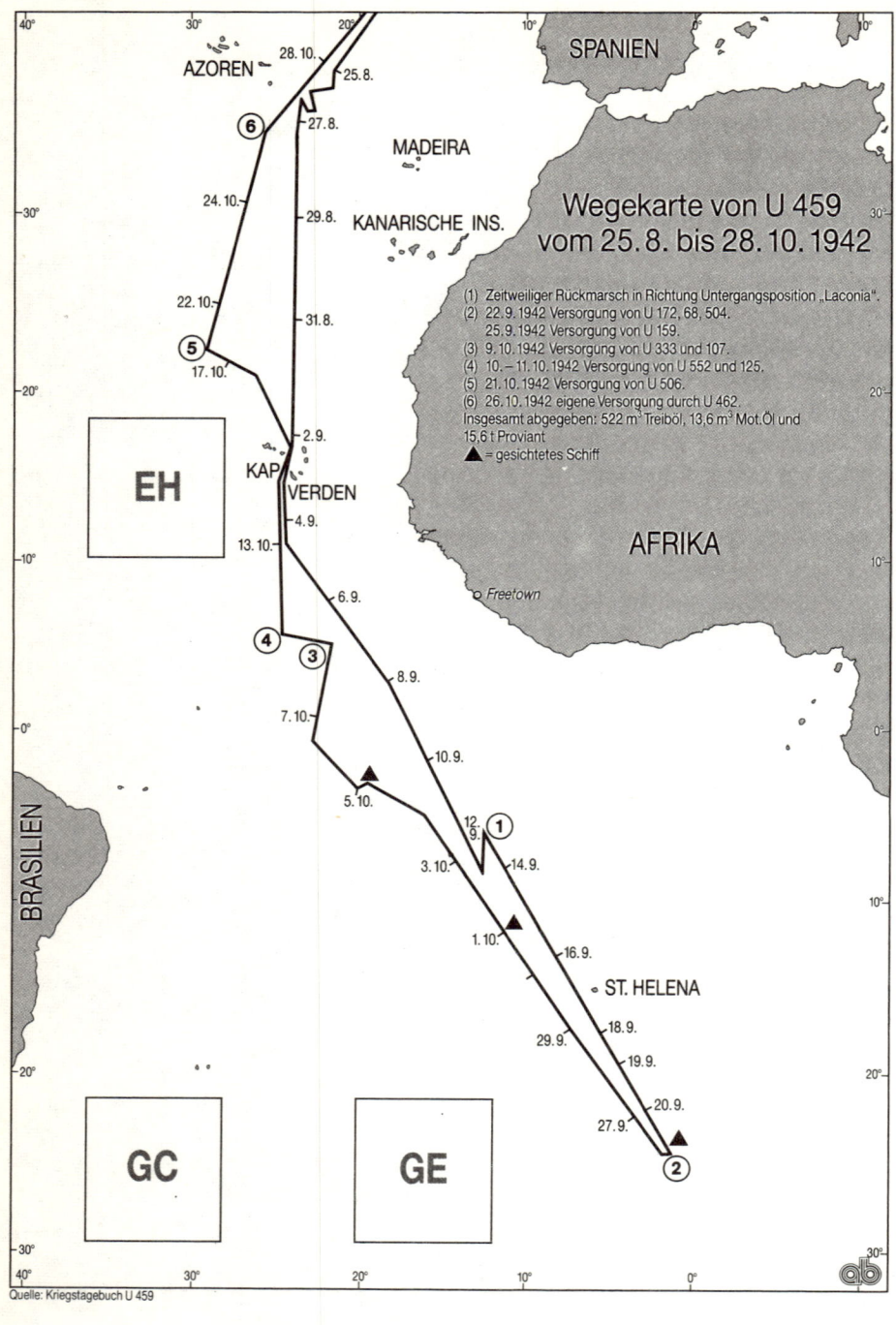

Wegekarte von U 459
vom 25.8. bis 28.10.1942

(1) Zeitweiliger Rückmarsch in Richtung Untergangsposition „Laconia".
(2) 22.9.1942 Versorgung von U 172, 68, 504.
    25.9.1942 Versorgung von U 159.
(3) 9.10.1942 Versorgung von U 333 und 107.
(4) 10.–11.10.1942 Versorgung von U 552 und 125.
(5) 21.10.1942 Versorgung von U 506.
(6) 26.10.1942 eigene Versorgung durch U 462.
Insgesamt abgegeben: 522 m³ Treiböl, 13,6 m³ Mot.Öl und
15,6 t Proviant
▲ = gesichtetes Schiff

SPANIEN

AZOREN

MADEIRA

KANARISCHE INS.

AFRIKA

Freetown

KAP VERDEN

EH

GC

GE

BRASILIEN

ST. HELENA

Quelle: Kriegstagebuch U 459

kungserfolge zu erzielen, operierten ab Mitte Juli 1942 vier bis sechs Boote mit Unterstützung eines U-Tankers im Mittelatlantik westlich von Freetown. In diesem Seegebiet war es auch möglich, daß die U-Tanker gelegentlich mit ihren Sichtmeldungen unmittelbar zum Erfolg der dort eingesetzten Boote beitrugen, so z.B. der U-Tanker U-462 (Oblt.z.S. Vowe) am 9. und 10. November südwestlich der Kap Verdischen Inseln[12] (siehe Skizze S. 87).

Im Sommer 1942 wollte die Seekriegsleitung mit einem überraschenden Auftreten einer U-Boot-Gruppe vor Südafrika strategischen Druck ausüben, der sich auf den alliierten Nachschubverkehr für den Nahen Osten und auf die Gesamtversorgung des indischen Raumes auswirken sollte. Um dem Gegner keine Zeit für die Einleitung von Gegenmaßnahmen zu lassen, sollte der Vorstoß nach Süden möglichst lange verschleiert werden. Die für diese Operation vorgesehenen vier großen Boote vom Typ IX verließen ab 19. August mit dem U-Tanker U-459 ihre Stützpunkte in Westfrankreich[13]. Eines dieser Boote, U-156, versenkte am 12. September abends den britischen Truppentransporter »Laconia«, der 1800 italienische Kriegsgefangene an Bord hatte. Auf die Einzelheiten dieses Zwischenfalls kann hier nicht eingegangen werden.

Wie wir wissen, befahl Dönitz wohl allen in der Nähe stehenden Booten, U-156 bei den Rettungsmaßnahmen zu unterstützen, doch die diesbezügliche Darstellung in seinen Memoiren ist nicht ganz korrekt[14]. Anhand der Akten und Kriegstagebücher läßt sich nachweisen, daß es ihm, der Seekriegsleitung und auch Hitler vor allem darauf ankam, die geplante Südafrika-Operation ohne Verzögerung weiterlaufen zu lassen. Der U-Tanker U-459 stand zum Zeitpunkt der Versenkung der »Laconia« bereits 200 Seemeilen weiter südlich. Er machte kehrt, lief ca. 13 Stunden nach Norden und näherte sich bis auf 70 Seemeilen dem Standort von U-156, als der Befehl von Dönitz eintraf, den Südmarsch fortzusetzen (siehe Skizze)[15]. U-459 versorgte zwischen dem 22. und 26. September etwa 600 Seemeilen südlich von St. Helena die Boote der Gruppe mit jeweils über 100 t Dieselöl und über 3 t Proviant. Ein Boot (U-159) erhielt darüber hinaus noch zwei Torpedos. Voll aufgefüllt erreichten die Boote Anfang Oktober das Seegebiet bei Kapstadt. Obwohl die britische Admiralität die Südbewegung dieser Gruppe erkannt und daraufhin einige Abwehrmaßnahmen eingeleitet hatte, konnten die Boote ab 7. Oktober bei ihren Einzeloperationen innerhalb von sechs Tagen 15

Schiffe mit 108 070 BRT und bis Ende des Monats insgesamt 156 235 BRT versenken. Das waren knapp 28 Prozent aller deutschen U-Boot-Erfolge im Oktober[16].

Der U-Tanker U-459 versorgte bei der Rückkehr noch fünf weitere Boote, ehe er nach 64 Seetagen am 1. November wieder in seinem Stützpunkt einlief. Es war die weitreichendste Versorgungsoperation eines deutschen U-Tankers.

Seit Anfang 1942 hatte sich die Bekämpfung von Konvois auf die Ausnutzung von wenigen günstigen Gelegenheiten beschränkt, die sich aus der Transitphase der Boote im Atlantik ergaben. Ab Juli 1942 veränderte sich das Bild. Nach Einführung des Konvoisystems in den amerikanischen Küstengewässern war der B.d.U. gezwungen, den U-Boot-Einsatz wieder auf die nordatlantischen Konvoirouten zu verlagern. Damit erhielten auch etliche U-Tanker eine anders geartete Aufgabe.

Um mit den U-Boot-Gruppen eine mehrtägige Geleitzugoperation in einem Seegebiet außerhalb der gegnerischen Luftsicherung durchführen zu können, kam es Dönitz darauf an, die Konvois möglichst frühzeitig bei Beginn ihres Marsches im Osten bzw. im Westen des Atlantiks zu erfassen. Mit den aus der Heimat und aus Westfrankreich auslaufenden Booten wurden zunächst die von Großbritannien kommenden Geleitzüge bis zum Gebiet der Neufundlandbank bekämpft. Danach erfolgte ihre Versorgung durch U-Tanker in einem ruhigen Seegebiet südlich der Nordatlantikroute, bevor sie in einer zweiten Operation einen nach Osten laufenden Konvoi angriffen. Für die Operationsführung hatte der Einsatz der U-Tanker den großen Vorteil, daß dadurch im eigentlichen Operationsgebiet eine erheblich größere Anzahl von Booten zur Verfügung stand, denn ohne Seeversorgung hätten die Boote nach ihrer ersten Geleitzugoperation lediglich aus Brennstoffmangel wieder einen Stützpunkt anlaufen müssen[17].

Nach der Rückkehr des U-Tankers U-461, dessen Kommandant (Kaptlt. Stiebler) etliche Ausbildungsmängel bei den zu versorgenden U-Booten gemeldet hatte, sah sich Dönitz im Oktober 1942 veranlaßt, alle Boote dringend darauf hinzuweisen, bei der Durchführung der Versorgungsmanöver mehr seemännische Sorgfalt walten zu lassen. Jeder überflüssige Verkehr mit Schlauchbooten sei zu vermeiden; die nicht an der direkten Versorgung beteiligten Boote sollten an der Grenze der Sichtweite einen Sicherungsgürtel bilden, damit »das für U-Bootskriegführung so wichtige Versorgungsboot gegen Feindeinwirkung auf Versorgungsplatz soweit als möglich gesichert ist«[18]. Bei manchen Geleitzugoperationen folgten die U-Tanker dem Konvoi in einem Abstand von nur 50 bis 100 Seemeilen, um die Boote sofort nach ihren Angriffen wieder aufzufüllen. Daraus wird deutlich, wie sehr die alliierte Luftüberwachung bis Ende 1942 im Nordatlantik auf die enge Sicherung der gefährdeten Konvois beschränkt blieb, denn auf den ausgewählten Treffpunkten verliefen die Versorgungoperationen meist ungestört und problemlos. Es sei denn, das Wetter machte dem B.d.U. einen Strich durch die Rechnung, wie im November 1942, als nach der Operation gegen den Konvoi ONS.144 eine Gruppe von zunächst fünf Booten etwa 500 Seemeilen nordwestlich der Azoren aus dem U-Tanker U-460 (Kaptlt. Schnoor) versorgen sollte[19]. Am 21. November trafen die ersten Boote beim U-Tanker ein, konnten jedoch wegen des schlechten Wetters nicht versorgt werden, sondern mußten bis zum 26. November warten, da der schwere Sturm zeitweilig Stärke 11 erreichte.

Am 25. November blieb der Gruppe aus Brennstoffmangel schließlich nichts anderes übrig, als sich treiben zu lassen. Bei einigen Booten reichte der Vorrat noch nicht einmal aus, um die Batterien aufzuladen. Sie wären bei einem Erscheinen von alliierten Seestreitkräften völlig hilflos gewesen und hätten sich wohl selbst versenken müssen! Nach der Wetterbesserung am 26. November war unter Einschaltung der Befehlsstelle des B.d.U. ein lebhafter Funkverkehr erforderlich, um alle Boote wieder zu sammeln und je nach Dringlichkeit die Reihenfolge der Versorgung festzulegen[20].

Einige Bemerkungen zur britischen Intelligence und ihren bekannten Erfolgen:
Da die deutschen Boote in den entfernten Seegebieten ihre Erfolge fast ausschließlich gegen Einzelfahrer erzielten, beschränkte sich ihre operative Führung auf die Verteilung der Kräfte in die ergiebigsten Seeräume und auf die Organisation der Ablösung bzw. Seeversorgung. Die Boote selbst meldeten nur auf Befehl des B.d.U. oder bei günstiger Gelegenheit die durchgeführten Versorgungen, ihre Versenkungserfolge und die angetroffene Verkehrssituation, um der U-Boot-Führung ein aktuelles Lagebild für den Ansatz neuer Boote zu übermitteln. Der erste Einsatz der U-Tanker fiel in die Zeit, als die britische Funkaufklärung durch den

»Blackout« bei der Entzifferung des operativen Funkverkehrs der U-Boote im Atlantik (Schlüsselkreis »Triton«) vom 1. Februar 1942 an ohnehin stark beeinträchtigt war.

Dem O.I.C. der britischen Admiralität lagen zwar aufgrund der weiterhin möglichen Entzifferung des Funkverkehrs im Schlüsselkreis »Heimische Gewässer« die Auslauf- und Einlaufmeldungen der Boote vor, doch für die Erstellung des aktuellen Lagebildes im Atlantik mußte sich das O.I.C. weitgehend auf die Auswertung der herkömmlichen Nachrichtenquellen (Funkpeilung, Verkehrsanalyse, Luftbildaufklärung usw.) abstützen und erreichte damit bei weitem nicht die Vollständigkeit und Genauigkeit der früheren Monate. Als im Juni 1942 verschiedene Anzeichen auf eine Seeversorgung der deutschen Boote hindeuteten, konzentrierte sich der Verdacht auf eine angenommene deutsche Versorgungsorganisation in Zentralamerika, die in diesem Monat vom britischen und amerikanischen Geheimdienst zerschlagen worden sein soll. Demgegenüber bleibt festzuhalten, daß sich aus den überlieferten deutschen Akten (z.B. Kriegstagebücher des B.d.U. und der beteiligten U-Boote) keine einzige derartige U-Boot-Versorgung nachweisen läßt. Die britische Admiralität wußte wohl seit März 1941, daß die deutsche Kriegsmarine Versorgungs-U-Boote entwickelte, doch es blieb unklar, wann mit ihrer Einsatzbereitschaft gerechnet werden mußte. Die ersten erfolgreichen Einsätze der U-Tanker wurden nicht erfaßt. Erst im August 1942 lag durch Aussagen von geretteten Besatzungsangehörigen des ersten versenkten U-Tankers U-464 die definitive Bestätigung dafür vor, daß dieser U-Boottyp bereits im Atlantik operierte[21].

Es besteht der Eindruck, daß die operative Bedeutung der U-Tanker auf britischer Seite bis Ende 1942 offenbar unterschätzt worden ist, anders ist es nicht zu erklären, daß zunächst keine verstärkten Bemühungen unternommen wurden, diese wichtige logistische Komponente der deutschen U-Boot-Kriegführung auszuschalten. Bei den hohen Leistungen der britischen Funkaufklärung ist es kaum vorstellbar, daß ihr der Funkverkehr in der Nähe der Versorgungsplätze entgangen sein sollte, zumal im Herbst 1942 bei den Versorgungsoperationen häufig Peilzeichen gesendet wurden, um die U-Boote an den U-Tanker heranzuführen. Aus der Beobachtung des eigenen Funkverkehrs erkannte der Stab des B.d.U. stets die Gefahr der Einpeilung durch den Gegner und gab den Versorgungsgruppen entsprechende Hinweise bzw. auch Befehle, den Versorgungsplatz zu wechseln[22].

Abschließend soll noch kurz auf die Entwicklung des entscheidenden Jahres 1943 eingegangen werden, in dem die meisten U-Tanker versenkt wurden, da ihre Versorgungsplätze den Alliierten durch Ultra schnell bekannt wurden. Der erste Versuch, einen Tanker bei der Versorgung zu überraschen, schlug allerdings fehl: Am 12. Januar 1943 sollte U-459 etwa 300 Seemeilen östlich des St. Pauls Rock das große italienische U-Boot »Cagni« versorgen. Da der Treffpunkt etliche Tage vorher über Funk festgelegt war, hatte die britische Admiralität Zeit genug, um zwei Zerstörer dorthin zu entsenden[23]. U-459 konnte jedoch noch rechtzeitig tauchen und den Vorfall melden, ohne von den Zerstörern entdeckt zu werden. Sein Kommandant schlug für den nächsten Tag einen neuen Treffpunkt vor, auf dem die Versorgung reibungslos glückte, da offensichtlich der damit verbundene Funkverkehr dem O.I.C. der britischen Admiralität noch nicht im Klartext vorlag[24]. — Dies ist ein weiteres Indiz dafür, daß bei der Entzifferung des deutschen Funkverkehrs in diesen Wochen teilweise noch erhebliche Verzögerungen auftraten, die eine unmittelbare operative Ausnutzung der Ergebnisse oft unmöglich machten. Als der amerikanische Chief of Naval Operations im April vorschlug, die U-Tanker auf ihren erkannten Versorgungsplätzen auszuschalten, drängte der Leiter des Submarine Tracking Room der Admiralität, Commander Roger Winn, darauf, daß der Erste Seelord, Admiral Pound, diesen amerikanischen Plan ablehnte. Winn fürchtete nämlich für diesen Fall eine radikale Änderung des deutschen Schlüsselverfahrens, was einen Ausfall der Ultra-Erkenntnisse und — wie es Pound gegenüber dem CNO formulierte — einen damit verbundenen Anstieg der Schiffsverluste um 50 bis 100 Prozent zur Folge haben würde[25]. Diese Schätzung mag übertrieben gewesen sein, denn als im Sommer 1943 doch entschieden wurde, die U-Tanker so bald wie möglich auszuschalten, kam nach der Versenkungsserie Ende Juli/Anfang August auf deutscher Seite kein besonderer Verdacht auf, denn die überraschenden Luftangriffe auf die Treffpunkte wurden der immer stärker werdenden alliierten Luftüberwachung zugeschrieben.

Von Mai bis Anfang August 1943 wurden nicht weniger als 6 U-Tanker (Typ XIV) und weitere 3 Versorgungsboote (Typ XB) versenkt. Bei den überraschenden Luftangriffen zeigte sich eine Schwäche der großen U-Tanker: Sie manövrierten zu schwerfällig und benötigten viel Zeit für ein Tauchmanöver, so daß die gezielten Angriffe der Trägerflugzeuge meist erfolgreich waren. Nach diesen großen Verlusten gelang es den wenigen verbliebenen U-Tankern nur noch, einige Versorgungsunternehmungen erfolgreich durchzuführen, z.B. U-488 (Oblt.z.S. Bartke) vom 9. September bis 12. Dezember 1943. Bei dieser Unternehmung wurden zehn U-Boote meist bei Nacht versorgt, was viel seemännisches Geschick und entsprechende Sicherheitsvorkehrungen erforderte. Diese nächtlichen Versorgungsmanöver dauerten allerdings erheblich länger als bei Tage. An Bord von U-488 wurde am 14. September 1943 ein Soldat erfolgreich am Blinddarm operiert, was der B.d.U. als »beachtliche Leistung« bezeichnete, die bislang einmalig im U-Boot-Krieg sei[26]. In diesen Wochen lagen übrigens die entschlüsselten deutschen Funksprüche erst mit einer Verzögerung von etwa sieben Tagen vor, so daß es der amerikanischen U-Jagd-Gruppe mit dem Geleitflugzeugträger »Bogue« nicht gelang, diesen U-Tanker auf einem Versorgungsplatz zu erfassen[27]. Mit 94 Seetagen war es die längste und auch die letzte Unternehmung eines U-Tankers, bei dem der Tanker wieder seinen Stützpunkt erreichte. Alle weiteren Einsätze endeten mit dem Verlust der U-Tanker. Der letzte — U-490 — wurde im Juni 1944 versenkt.

Zusammenfassung

Von April 1942 bis Dezember 1943 versorgten neun U-Tanker und vier große Boote vom Typ XB in 46 Unternehmungen über 480 U-Boote, die damit ihre Seeausdauer um 20 bis 30 Tage verlängern konnten. Einzelne Boote vom Typ VII C wurden auf einer Unternehmung aus verschiedenen U-Tankern bis zu dreimal versorgt und kamen auf eine Einsatzzeit von über 90 Seetagen. Dadurch konnte die Kampfkraft der Boote trotz langer Anmarschwege optimal ausgeschöpft werden.
Die Versorgungsoperationen wurden 1942 begünstigt durch die fehlende alliierte Seeraumüberwachung abseits der festgelegten Konvoirouten. Im Herbst 1942 operierten etliche U-Tanker so nahe bei den angegriffenen Konvois, daß die U-Boote ihre letzten Brennstoffreserven ohne großes Risiko für Angriffe ausnutzen konnten. Soweit bekannt ist, mußte kein U-Boot allein aus Brennstoffmangel aufgegeben werden.
Die Steuerung der Seeversorgung durch den Stab des B.d.U. blieb so lange erfolgreich, wie der damit verbundene Funkverkehr auf alliierter Sei-

te inhaltlich nicht erfaßt werden konnte. Ab März/April 1943 ging dieser Vorteil endgültig verloren. Zur gleichen Zeit standen den Alliierten genügend See- und Seeluftstreitkräfte zur Verfügung, nicht nur die Konvois selbst ausreichend zu schützen, sondern gleichzeitig offensiv gegen jede erkannte U-Boot Konzentration — und das waren eben auch Versorgungsgruppen — vorzugehen. Die Zeit der U-Tanker, die zur Erfüllung ihrer Aufgabe über Wasser operieren mußten, war damit abgelaufen.

Anmerkungen

Folgende Abkürzungen werden benutzt:
BA-MA   = Bundesarchiv-Militärarchiv, Freiburg i. Br.
B.d.U.   = Befehlshaber der U-Boote
BRT   = Bruttoregistertonne
Kaptlt.   = Kapitänleutnant
K.Kapt.   = Korvettenkapitän
KTB   = Kriegstagebuch
O.I.C.   = Operational Intelligence Center, Admiralty (London)
OKM   = Oberkommando der Kriegsmarine
Oblt.z.S. = Oberleutnant zur See
Skl   = Seekriegsleitung
sm   = Seemeile

* Reprinted from Proceedings with permission: copyright©(1988) U.S. Naval Institute.
1 K. Dönitz, Zehn Jahre und zwanzig Tage, 7. Aufl. München 1980, und ders., Die Schlacht im Atlantik in der deutschen Strategie des Zweiten Weltkrieges, in: Marine-Rundschau, 61 (1964), S. 63-76. Vgl. J. Rohwer, Der U-Bootkrieg und sein Zusammenbruch 1943, in: Entscheidungsschlachten des zweiten Weltkrieges, hrsg. von H.-A. Jacobsen und J. Rohwer, Frankfurt 1960, S. 327-394 und A. Hezlet, The Submarine and Seapower, London 1967.
2 Siehe KTB B.d.U., 9. und 10.12.1941, in: BA-MA, RM 87/19, Bl. 95-100 (= PG 30 301/a). Vgl. auch Dönitz, Zehn Jahre (wie Anm. 1), S. 192 f. und M. Salewski, Die deutsche Seekriegsleitung 1935—1945, Bd 1, Frankfurt 1970, S. 508 f.
3 1. Skl I Op 2190/41 g.Kdos. Chefs. vom 24.12.1941: »Ubootseinsatz im Atlantik« (Abschrift), in: 1. Skl, KTB, Teil C IV, BA-MA, RM 7/845, Bl. 279 ff. (= Case GE 227/PG 32 173).
4 Zahlen nach KTB B.d.U. vom 1. und 2.1.1942, in: BA-MA, RM 87/20, Bl. 49 (= PG 30 302), auf für das Folgende; vgl. Dönitz, Zehn Jahre (wie Anm. 1), S. 192.
5 KTB B.d.U., 13.3.1942: Lage amerikanischer Raum, BA-MA, RM 87/20, B. 197 f. (= PG 30 305a).
6 Siehe F.d.U. an OKM, 8.9.1939, in Dönitz, Zehn Jahre (wie Anm. 1), Anl. 6, S. 480 f. Vgl. auch E. Rössler, Geschichte des deutschen Ubootbaus, München 1975, S. 189.
7 Zum Entwurf und Bau der U-Tanker siehe Rössler (wie Anm. 6), S. 195 ff., zu den ersten Erfahrungen ebd., S. 228 ff., und KTB U-459, BA-MA, RM 98 (= PG 30 512).

8 Errechnet nach den KTB der beteiligten Boote.

9 KTB U-463, 27.10.1942, BA-MA, RM 98 (= PG 30 516).

10 Siehe die KTB der Boote U-459, U-460, U-461, U-462, U-463, BA-MA, RM 98 (= PG 30 512, 30 513, 30 514, 30 515, 30 516). U-463 hat am 3.4.1943 innerhalb von 14 Stunden 9 Boote versorgt und dabei durchschnittlich 18,6 cbm Dieselöl an jedes Boot abgegeben. Siehe KTB U-463, 3.4.1943.

11 KTB B.d.U., 2.7.1942, in: BA-MA, RM 87/22 (=PG 30 309a).

12 Siehe KTB U-462, 9. und 10.11.1942, in: BA-MA, RM 98 (=PG 30 515).

13 Siehe KTB B.d.U., 11.8.1942, mit einem ausführlichen Vermerk der Skl, in: BA-MA, RM 87/22 Bl. 134 ff. (= PG 30 310a). Vgl. dazu auch J. Rohwer, Der U-Bootkrieg (wie Anm. 1), S. 352 f.

14 Dönitz, Zehn Jahre (wie Anm. 1), S. 250: Dönitz sagt hier, er sei bei seinem Entschluß geblieben, die Südafrika-Operation zugunsten der Rettungsaktion zu unterbrechen.

15 Siehe KTB U-459, 12.—14.9.1942, PG 30 512/4, S. 7, KTB B.d.U., 13.9.1942, BA-MA, RM 87/23; 1. Skl, KTB, Teil A, 13.9.1942, BA-MA, RM 7/40, S. 275 f.

16 Zahlen nach Rohwer, Axis Submarine Successes 1939—1945, Annapolis 1983. Vgl. auch S.W. Roskill, The War at Sea 1939—1945, Bd 2, London 1957, S. 269 und P. Beesly, Very Special Intelligence. Geheimdienstkrieg der britischen Admiralität 1939—1945, Berlin, Frankfurt 1978, S. 181 f.

17 Nach KTB B.d.U. vom 2.10.1942, BA-MA, RM 87/23, Bl. 120-122 (= PG 30 312a). Vgl. auch Dönitz, Zehn Jahre (wie Anm. 1), S. 265 ff.

18 Funkspruch des B.d.U. an alle U-Boote vom 19.10.1942, zit. nach KTB U-462, 19.10.1942 in: BA-MA, RM 98 (= PG 30 515/3). Siehe auch Vermerk des B.d.U. zum KTB und Versorgungsbericht von U-461 (2. Unternehmung). U-461 war am 17.10.1942 eingelaufen. (KTB U-461, ebd., PG 30 514/2).

19 Siehe KTB U-460 vom 21.11. bis 8.12.1942, BA-MA, RM 98 (= PG 30 513/4) und Dönitz, Zehn Jahre (wie Anm. 1), S. 279.

20 Ebd. — Siehe auch KTB B.d.U., 21.11. bis 8.12.1942, BA-MA, RM 87/24 (= PG 30 313 b/30 314a). — In diesem Zusammenhang soll noch darauf hingewiesen werden, daß die in der Literatur (Rössler, Geschichte des deutschen Ubootbaus - wie Anm. 6 -, S. 232, und H. Schaeffer, U 977, Geheimfahrt nach Südamerika, 9. Aufl. München 1986, S. 115) überlieferte Version einer Unterwasserversorgung zwischen U-445 und U-460 am 7.12.1942 eine Legende ist. Es handelte sich um eine ganz normale Versorgung, bei der U-445 (Oblt.z.S. Fenn) 43 t Öl und für 10 Tage Proviant erhielt. Siehe KTB U-460, 7.12.1942, BA-MA, RM 98 (= PG 30 513/4, S. 34).

21 Zum Lagebild der britischen Admiralität ab 1. Februar 1942: F.H. Hinsley, British Intelligence in the Second World War, Bd 2, London 1981, S. 229 ff.; und Beesly, Very Special Intelligence (wie Anm. 16), S. 144 ff. — Sehr allgemeiner Hinweis auf vermeintliche deutsche Versorgungsorganisation bei Hinsley, S. 229: »activities of an enemy refuelling network in central America, based on British Honduras«. Da die geheimen Versorgungen deutscher U-Boote in spanischen Häfen in den Kriegstagebüchern genau festgehalten sind, entsprechende Hinweise auf Zentralamerika jedoch in den deutschen Unterlagen nirgendwo auftauchen und darüber hinaus auch kein U-Boot-Einsatz bekannt ist, dessen lange Dauer Rückschlüsse auf eine bislang geheim gebliebene Versorgung zuließe, trifft die Darstellung Hinsleys in dieser Form wohl nicht zu. Zur Fehleinschätzung der britischen Admiralität hinsichtlich des Baus der U-Tanker siehe ebd., S. 229 und 683.

22 Funkspruch des B.d.U. an U-Boote bei U460 vom 4.12.1942: »Es wird zuviel gefunkt und dadurch unnötigerweise dem Gegner die Möglichkeit gegeben, den Versorgungsplatz zu erfassen. Es ist falsch, das voraussichtliche Eintreffen auf dem Versorgungsplatz in seiner Nähe zu funken, ferner schon kurz nach dem Eintreffen Peilzeichen zu verlangen. Erst wenn mehrere Stunden nichts gefunden, Peilzeichen anfordern.« (Zit. nach KTB U-460, 4.12.1942, BA-MA, RM 98/PG 30 513/4, S. 30).

23 Siehe Hinsley, British Intelligence (wie Anm. 21), S. 557, KTB B.d.U., 12. und 13.1.1943, BA-MA, RM 87/25 (= PG 30 315).

24 Siehe KTB U-459 12. und 13.1.1943, BA-MA, RM 98 (= PG 30 515/5).

25 Siehe Hinsley, British Intelligence (wie Anm. 21), S. 549.

26 KTB U-488, mit Stellungnahme B.d.U. (nach S. 83), BA-MA, RM 98 (= PG 30 535/2).

27 Dankenswerter Hinweis von Prof. Dr. Jürgen Rohwer (Stuttgart), der demnächst Einzelheiten zu dieser erfolglosen U-Jagd-Operation veröffentlichen wird.

Sampo Ahto

Die operativen Grundlagen des Kampfes Suomussalmi—Raate in Mittelfinnland im Winterkrieg 1939/1940

Der Keim des Sieges oder der Niederlage versteckt sich oft in der Planung. Im finnisch-sowjetischen Winterkrieg 1939—1940 hatten beide Kontrahenten schlechte Karten in diesem Sinne.

Die Lagebeurteilung der Finnen war an sich richtig. Die Hauptstoßrichtung der Sowjets würde auf die Karelische Landenge zielen. Über diese Landenge hatten die Russen bisher immer angegriffen. Hier war der Weg zum Herzen Finnlands am kürzesten, hier gab es die besten Straßen und Eisenbahnlinien und hier würde es am leichtesten sein, große Truppenkonzentrationen unbeobachtet hinter der russischen Grenze zusammenziehen.

Falsch an der finnischen Beurteilung war die Auffassung, die beinahe 1000 km lange Grenze zwischen dem Eismeer und dem Ladoga-See sei ziemlich ungefährdet. Unmittelbar nördlich vom Ladoga-See rechnete man zwar mit etwa drei sowjetischen Divisionen — auf der Karelischen Landenge betrug die vermutete Stärke wenigstens zehn Divisionen — aber je weiter man nach Norden ging, desto schwächer würden die Kräfte des Angreifers sein. Meistens rechnete man mit einem Feind in Bataillonsstärke. So war dies auch der Fall bei Suomussalmi.

Der Grund für die Fehlbeurteilung lag in der Vermutung, daß die ostkarelischen Urwälder noch weitgehend unpassierbar für die teilmotorisierte Rote Armee sein würden. Die Entfernung zwischen der Grenze und der Murmansk-Eisenbahn betrug etwa 200 km, und man nahm an, es würde unmöglich sein, einen Angriff größerer Verbände zu nähren. Die finnische Aufklärung der Friedenszeit hatte nicht in genügendem Maße erkannt, daß das Straßennetz in Ostkarelien nicht mehr dasselbe war, wie die Finnen es aus früheren Zeiten kannten.

Es traf zu, daß man im finnischen Hauptquartier im Herbst 1939 bezüglich der Sicherheit der nördlichen Ostgrenze ein wenig mißtrauisch geworden war. Die Zeit war aber knapp, und so konnten die operativen Pläne nicht grundsätzlich überprüft werden. In Suomussalmi zog die Truppe mit einem Operationsplan aus dem Jahre 1934 in den Krieg; eigentlich stammte der Plan aus den frühen zwanziger Jahren.

Dieser Plan war ein Offensivplan. Man wollte das finnische Staatsgebiet vor Verwüstungen schützen, und darum sollte das Bataillon in Suomussalmi die Grenze überschreiten. Das sowjetische Bataillon gegenüber — so beurteilte man die lokale Feindstärke — würde geschlagen werden, danach konnte die finnische Truppe zur Verteidigung übergehen und alle Gegenangriffe der Sowjets an einer günstigen See-Enge abwehren.

Im Suomussalmi-Gebiet gab es sehr wenig Straßen. Nur eine Straße führte über die Grenze. Es war die sog. »Raate-Straße«, benannt nach dem Dörflein Raate an der Grenze. Diese Straße würde die Hauptstoßrichtung der Sowjets bestimmen, und darum mußte der Schwerpunkt der Finnen auch hier liegen. Im Nordteil der Gemeinde Suomussalmi, östlich des Dorfes Juntusranta, zog sich noch ein Pfad über die Grenze. In dieser Richtung konnten die Russen höchstens mit einer Kompanie angreifen, und darum würde ein verstärkter finnischer Infanteriezug ausreichen, um einen Abwehrerfolg zu erzielen. Weil auch westlich von Juntusranta keine Straßen existierten, hielt man diesen Abschnitt bei den Finnen für ziemlich sicher.

Die größte Sorge der Finnen galt der Ausrüstung der finnischen Armee. In Suomussalmi gab es keine Panzerabwehrwaffen, keine Fliegerabwehrwaffen und keine Feldgeschütze. Selbst Uniformen waren Mangelware. Reserven waren nicht vorgesehen. Lediglich dem Obersten Befehlshaber, also Feldmarschall Mannerheim, standen zwei unvollständige Infanterieregimenter im westlichen Nordfinnland als Reserve zur Verfügung, aber diese beiden Regimenter waren für die Karelische Landenge vorgesehen.

Es ist schwer zu sagen, wo die größten Probleme der Finnen lagen, aber am verhängnisvollsten konnten sich die Folgen der falschen Lagebeurteilung auswirken. Zwar lag der Angriffsschwerpunkt der Sowjets auf der Karelischen Landenge, wie die Finnen angenommen hatten. Der Feind gedachte aber an beinahe all den Stellen mit starken Kräften die Grenze zu überschreiten, wo ein Operieren nur vorstellbar war. In Suomussalmi griffen die Sowjets folglich nicht mit einem Bataillon oder einem Regiment, sondern mit einem Armeekorps an. Der einzige Vorteil für die finnische Seite war, daß die Russen ihre zwei Infanteriedivisionen wegen des ungenügenden Straßennetzes nicht gleichzeitig zum Kampf bereitstellen konnten. Darum befand sich die 44. Infanteriedivision noch im Anmarsch, und das sowjetische Generalkommando konnte über sie erst drei bis vier Wochen später verfügen. Den Finnen war das Vorhandensein dieser zweiten Division vorerst unbekannt.

Auch im engeren taktischen Sinne hatten die Sowjets eine Überraschung für die Finnen vorbereitet. Aus Richtung Raate griffen sie zwar in Stärke eines Infanterieregiments an. Aber das konnte die Finnen nicht beeindrucken; überlegene Feindstärken dieser Art hatte man auf der finnischen Seite schon in die schlimmsten Alternativmöglichkeiten einbezogen. Die Sowjets griffen jedoch darüber hinaus unerwartet aus der weglosen Juntusranta-Richtung an, und zwar mit dem Großteil einer Infanteriedivision. Ihre Überlegenheit betrug in Juntusranta deswegen mehr als das Siebzigfache, denn die Finnen hatten dort nur einen Infanteriezug eingesetzt.

Doch die Sowjets hatten ihre Rechnung ohne den Wirt gemacht. Vor 20 Jahren hatten die Finnen einen blutigen Bürgerkrieg ausgefochten, und nun glaubte die Sowjetführung, daß ein bedeutender Teil der finnischen Bevölkerung nicht gegen die Rote Armee kämpfen würde. Die kommunistischen finnischen Emigranten in Moskau, die Stalins Säuberungen überstanden hatten, ermunterten den Sowjetdiktator in diesem Sinne.

Die Operationspläne für die Eroberung Finnlands wurden im Sommer 1939 bereits vor dem Pakt vom 23. August fertiggestellt. In drei Wochen sollte ganz Finnland besetzt werden. Das Ziel des IL. Armeekorps, das in Suomussalmi angriff, war der Bottnische Meerbusen im Raum der Stadt Oulu. Über 200 km sollte das Armeekorps demnach vorstoßen. Hier war die schmalste Stelle Finnlands, und ein Erfolg des sowjetischen Armeekorps hätte das Land in zwei Teile geteilt.

In dieser Richtung mußten die Sowjets, die ziemlich genau über die finnische Gliederung und Stärke im Bilde waren, auch nicht mit ernsthaftem Widerstand rechnen. Dies war nur für die Anfangsphase, in Suomussalmi, zu erwarten, und deshalb bildeten sie dort einen klaren Schwerpunkt. Danach wären die Sowjets in Regimentsstärke über verschiedene Straßen nach Westen marschiert. Auch logistische Probleme spielten in dieser Planung keine nennenswerte Rolle.

Am 26. November 1939 ließ die Sowjetregierung verlauten, die Finnen hätten mit Artillerie sowjetisches Gebiet beschossen. Nach »zunehmenden, unerhörten finnischen Angriffsprovokationen« überschritt die Rote Armee am 30. November die finnische Grenze. Die Inszenierung des

Schauspiels allerdings geriet ein wenig stümperhaft, denn die finnische Volksregierung wurde erst zwei Tage später ausgerufen. Die Reihenfolge der Aktionen war deswegen unlogisch: erst der Angriff, dann die finnische Bitte um die brüderliche internationalistische Hilfe der Sowjetarmee.

In Suomussalmi begann der Kampf sofort. In der Gegend Raate entsprach die Lage dem erwarteten Feindbild: Die Sowjets griffen mit einem Regiment an. Das finnische selbständige Infanteriebataillon 15 leistete nach einigen Anfangsschwierigkeiten erfolgreich Widerstand und wurde nach drei Tagen durch ein Feldersatzbataillon verstärkt. An der Reihe war jetzt der finnische Gegenangriff.

In Richtung Juntusranta war die Lage dagegen für die Finnen katastrophal. Ein Infanteriezug kann gegen zwei Regimenter nichts ausrichten, nicht einmal hinhaltenden Widerstand leisten. Noch schlimmer war jedoch, daß die finnische Führung den Ernst der Lage nicht erkannte und nicht erkennen wollte.

Als Konsequenz früherer Lagebeurteilungen hatte sich nun eine Falschbeurteilung festgesetzt. Ihr zufolge war es unmöglich, daß die Sowjets mit starken Kräften über wegloses Gebiet angriffen. Die Verbindungen waren schlecht, und es erwies sich als sehr schwierig, die Entwicklung des Kampfes zu verfolgen. Auch die Führungsstruktur auf der finnischen Seite war merkwürdig kompliziert. Der Zug in Juntusranta war nicht etwa dem Infanteriebataillon 15 in Suomussalmi unterstellt, sondern unmittelbar der Gruppe Nord-Finnland, deren Stab in der Stadt Kajaani lag. Die Entfernung nach Suomussalmi wäre 60 km gewesen; nach Kajaani waren es nahezu 200 km. Dazu war der Abschnitt der Gruppe Nord-Finnland 600 km breit, und es gab sehr viel mehr zu tun, als den Kampf eines Zuges in Juntusranta zu führen.

»Kämpfen Sie härter!« war der Inhalt der Befehle, die der Zugführer in Juntusranta als Antwort auf seine verzweifelten Meldungen entgegennehmen mußte. Am 3. Dezember erschoß sich der Leutnant, am 4. Dezember erreichte die sowjetische Spitze die wichtige Straße Suomussalmi—Kuusamo, und am 5. Dezember wurde der finnischen Führung die Lage klar.

Jetzt wußte man, wo der Schwerpunkt des Feindes zu suchen war. Man wußte auch, daß damit die zwei finnischen Bataillone, die in Richtung Raate verteidigten, in Todesgefahr waren. Je zäher die Finnen kämpf-

Lage am 5. 12. 1939

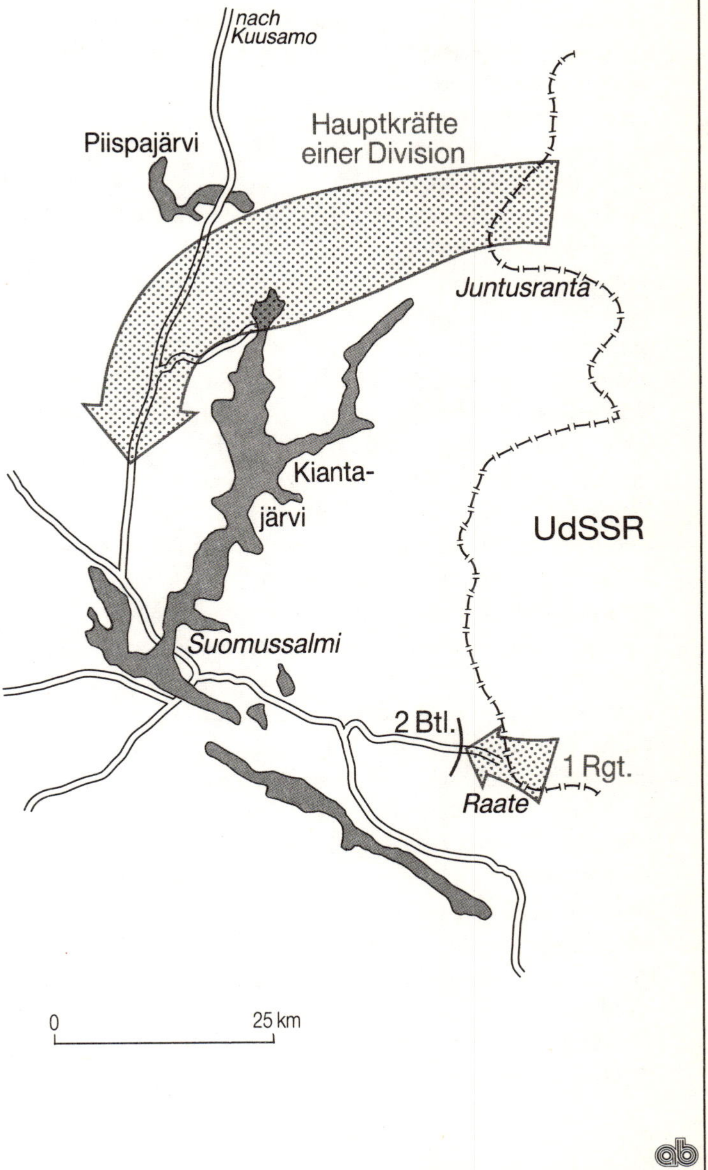

nach
Kuusamo

Piispajärvi

Hauptkräfte
einer Division

Juntusranta

Kianta-
järvi

UdSSR

Suomussalmi

2 Btl.

1 Rgt.

Raate

0   25 km

ten, desto sicherer war es, daß der Zeitgewinn nur den Sowjets nützen würde. In einem oder zwei Tagen würde die nach Süden vorstoßende sowjetische Spitze Suomussalmi erreichen und sich damit im Rücken der Finnen festgesetzt haben.

In letzter Minute gelang es, die Gefahr zu bannen. Die Finnen erhielten den Befehl zum Rückzug, und am 6. Dezember verbrannten die Verteidiger die letzten Häuser im Kirchdorf Suomussalmi. Am Abend befanden sich die finnischen Bataillone südlich des Sees Haukiperä, und die Sowjets standen an dessen Nordufer. Das Fatalste an der Lage war, daß zwei geschlagenen und völlig erschöpften finnischen Bataillonen die geballte Kraft der Masse der sowjetischen 163. Infanteriedivision gegenüberstand. Von Bedeutung war auch, daß die Raatestraße nun in sowjetischer Hand war. Damit war das erhebliche Problem des Nachschubs aus dem Osten wenigstens zum großen Teil zugunsten der Sowjets entschieden.

Auch die Lage im Nordteil der Gemeinde Suomussalmi war düster. Als der Gegner die Straße Suomussalmi—Kuusamo am 4. Dezember erreicht hatte, bog ein Regiment nach Norden in Richtung Kuusamo ab. Dort gab es zur Stunde keinen einzigen Finnen, und so mußte auf der Lagekarte der Gruppe Nord-Finnland ein drohendes Fragezeichen gezeichnet werden: Niemand wußte, wo die Sowjets waren.

In Kuusamo, ungefähr 200 km nördlich von Suomussalmi, erwartete, wie vorher in Suomussalmi, ein finnisches selbständiges Bataillon die Sowjets. Dieses Bataillon war die einzige Truppe, die schnell zur Hand war, denn vorerst hatte es noch keine Feindberührung in Kuusamo gegeben. Am 5. Dezember faßte der Befehlshaber der Gruppe Nord-Finnland, Generalmajor Tuompo, einen schweren Entschluß. Das Bataillon in Kuusamo wurde mit Lastkraftwagen nach Süden gegen den unbekannten Feind geworfen und klärte die Sowjets im Nordteil von Suomussalmi beim Piispajärvi (järvi = See) auf. Nach zweitägigem heftigem Kampf gelang es, den Feind zum Stehen zu bringen. Dadurch entstand ein Kräftegleichgewicht in diesem Raum, wobei die Finnen aber ein großes Risiko eingegangen waren. In Kuusamo befanden sich nur noch einige Feldposten, und es war jederzeit möglich, daß der Feind auch hier angreifen würde.

Das Kräfteverhältnis im Raum Suomussalmi war immer noch sehr ungünstig für die Finnen, die jetzt dort drei Bataillone eingesetzt hatten. Auf der Gegenseite standen elf Bataillone mit starken Unterstützungstruppen. Ohne Verstärkungen konnten die Finnen dem Feind die Initiative nicht entreißen.

Ein eigener Angriff stellte jedoch die einzige Möglichkeit dar, der Lage Herr zu werden. Überall an der Ostgrenze gab es ähnliche Krisen wie bei Suomussalmi. Überall mußten die Sowjets zurückgeschlagen werden, andernfalls war der Zusammenbruch der gesamten Landesverteidigung nur eine Frage der — sehr kurzen — Zeit. Das operative Prinzip lautete also: War man zu schwach für die Verteidigung, dann mußte man angreifen.

Zu dieser Zeit besaß das finnische Hauptquartier im nördlichen Finnland als Reserve nur noch ein Regiment, das Infanterieregiment 27. Am 8. Dezember wurde dieses Regiment der Gruppe Nord-Finnland mit dem Auftrag unterstellt, den Feind in Suomussalmi zu vernichten. So entstand südlich von Suomussalmi eine neue Kampfgruppe von fünf Bataillonen, die nach ihrem Kommandeur, dem Obersten Siilasvuo, Kampfgruppe Siilasvuo benannt wurde.

Schon in dieser Phase soll im Auge behalten werden, daß das finnische Bataillon beim Piispajärvi im Nordteil von Suomussalmi nicht der Kampfgruppe Siilasvuo unterstellt wurde. Formell lag die Führung des Gefechts in den Händen des Befehlshabers Nord-Finnland in Kajaani, und deswegen war das Piispajärvi-Bataillon ihm direkt unterstellt. Oberst Siilasvuo war aber ein eigensinniger und rücksichtsloser Kommandeur, der in Suomussalmi faktisch führte, wie er wollte. Er konnte jedoch dem Piispajärvi-Bataillon keine Befehle erteilen, und auch die sonstige Zusammenarbeit zwischen den beiden Kampfgruppen war schlecht. Denn auch der Kommandeur des Bataillons beim Piispajärvi, Oberstleutnant Susitaival, war ein selbständig denkender Offizier, und sein Verhältnis zur Siilasvuo war nicht gut. Die beiden Herren haben während des ganzen Winterkrieges kein Wort gewechselt, obwohl die Entfernung zwischen ihren Gefechtsständen nur 60 km betrug. Die Folgen waren nicht zu übersehen.

Schon früh am 8. Dezember begab sich Siilasvuo persönlich südlich des Haukiperä-Sees an die Front. Schnell faßte er seinen operativen Entschluß. Mit vier Bataillonen würde er angreifen. Im östlichen Teil von Haukiperä war kein Feind beobachtet worden, und da würde die Überraschung am ehesten gelingen. Durch weglosen Urwald würden die Finnen marschieren, und das erste Ziel sollte die Raate-Straße sein, die wichtigste und eigentlich einzige Nachschubverbindung der Sowjets. Nach der Sperrung dieser Straße würde die Kampfgruppe den Angriff nach Westen in Richtung Suomussalmi-Kirchdorf fortsetzen. Nur eine Kompanie sollte zwischen den beiden kleinen Seen Kuomasjärvi und Kuivasjärvi nach Osten decken. Das damit verbundene Risiko war groß, aber es mußte eingegangen werden, um einen möglichst starken Schwerpunkt zu bilden. Zu dieser Zeit wußte Siilasvuo noch nicht, daß eine zweite Feinddivision genau in dieser Richtung schon im Anmarsch war.

Ein Bataillon behielt Siilasvuo als Reserve. Die eigentliche Front am Südufer des Haukiperä-Sees wurde von Maschinengewehrkompanien und leichten Mörserzügen verteidigt, die organisatorisch zu Infanteriebataillonen gehörten. Zugleich sollten sie den Angriff mit ihrem Feuer unterstützen. Andere Unterstützungswaffen besaß Siilasvuo nicht.

Zuerst mußte Siilasvuo abwarten, denn es dauerte bis zum späten Abend des 10. Dezember, bis alle Angriffstruppen zu seiner Verfügung standen. Das Infanterieregiment 27 kam mit der Eisenbahn, und ein Eisenbahnunglück verzögerte die Ankunft.

Unterdessen wankte schon die schwache finnische Verteidigung am Südufer des Haukiperä-Sees unter dem Druck von zwei sowjetischen Angriffen. Der See war bereits eisbedeckt, aber zum Glück der Finnen trug das Eis noch keine Panzerwagen, denn die Verteidiger verfügten ja nicht über Panzerabwehrwaffen. Im blutigen Kampf wurden die Sowjets beide Male zurückgeschlagen. Hochaufgetürmt lagen Hunderte von russischen Gefallenen im weißen Schnee. Vom »weißen Tod« sprach bald die finnische Propaganda, und sie machte tiefen Eindruck auf den Feind.

Im großen und ganzen verhielten sich die Sowjets nach der Besetzung des Kirchdorfes Suomussalmi erstaunlich passiv. Der wahrscheinliche Grund dafür waren die Erschöpfung der Truppe und die großen Nachschubschwierigkeiten. Die Versorgungsentfernungen waren bereits sehr lang, und auf ihrem eigenen Boden hatten die Finnen einen zähen und erfolgreichen Kleinkrieg gegen die Transportkolonnen des Gegners begonnen. Es fiel immer mehr Schnee, und bald konnten die Sowjets sich nur in der unmittelbaren Nähe der Straßen bewegen, denn Skier besaßen sie nicht. Sie hatten auch keine Zelte, und die Finnen hatten alle Häuser niedergebrannt. Die Kälte erreichte bis zu -20 Grad, und bald wurde die Grenze von -40 Grad unterschritten. Unter solchen Verhältnissen verlor die sowjetische Division ihre Bewegungsfähigkeit, ganz gleich was die Führung wollte. Der Wille, den Angriff fortzusetzen, zeigte sich jedoch darin, daß sich auch der Stab des sowjetischen Generalkommandos schon in der Nähe der Straße Suomussalmi—Kuusamo befand.

Mit einiger Verspätung begann der finnische Angriff am 11. Dezember um 10.00 Uhr. Die Raate-Straße wurde überraschend erreicht, und eine verstärkte Kompanie besetzte wie geplant schnell die Landenge zwischen dem Kuivasjärvi und dem Kuomasjärvi, um nach Osten zu decken. Das Gros der finnischen Kampfgruppe drehte dann nach Westen ab und fuhr, zuerst ohne Feindberührung, in der Richtung des Kirchdorfes weiter. Nach einer halben Stunde kam plötzlich eine sowjetische Lkw-Kolonne entgegen. In kurzem Nahkampf wurde der Feind vernichtet, aber jetzt war klar, daß der Kampflärm die Sowjets alarmiert haben mußte.

So war es auch. Bald stießen die Finnen auf feindliche Verteidigungsstellungen, und bis um Mitternacht wurde bitter gekämpft. Am folgenden Tag wurde der Angriff fortgesetzt, wobei die Finnen ein paar Kilometer vorstoßen konnten. Am Abend des 12. Dezember war das Straßendreieck 2 Kilometer südlich vom Kirchdorf in ihrer Hand. Am folgenden Tage ging man gegen das Kirchdorf vor, konnte aber nur 1 Kilometer vordringen. Südlich vom Kirchdorf breitet sich ein weites Tal aus, und dieses Tal wurde zum wahren Todestal für die Finnen. Der Feind saß in den Häuserruinen auf dem nördlichen Abhang, und das Feuer seiner Infanteriewaffen war mörderisch. Gegen die Panzer der Sowjets hatten die Finnen nur Molotow-Cocktails und gegen die Artillerie kein Gegenmittel. Ihre einzigen vier leichten Feldhaubitzen bekamen die Finnen erst am 16. Dezember. Der Luftraum gehörte völlig den Sowjets, und in diesem kalten Winter gab es viele sonnenklare Tage. Die Lagerfeuer konnten nur während der Dunkelheit angezündet werden; Truppenbewegungen am hellen Tag waren unmöglich. Auch die Finnen waren keine Übermenschen, und sie zitterten vor Kälte wie der Gegner auf der anderen Seite. Dazu kamen Hunger, denn die Versorgung funktionierte nicht einwandfrei, und bleierne Müdigkeit als Folge vieler schlafloser Nächte. Davon spricht überzeugend ein Zitat aus einem Kompaniekriegstagebuch vom 14. Dezember: »Beim kleinsten Halt schlafen die Soldaten sofort auf den Skiern ein. Die einfachsten Befehle werden nicht verstanden. Unser Kompaniechef ist im Zustand völliger Abstumpfung. Der Chef der Nachbarkompanie ist auf das Niveau des Kindes herabgesunken.«

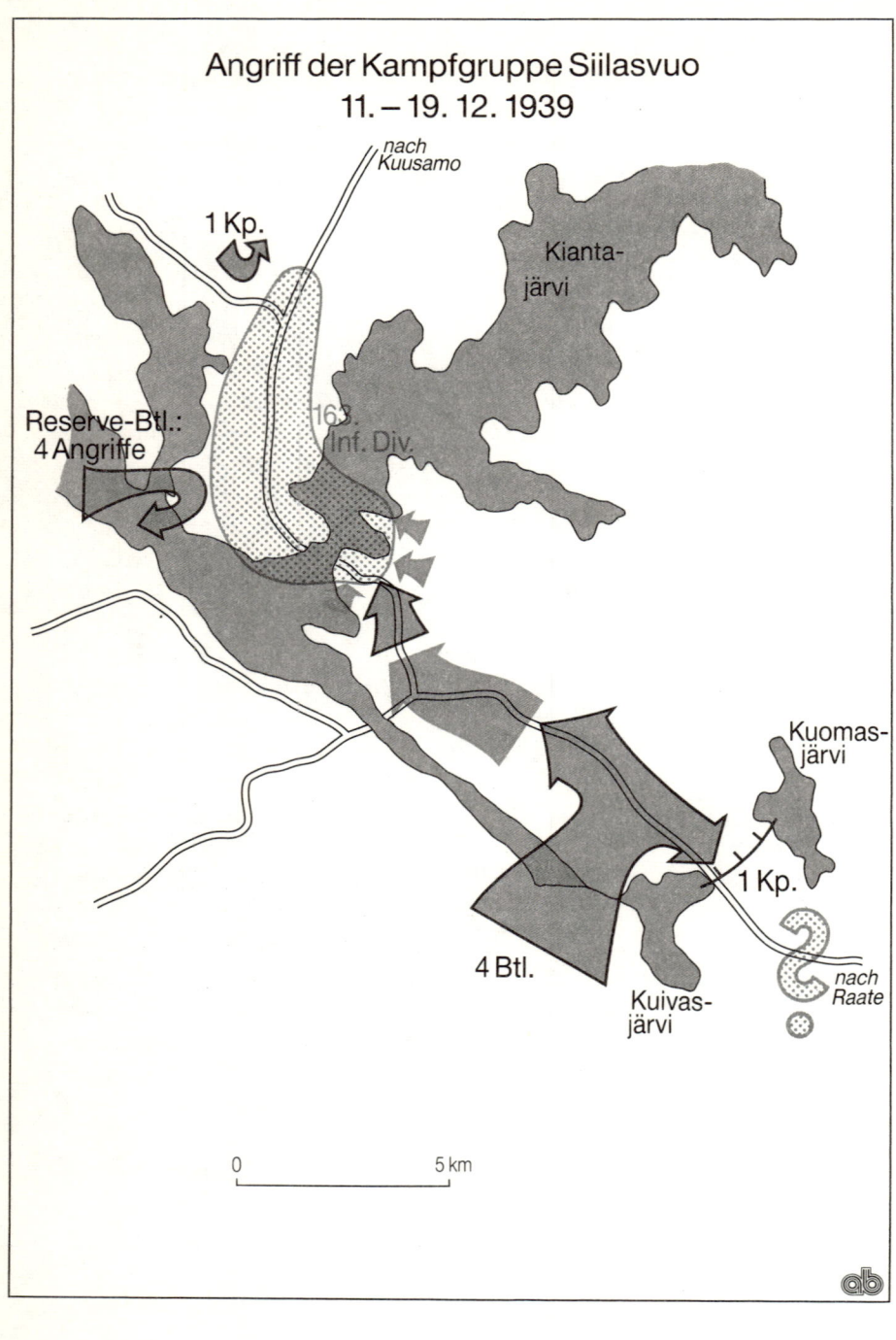

Angriff der Kampfgruppe Siilasvuo
11. – 19. 12. 1939

nach
Kuusamo

1 Kp.

Kianta-
järvi

Reserve-Btl.:
4 Angriffe

163.
Inf. Div.

Kuomas-
järvi

1 Kp.

4 Btl.

nach
Raate

Kuivas-
järvi

0   5 km

Obwohl es Kompanien gab, deren Stärke nur noch 50 Mann betrug, konnte der Angriff nicht eingestellt werden. Gerade das Gegenteil war richtig. Schon hatte Siilasvuo Informationen, daß feindliche Ersatztruppen herangeführt wurden. Eile war also das Gebot der Stunde. Die 163. Infanteriedivision mußte unbedingt vernichtet oder wenigstens entscheidend geschlagen werden, bevor das sowjetische IL. Armeekorps beide Divisionen auf dem Gefechtsfeld einsetzen konnte. Die vereinigte Kraft des Armeekorps wäre für die gesamte Kriegführung und auch für die Freiheit Finnlands verhängnisvoll gewesen. Das wußte oder ahnten alle Suomussalmi-Kämpfer.

Bis zum 19. Dezember versuchten Siilasvuo und seine Truppe, den Widerstand der Sowjets zu brechen. Am 17. Dezember sah es bereits so aus, als ob der Feind nachgeben würde, und am folgenden Tage meldete die finnische Presse, daß das Kirchdorf Suomussalmi zurückerobert sei. Die Meldung erwies sich als verfrüht. Vermutlich wußten die Sowjets, daß in einigen Tagen Verstärkung zu erwarten war, und diese Gewißheit gab ihnen zusätzliche Kraft. Ansonsten war die Lage im Halbkessel, in dem die Sowjets saßen, sehr ernst. Oberstleutnant Susitaivals Gruppe, die unterdessen durch ein Feldersatzbataillon verstärkt worden war, hatte höchst effektiv den Nachschub des Gegners aus Richtung Juntusranta gestört, und es war fraglich, ob die 163. Infanteriedivision überhaupt noch operationsfähig war. Kämpfen konnte sie jedoch.

Es war jetzt klar, daß der Auftrag der Kampfgruppe Siilasvuo mit den zur Verfügung stehenden Kräften nicht zu lösen war. Die ursprünglichen Reserven hatte die Kampfgruppe schon gebunden, aber im Falle der Not finden sich immer Aushilfen. Der jüngste finnische Rekrutenjahrgang war bereits teilweise ausgebildet, und man griff auch auf Kanoniere der Küstenartillerie und Matrosen der Kriegsmarine zurück. Ein großes Menschenreservoir bildeten die 100 000 Angehörigen älterer Jahrgänge, die aus Budgetgründen während der Friedensjahre nicht einberufen worden waren. Nun gab man ihnen eine Schnellausbildung, und als sie die blauweiße Kokarde an ihre Zivilmütze geheftet und ein altes Gewehr in die Hand gedrückt bekommen hatten, waren auch sie finnische Soldaten des Winterkrieges.

Das Offizierkorps dieser Truppe war ebenso bunt. Es gab tüchtige Offiziere, aber auch solche, die eigentlich kriegsuntauglich waren. Zwei Beispiele aus der Suomussalmi-Front illustrieren gut den Stand der Dinge.

Mit den frischen Truppen kamen zwei Oberstleutnante nach Suomussalmi. Nach zwei Jahren war der eine Generalmajor geworden und Träger des Mannerheimkreuzes. Den zweiten hatte man schon im Jahre 1925 wegen Veruntreuung zum Gefreiten degradiert und seines Amtes enthoben. Jetzt wurde er eiligst wieder zum Oberstleutnant befördert. Er war Alkoholiker, und es wird erzählt, er habe während des Winterkrieges keinen Tag nüchtern gesehen.

Am 18. Dezember informierte das Hauptquartier den Befehlshaber Nord-Finnland, Generalmajor Tuompo, daß ihm noch zwei Regimenter für den Kampf in Suomussalmi unterstellt wurden. Es waren die Infanterieregimenter 64 und 65. Der geringe Kampfwert der neuen Truppen war Tuompo bekannt; selbst die Zelte fehlten. Groß angelegte Operationen waren mit diesem Ersatz nicht durchzuführen.

Am liebsten hätte nunmehr Tuompo aus dem Norden mit der verstärkten Kampfgruppe Susitaival angegriffen. Die Gruppe Susitaival wäre der Hammer gewesen und die Gruppe Siilasvuo der Amboß. Diese Alternative wurde jedoch von Tuompo selbst verworfen. Die Entfernungen waren seiner Meinung nach zu groß für die unerfahrene und schlecht ausgerüstete Truppe. Auch wollte er Siilasvuo nicht verstimmen. So wählte Tuompo eine Alternative.

Nach diesem Plan wurde der Angriff im Grunde ähnlich wie vorher geführt, aber die beiden Kampfgruppen im Süden und im Norden waren bedeutend stärker. Sowohl Siilasvuo als Susitaival wurde je ein Regiment zugeführt. Der Schwerpunkt lag weiterhin bei Siilasvuo, dem jetzt neun Bataillone zur Verfügung standen. Susitaival konnte fünf Bataillone einsetzen. Die Ambitionen Siilasvuos wurden auch dadurch befriedigt, daß aus seinen Bataillonen eine neue Division, die 9. Infanteriedivision, gebildet wurde, und Siilasvuo damit offiziell Divisionskommandeur wurde. Tuompo hatte befohlen, daß Siilasvuo mit den Hauptkräften aus der alten Richtung, aus Südosten also, angreifen sollte. Das wollte Siilasvuo jedoch nicht. Die neu zugeführte sowjetische Division stand bereits vor der Verteidigungslinie Kuomasjärvi und Kuivasjärvi, und es wäre sehr gefährlich gewesen, die Hauptkräfte zwischen zwei feindliche Divisionen zu konzentrieren. Zudem gab es in diesem stark verteidigten Raum keine Möglichkeit zur Überraschung.

Die neue Angriffsrichtung Siilasvuos stieß aus dem Südwesten gegen die Halbinsel Hulkonniemi vor, die von einem feindlichen Regiment besetzt war. Auf dieses Angriffsziel konzentrierte Siilasvuo fünf Bataillone. Drei verblieben im bisherigen Raum östlich des Kirchdorfes — eines als Reserve —, wo auch angegriffen wurde. Ein Bataillon kämpfte in der Verteidigungslinie im Osten gegen die neu zugeführte sowjetische 44. Infanteriedivision, und ein Bataillon führte Kleinkrieg gegen diese Division.

Das Risiko, das hiermit eingegangen wurde, war sehr groß. Alles beruhte auf der Voraussetzung, daß die Verteidigung im Osten gegen die zehnfache Überlegenheit der 44. Infanteriedivision hielt.

Jetzt, als die 44. Infanteriedivision bereits die Raate-Straße erreicht hatte, standen den Sowjets zusammengerechnet 22 Bataillone gegen 15 finnische Bataillone zur Verfügung. Auf der sowjetischen Seite kämpften 32 000 Mann, während die Stärke der Finnen etwa 17 000 Mann betrug. Die Sowjets hatten 330 Geschütze verschiedener Kaliber und die Finnen acht Geschütze — die vier neuen Panzerabwehrkanonen mitgerechnet. Dazu besaßen die Sowjets 90 Panzerkampfwagen, die Finnen keine. Dank der Konzentration der Kräfte durch die Maßnahme des Generalmajors Tuompo und des Obersten Siilasvuo erzielten die Finnen jedoch gegen die 163. Infanteriedivision eine leichte Überlegenheit von 13 gegen 11 Bataillone. An Feuerkraft waren die Finnen zwar bedeutend schwächer, aber im Waldkampf und im tiefen Schnee konnten die Sowjets keinen entscheidenden Nutzen aus ihren schweren Waffen ziehen.

Die Situation war etwa der Lage in Tannenberg im August 1914 vergleichbar. Die 163. Infanteriedivision befand sich in einer Rolle wie seinerzeit die Samsonow-Armee und die 44. Infanteriedivision wie einst Rennenkampf. Die entscheidende Frage war wiederum, ob die 44. Infanteriedivision sich so passiv verhalten würde wie Rennenkampf während der Schlacht von Tannenberg. Das Risiko, das Siilasvuo auf sich genommen hatte, entsprach in etwa dem von Hindenburg und Ludendorff.

Der Kommandeur der 44. Infanteriedivision, Winogradow, verhielt sich in der Tat wie Rennenkampf. Als die Nachbardivision in der Nähe völlig geschlagen wurde, stand die 44. Infanteriedivision — so stellt es sich dar — Gewehr bei Fuß und schaute zu. Allerdings gab es einleuchtende Gründe für dieses ungewöhnliche Verhalten. Die 44. Infanteriedivision war voll motorisiert, aber es gab nur eine Straße mit einer Breite von nur gut 4 Metern. Im metertiefen Schnee und im dichten Urwald ließen sich die Fahrzeuge ohne große Vorbereitungen nicht bewegen. Auch die

Männer waren an die Straße gebunden, denn sie hatten keine Skier. Als die Spitze der Division auf die finnische Verteidigungslinie prallte, blieb der ganze Verband stehen. Da lag er auf der Straße wie eine riesige, 30 km lange Schlange, und so wie die Schlange bei Kälte steif wird, so wurde die sowjetische Division bei klirrendem Frost immer langsamer. Wenn man sich vorstellt, wie die Rotarmisten an Lagerfeuern im Dunkeln hockten — auf diesem Breitengrad hält die Dunkelheit im Dezember täglich etwa 20 Stunden an —, wie schwierig das Anlassen der Motoren war und welche Verwirrung die sich wiederholenden Schläge der kleinen und schnellbeweglichen finnischen Stoßtrupps hervorriefen, dann kann man verstehen, warum es dem sowjetischen Kommandeur nicht gelang, der Nachbardivision Hilfe zu leisten.

Es ist zu vermuten, daß auch der Kommandierende General der Sowjets schon seine Zuversicht verloren hatte, denn seit einigen Tagen befand sich seine Befehlsstelle wieder hinter der russischen Grenze. Leider kennen wir den Auftrag nicht, den die 163. Infanteriedivision zu diesem Zeitpunkt hatte. Es ist jedoch klar, daß der ursprüngliche Angriffsbefehl schon seit einiger Zeit in einen Verteidigungsauftrag übergegangen war. Es ist zudem wahrscheinlich, daß die Division schon die Genehmigung zum Rückzug für den Fall erhalten hatte, daß es für die Division um Kopf und Kragen gehen würde.

Der Angriff der Kampfgruppe Susitaival begann schon am ersten Weihnachtstag, als man merkte, daß der Feind seine Stellungen geräumt hatte. Erst nach einigen Kilometern traf man auf die nächsten Stellungen. Auch dies wies darauf hin, daß die Sowjets auf dem Rückzug waren.

Im Süden begann der Angriff der 9. Division gegen die Halbinsel Hulkonniemi am frühen Morgen des 27. Dezember. Im blutigen Kampf gingen die Finnen langsam vor, aber zu ihrer Überraschung wurde der Widerstand am folgenden Tage schwächer. Der Feind wich auch hier zurück. Der Rückzugsbefehl hatte jedoch die Truppe zu spät erreicht; wesentlichen Teilen der Sowjets gelang die Rettung nicht mehr. Der Rückzug artete in Flucht aus, und das schwere Material der Division ging verloren.

In zwei Tagen war alles vorbei. Die Gesamtverluste der 163. Infanteriedivision beliefen sich auf etwa 5000 Gefallene und 1200 Gefangene. Für den Verlauf dieses Krieges war die Division nicht mehr kampffähig.

Der finnische Sieg war jedoch nicht ganz vollständig. Die russische Division war zwar gründlich geschlagen worden, aber nicht völlig vernich-

Entscheidung in Suomussalmi
27. – 29. 12. 1939

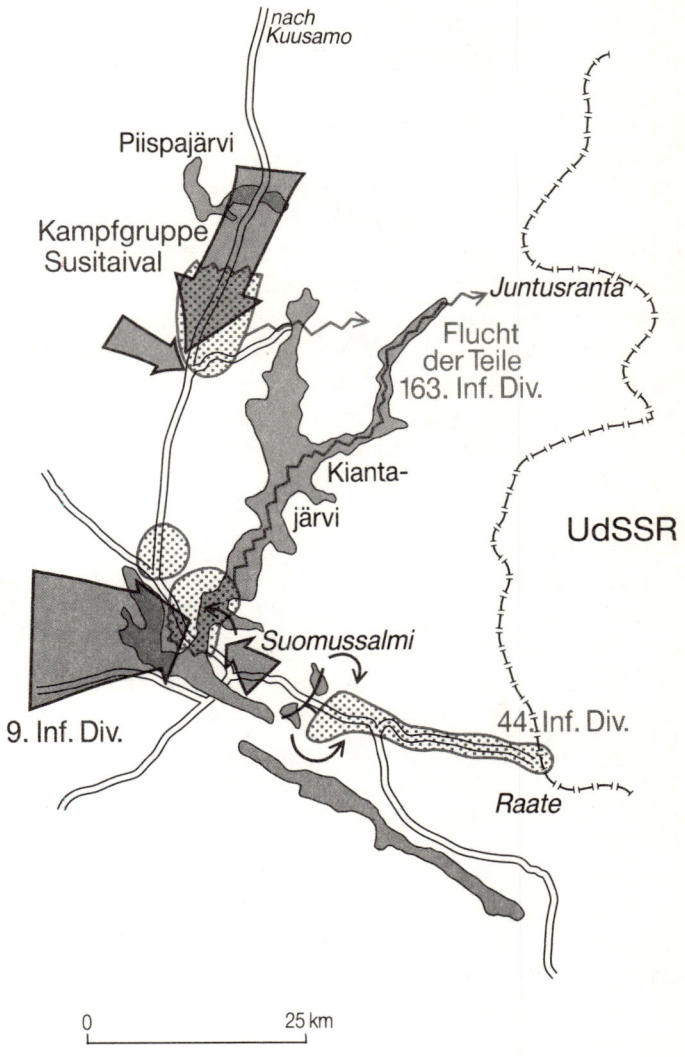

nach Kuusamo

Piispajärvi

Kampfgruppe Susitaival

Juntusranta

Flucht der Teile 163. Inf. Div.

Kianta-järvi

UdSSR

Suomussalmi

9. Inf. Div.

44. Inf. Div.

Raate

0   25 km

tet. Der Grund dafür war in der ungenügenden Zusammenarbeit der 9. Division mit der Kampfgruppe Susitaival und in der mangelhaften operativen Koordinierung beider durch die Gruppe Nord-Finnland zu suchen.

Siilasvuo nahm an, daß der Fluchtweg für die Sowjets im Norden gesperrt war, denn nach dem Befehl der Gruppe Nord-Finnland sollte Susitaival in südöstlicher Richtung gegen Juntusranta vorgehen. Das tat Susitaival jedoch nicht, er griff vielmehr direkt nach Süden die Straße entlang an. Dies geschah, weil er der Auffassung war, Ausbildungsstand und Ausrüstung der neuen Ersatztruppen seien so schlecht, daß diese nicht im weglosen Urwald operieren konnten. Der weitere Verlauf des Krieges zeigte jedoch, daß auch diese Truppen nach Anfangsschwierigkeiten sehr großen Anforderungen gewachsen waren.

Susitaival dagegen glaubte, daß Siilasvuo gegen das Kirchdorf aus südöstlicher Richtung vorgehen würde, wie General Tuompo befohlen hatte und wie ihm gemeldet wurde. Dann wäre der Fluchtweg der Russen über den Kiantajärvi gesperrt gewesen. Wir wissen aber bereits, daß Siilasvuo aus wohlüberlegten Gründen aus Südwesten angriff. Sein Fehler beruhte darin, seinem Vorgesetzten nicht gemeldet zu haben, daß er anders verfuhr, als der Befehl lautete.

Die 163. Infanteriedivision wurde somit geschlagen. Das Schicksal der 44. Infanteriedivision längs der Raate-Straße war jedoch härter; sie wurde gänzlich vernichtet. Hier konnte Siilasvuo selbständig und ohne Rücksicht auf andere führen.

Für diesen Auftrag wurde ihm zusätzlich das Infanterieregiment 65 aus der Kampfgruppe Susitaival unterstellt. Obwohl das Regiment erst in der letzten Phase in den Kampf geworfen werden konnte, hatte Siilasvuo jetzt 15 Bataillone gegen 11 russische Bataillone zur Verfügung. In dieser Hinsicht war der Kampf an der Raate-Straße eher uninteressant, denn das Ergebnis stand von vornherein ziemlich fest. Von Interesse war lediglich der operative Gedanke Siilasvuos und die Schnelligkeit, mit der der Angriff ausgeführt wurde.

In der Planungsphase galt für ihn grundsätzlich nur ein Prinzip: Kein Frontalangriff, sondern ein Flankenangriff. Zuerst dachte Siilasvuo an eine zweiseitige Umfassungsbewegung, aber dann wurde klar, daß sich das Gelände im Norden selbst für die finnischen Truppen als sehr schwierig darstellte. Siilasvuo entschied sich für einen einseitigen Angriff aus

Entscheidung bei Raate-Straße
Anfang Januar 1940

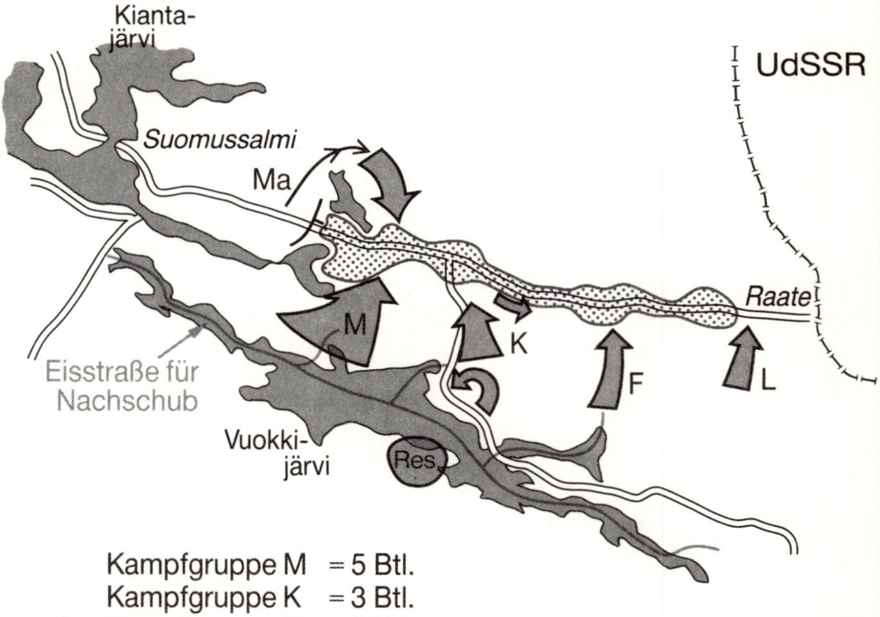

Kianta-järvi

Suomussalmi

Ma

UdSSR

Eisstraße für Nachschub

M

K

F

L

Raate

Vuokki-järvi

Res.

Kampfgruppe M = 5 Btl.
Kampfgruppe K = 3 Btl.
Kampfgruppe F = 2 Btl.
Kampfgruppe Ma = 2 Btl.
Kampfgruppe L = 1 Kp.
Reserve = 1 Btl.

0   15 km

Süden. Erst in er letzten Phase sollte auch aus Norden mit ein oder zwei Bataillonen angegriffen werden.

Die Idee war, die sowjetische »Schlange« auf und neben der Rate-Straße in mehrere kleine Teile zu zerstückeln. Deshalb wurden vier Kampfgruppen gebildet, und jede erhielt ihren eigenen Angriffsauftrag. Die stärkste Gruppe befand sich im Westen, die schwächste im Osten an der Reichsgrenze. In die Bereitstellung zum Angriff sollten sich die Kampfgruppen hauptsächlich auf dem Weg über den Vuokkijärvi begeben. Dieser See liegt 10 km südlich der Raate-Straße und verläuft parallel zu ihr. Auch für den Nachschub der Kampfgruppen war der See sehr nützlich.

Obwohl die Truppe mehr als erschöpft war, trieb Siilasvuo zur Eile an. Der erste Angriff im Westen gegen den Kopf der Schlange begann darum bereits am 1. Januar 1940, obwohl nur ganz kurze Zeit vorher noch gegen die 163. Infanteriedivision gekämpft worden war. Am 2. Januar griffen die Finnen schon in Regimentsstärke an, und der Generalangriff begann am 5. Januar.

Die 44. Infanteridivisision geriet schnell in völlige Auflösung, und die Führung der Division hatte keine Möglichkeiten, ihre zersprengten Truppen zu führen. Am 7. Januar war der Kampf vorbei. Gefangene gab es wenige; beinahe alle Sowjets waren gefallen. Vielen gelang zwar die Flucht in die grenzenlosen Wälder, aber dort begegneten sie der unbarmherzigen Kälte. Im darauffolgenden Sommer begruben die Finnen 22 500 sowjetische Soldaten in Suomussalmi.

Über die finnischen Verluste in Suomussalmi gibt es keine verläßlichen Zahlen. Dagegen wissen wir, daß die Gruppe Nord-Finnland im ganzen Winterkrieg 6644 Mann, davon 2009 Gefallene, verloren hat. Etwa die Hälfte der Verluste geht auf das Konto der Kämpfe in Kuhmo 100 km südlich von Suomussalmi. Die 9. Division wurde nämlich unmittelbar nach der Entscheidung in Suomussalmi dorthin verlegt, weil die Lage sehr bedrohlich geworden war. Es gab keine Pause für die finnischen Soldaten im Winterkrieg.

Welche Erfahrungen oder Lehren können aus dem Kampf Suomussalmi—Raate gezogen werden? Folgende Gesichtspunkte erscheinen als besonders beachtenswert:

1. Der Schwächere muß den Mut zum Risiko haben, sonst kann es keine Schwerpunktbildung geben. Die Geschichtsforschung wird später ent-

scheiden, ob es sich um ein kalkuliertes Risiko oder ein Vabanquespiel gehandelt hat.

2. Das sogenannte schwierige Gelände ist wertlos, wenn es nicht verteidigt wird. Im Gegenteil, es kann Ausgangspunkt für böse Überraschungen werden. Wenn es aber genutzt wird, ist es ein wertvoller Bundesgenosse. Die Kenntnis des eigenen Landes in diesem Sinne ist also von größter Bedeutung.

3. Die Auftragstaktik ist für die Finnen selbstverständlich aufgrund des Volkscharakters und des Einflusses der deutschen militärischen Tradition. Sie hat aber auch ihre schwachen Seiten. Bedeutende Truppenkommandeure können schwierige Untergebene sein. Gelegentlich müssen sie am straffen Zügel geführt werden, um das beste Resultat zu erreichen.

4. Die Technik ist nicht der einzige Schlüssel zur Beweglichkeit und Operationsfähigkeit. Unter gewissen Bedingungen können Verhältnisse, die normalerweise die Beweglichkeit erhöhen, eine schwere Belastung für die Truppe sein.

5. Ohne Widerstandswillen geht es nicht. Mit dem Willen allein kann man die Welt nicht ändern, aber die besten Mittel nützen nichts, wenn der Wille fehlt. Auch der kleine Mann im Schützenloch muß wissen, worum es geht, und wofür er kämpft.

Quellen und Literatur

Akten (alle im finnischen Militärarchiv)

Lageberichte, Befehle und Meldungen
Gruppe Nordfinnland - Gruppe Siilasvuo (9.ID)

Kriegstagebücher
Operative Abteilung des Hauptquartiers — Büro III (entspricht der Abt. Ia der Wehrmacht) der Gruppe Nordfinnland — Büro III der 9. ID — Gruppe Susi — Gruppe Kari — Infanterieregiment 27 — Infanterieregiment 64 — Infanterieregiment 65 — Selbständiges Bataillon 15 — Selbständiges Bataillon 16 — Leichte Abteilung 22 — I./IR 27— 1./IR 27 — 2./IR 27 — 3./IR 27

Befragungen

Generalmajor Veikko Karhunen — Oberst i.G. Paavo Susitaival

Borgman, F. W.: Der Überfall der Sowjetunion auf Finnland 1939/40, Oldenburg/Berlin 1943 (Borgman wohnte in Finnland und hatte enge Beziehungen zur NSDAP, aber auch zu führenden militärischen Kreisen in Finnland; darum ist sein frühes Buch auch heute nicht wertlos)

Halsti, Wolf H.: Talvisota 1939—40 (Der Winterkrieg 1939—1940), Keuruu 1955 (Oberst Halsti hat die erste finnische Gesamtüberschau über die militärischen Ereignisse an der finnischen Front in drei Bänden geschrieben. Sein Buch ist eigenwillig, zeichnet sich aber durch militärische Sachkenntnis aus)

Karhunen, Veikko: Raatteen tie (Die Straße von Raate), Porvoo 1970 (Generalmajor Karhunen, der als Leutnant am Kampfe von Suomussalmi teilnahm, hat eine sehr detailreiche Studie über das IV. Bataillon der Feldersatzbrigade in Suomussalmi geschrieben)

Karhunen, Veikko: Raatteen tieltä Turjanlinnaan (Von der Raate-Straße bis Turjanlinna), Porvoo 1974 (Die wichtigste Arbeit von Generalmajor Karhunen; etwas einseitig, aber mit großer Akribie und auf breiter Quellenlage geschrieben)

Kunnia—Isänmaa. Miten Suomi taisteli (Ehre - Vaterland. Wie Finnland kämpfte), Helsinki 1941 (Das große halbamtliche Buch wurde von den wichtigsten militärischen Führern des Winterkrieges bald nach dem Winterkriege geschrieben)

Miihkali, Onttoni: Raatteen tiellä (Auf der Straße von Raate), Hämeenlinna 1940 (Miihkali kämpfte in Suomussalmi als Reserveoffizier und Kompaniechef; eine sehr lebendige Schilderung aus dieser Sicht)

Miihkali, Onttoni: Suomussalmen sotatanterilla (Auf dem Kriegsschauplatz Suomussalmi), Hämeenlinna 1940 (Das erste Buch, das über den Winterkrieg geschrieben wurde, und das schon während des Krieges erschien; das Buch trieft von Haß gegen den Angreifer)

Mannerheim, Gustaf: Muistelmat, II osa (Erinnerungen, Band 2) Helsinki 1953 (Die Erinnerungen des Marschalls von Finnland wurden auch ins Deutsche übersetzt)

Mäkinen, Ensio: Hiihtopartiossa (Auf Spähtrupp), Helsinki 1940 (Der Autor was Spähtruppführer in Suomussalmi)

Seppälä, Raimo: Kenraali ja pahat linnut (Der General und die schlechten Vögel), Keuruu 1984 (Eine Biographie des Generalleutnants Siilasvuo)

Siilasvuo, Hjalmar: Suomussalmen taistelut (Die Kämpfe von Suomussalmi), Helsinki 1940 (Erinnerungen des Generals Siilasvuo über den Kampf von Suomussalmi; ein sehr subjektives, aber aufrichtiges Buch)

Sorumen, Eino: Rajalla (An der Grenze), Porvoo 1940 (Der spätere Bischof nahm als Feldgeistlicher am Kampfe von Suomussalmi teil)

Susitaival, Paavo: Ryhmä Susi talvisodassa (Gruppe Susi im Winterkriege), Porvoo 1973 (Erinnerungen des Obersten Susitaival, die zugleich eine Richtigstellung zu Siilasvuos Buch sind; als Quellen konnte Susitaival russische Kriegsbeuteakten aus seinem Privatbesitz benutzen)

Talvisodan historia, III osa (Die Geschichte des Winterkrieges, Bd 3), hrsg. von Sotatieteen Laitos, Porvoo 1978 (Vom Militärwissenschaftlichen Amt der finnischen Armee herausgegebene »amtliche« Geschichte des Winterkrieges)

Tuompo, W.E.: Sotilaan tilinpäätös (Der Rechenschaftsbericht eines Soldaten), Porvoo 1967 (Erinnerungen des Generalleutnants Tuompo, der während des Winterkrieges der Befehlshaber Nordfinnland war)

Reinhard Stumpf

Der Feldzug nach El Alamein. Operative Grundlagen der Entscheidung in Nordafrika im Sommer und Herbst 1942

I.

Am 21. Juni 1942, einem Sonntag, lief eine Nachricht durch die Fernschreiber der Nachrichtenagenturen in aller Welt, die bei den einen stürmische Begeisterung, bei den anderen blankes Entsetzen hervorrief: Generaloberst Rommel hatte mit seiner deutsch-italienischen »Panzerarmee Afrika« in einem einzigen Anlauf die große Hafenfestung Tobruk, die Hauptstadt der Cyrenaika, überrannt — die Festung, um die er im Frühjahr des vergangenen Jahres wochenlang und unter blutigen Verlusten ergebnislos gerungen hatte. Rund 33 000 britische, südafrikanische und indische Soldaten sowie große Vorräte an Waffen und Munition, Betriebsstoff und Verpflegung gerieten in die Hand der Achsentruppen[1]. Die britische 8. Armee unter General Auchinleck, dem es im vergangenen November gelungen war, mit seiner »Crusader«-Gegenoffensive Rommels ersten Vorstoß nach Ägypten zu stoppen, hatte nach dem Urteil eines neutralen Beobachters »einen schweren und offensichtlich von ihr nicht vorhergesehenen Schlag« erlitten; die Lage im östlichen Mittelmeer hatte sich plötzlich verschlechtert, Ägypten erschien erneut und viel unmittelbarer bedroht als im Vorjahr, als das uneroberte Tobruk die rückwärtigen Verbindungslinien der damaligen »Panzergruppe Afrika« gefährdet hatte. In Deutschland, wo Rommels Sieg mit einer Sondermeldung bekanntgemacht worden war, und in Italien, so der zitierte Schweizer Beobachter weiter, habe die Nachricht vom Fall Tobruks »neue und große Hoffnungen« erweckt, und Italien sehe sich einem seiner »Hauptkriegsziele« etwas näher gerückt, der Vertreibung der Briten aus dem Mittelmeerraum[2].

So wurde Tobruk 1942 wieder zum Symbol wie 1941, wenn auch mit umgekehrtem Vorzeichen. Stand der Name der Stadt mit dem besten Naturhafen Libyens 1941 für den zähen Widerstand der Briten in Nordafrika, so seit dem 21. Juni 1942 für die fehlende Initiative der britischen Führung, die »Verzettelung« der britischen Kräfte auf der ganzen Welt[3] und den mangelnden Kampfgeist der Commonwealthtruppen. Die amerikanischen Verbündeten Großbritanniens sorgten sich, daß durch die Art, wie die eigene Presse die Eroberung der Festung darstellte, solche Vorurteile gefördert und die gerade gefestigten amerikanisch-britischen Militärbeziehungen gestört werden könnten. Man fürchtete die Wirkung der deutschen Propaganda und plante Gegenmaßnahmen[4]. In der Tat hatte Hitler die propagandistische Chance sofort erkannt. Am Tag nach der Eroberung, am 22. Juni 1942, beförderte er Rommel zu seinem — wenn man von Göring absieht — damals jüngsten Generalfeldmarschall. Tobruk und eine Woche später Sewastopol, dessen Eroberer Manstein ebenfalls Feldmarschall wurde, stilisierte er so zu Fanalen einer neuen, nach den Rückschlägen von Moskau und »Crusader« auch dringend nötigen Dynamik der deutschen Kriegführung. Die Welt sollte erfahren, daß es nun wieder vorwärts ging — im Osten, wo die Entscheidung des Krieges erwartet wurde, aber auch im Süden, dem Hauptkriegsschauplatz der Briten und der mit Deutschland verbündeten Italiener. Der Weltöffentlichkeit wurde vor Augen geführt, daß nun die jungen, genialen Armeeführer der zweiten Generation in der Wehrmacht das Ruder ergriffen und energisch den weiteren Vormarsch zur siegreichen Beendigung der laufenden Feldzüge angetreten hatten[5].

Aus der Euphorie über den raschen Sieg bei Tobruk — die gleichzeitig in Gang befindliche Eroberung Sewastopols ging sehr viel mühseliger vor sich —, aber auch aus seiner tiefsitzenden Skepsis gegenüber allen Plänen zur Wegnahme Maltas heraus ist der leidenschaftliche Brief Adolf Hitlers an Benito Mussolini vom 23. Juni 1942 zu verstehen, der noch am selben Abend in Rom übergeben wurde. Jetzt, nach dem Fall Tobruks, stehe man, so schrieb Hitler, an einem »historischen Wendepunkt«, und er fuhr fort: »Das Schicksal hat uns, Duce, eine Möglichkeit gegeben, wie sie jedenfalls auf dem gleichen Kriegsschauplatz ein zweites Mal nicht mehr wiederkehren wird. Ihre schnellste und rücksichtslose Auswertung ist in meinen Augen das oberste militärische Gebot.« Die britische 8. Armee sei »so gut wie vernichtet«, in Tobruk besitze man nun einen guten Nachschubhafen, und von hier nach Ägypten gebe es eine leistungsfähige Bahnlinie, so daß der Nachschubverkehr erleichtert werde. Wenn man den jetzigen günstigen Augenblick nicht nutze, könne sich der Gegner wieder sammeln, und die amerikanischen Fernbomber in Ägypten wirkten sich dann voll aus. Deshalb müsse man jetzt zufassen und »wenn irgend möglich bis in das Herz Ägyptens hinein« vorstoßen. Dann könne

Ägypten — Hitler fügte immerhin ein: »unter Umständen« — Großbritannien entrissen und im Zusammenwirken mit der Kaukasusoperation auf dem Südflügel der Ostfront »das ganze Orientgebäude des britischen Reiches zum Einsturz« gebracht werden. Hitler gab daher »in dieser geschichtlich einmaligen Stunde« seinem Bundesgenossen den dringenden Rat, nun Rommel — dieser unterstand taktisch dem Duce — den Befehl zum Vormarsch nach Ägypten hinein zu geben, denn, so schloß Hitler seine Argumentation: »Die Göttin des Schlachtglücks streicht an den Feldherren immer nur einmal vorbei«, jetzt müsse man sie festhalten[6].

Mussolini, der selbst schon von der Tobrukbegeisterung erfüllt war, konnte sich diesem temperamentvollen Appell Hitlers nicht verschließen. Zwar unternahm der Chef des Comando Supremo, General Cavallero, noch einige Versuche, die bisherige Befehlslage vom Mai 1942 zu retten, wonach die Panzerarmee Afrika an der ägyptischen Grenze stehenbleiben und die Wegnahme Maltas abwarten sollte. Erst danach, wenn diese britische Inselfestung zwischen Sizilien und Nordafrika, von der eine dauernde Gefährdung des italienisch-deutschen Seenachschubs ausging, unschädlich gemacht wäre, wollte man ein weiteres Vordringen zum Nil ins Auge fassen. Unter dem Eindruck des Hitlerbriefes und auch angesichts des schnellen britischen Rückzugs nach dem Fall von Tobruk gab aber Mussolini noch in der Nacht vom 23. auf den 24. Juni seine Zustimmung zu Rommels Absicht, den »Feind nach Ägypten herein zu verfolgen«[7].

Damit war eine der großen Entscheidungen im Krieg um Nordafrika gefallen, und über die Frage, ob sie richtig war oder falsch, ist bis heute viel gestritten worden. Unbestritten ist der tatsächliche Ablauf der Ereignisse: Rommels rasanter Verfolgungsmarsch — 550 km Luftlinie in einer Woche — wurde bei El Alamein aufgehalten, der Bewegungskrieg in der nordafrikanischen Wüstensteppe verwandelte sich in einen viermonatigen Stellungskrieg, und der drohende britische Durchbruch durch die Alameinstellung in der ersten Novemberwoche, der den endgültigen Rückzug der Panzerarmee zur Folge hatte, bedeutete die Wende im Afrikakrieg.

Die Eroberung Tobruks jedoch war für die Achsenmächte das Symbol für die eigene Stärke und der Auslöser für das Ägyptenunternehmen gewesen, das dann die Kräfte endgültig überspannen sollte. Umgekehrt wurde der Fall Tobruks von den Briten als moralische Niederlage empfunden, und aus diesem Gefühl heraus erwuchs mit der amerikanischen Entscheidung zum Eingreifen in Nordafrika — mit der Landung in Französisch-Nordafrika, aber auch der Waffenhilfe für Ägypten — nun der Wille zum energischen Gegenschlag, der dann auch die endgültige Entscheidung in Nordafrika herbeiführte.

Die Nachricht vom Verlust Tobruks sei im Zweiten Weltkrieg einer der schwersten Schläge gewesen, an die er sich erinnern könne, schreibt Churchill in seinen Memoiren. Vor allem die Rückwirkung auf das Ansehen der britischen Armee habe ihn bedrückt: Wie schon im Februar 1942 in Singapur hätten nun auch in Afrika britische Truppen vor einem zahlenmäßig unterlegenen Gegner kapitulieren müssen. Eine Niederlage sei *eine* Sache, aber die Schande eine andere (»Defeat is one thing; disgrace is another«)[8]. Die Presse in Großbritannien fiel über die Regierung und die Generale her, und im Parlament wurde, aus der Partei Churchills heraus, ein Mißtrauensantrag gegen den Premier und Verteidigungsminister gestellt. Zweifellos drückte sich in diesen starken Reaktionen auch der Schock darüber aus, daß der Fall der Festung so rasch und unerwartet kam, woran das vorsichtige Taktieren des Oberbefehlshabers Mittelost in Kairo, General Auchinleck, in seiner Befehlsgebung nicht ganz unbeteiligt war[9]. Entscheidend war aber, daß dieser Schock zum unmittelbaren Auslöser für eine gewaltige amerikanische Militärhilfe wurde, die den Ausgang der Schlachten von El Alamein wesentlich beeinflußte.

Churchill hatte in der Nacht zum 18. Juni 1942 mit einer kleinen Begleitung, darunter dem Vorsitzenden der britischen Stabschefs, General Brooke, in einem Boeing-Flugboot den Atlantik überquert, um mit Präsident Roosevelt zusammenzutreffen, der, wie er meinte, »ein bißchen aus dem Gleise geraten« sei[10]. Kaum war Churchill am Vormittag des 21. Juni im Weißen Haus eingetroffen, erhielt der Präsident die Nachricht vom Fall Tobruks und reichte sie an Churchill weiter, der, wie sein persönlicher Stabschef, General Ismay, berichtet, zusammengezuckt sei[11]. Roosevelt fragte mitfühlend, wie er den Briten in ihrer schwierigen Lage helfen könne, und Churchill antwortete: »Geben Sie uns so viele ›Sherman‹-Panzer, wie Sie entbehren können, und schicken Sie sie so schnell wie möglich in den Nahen Osten[12].« Roosevelt versprach spontane Hilfe, eine Geste, die ihm Churchill nie vergessen hat. Im Stab General Marshalls, des Generalstabschefs des amerikanischen Heeres, begann man nun sofort, Realisierungsmöglichkeiten zu prüfen. Von dem ursprünglichen Plan, General Patton mit der 2. US-Panzerdivision, die er gerade in der Wüste von Nevada und Arizona ausbildete, nach Kairo zu schicken, kam man wieder ab. Statt dessen versprachen die Amerikaner 300 Sherman-Panzer und 100 105 mm-Feldhaubitzen auf Selbstfahrlafette nebst 150 Spezialisten für diese Waffen und 4000 Mann Luftwaffenpersonal, die dann von Ende Juli bis Anfang September mit Schnelltransportern in Ägypten eintrafen. Seit Mai dieses Jahres befanden sich dort bereits amerikanische B 24-Bomber, die an sich für China gedacht waren, jetzt aber aus Indien verstärkt wurden und mit den anderen US-Fliegertruppen die spätere 9. US-Luftflotte bildeten.

So war der Fall der Festung Tobruk zu einem Knotenpunkt im Entscheidungsgefüge des Nordafrikakrieges geworden: Die Achsenmächte ermunterte er zum Feldzug an die Peripherie ihres militärischen Leistungsvermögens, die Amerikaner aber zur massiven Unterstützung der Briten, und zwar unabhängig von den Vorbereitungen zu einer Landung in Nordwestafrika. Beides zusammen aber bildete die Voraussetzung der Schlachtentscheidung von El Alamein, die dem Siegeslauf Rommels ein Ende setzte, die Initiative endgültig auf die Seite der Alliierten verlagerte, in der Folge dann die ganze italienische Gegenküste in Libyen dem Gegner überantwortete und schließlich, nachdem das Spiel um Zeitgewinn mit Hilfe eines Brückenkopfes in Tunesien im Mai durch Kapitulation sein Ende gefunden hatte, im Juli 1943 den Sprung der Alliierten nach Sizilien ermöglichte. Innerhalb von vierzehn Tagen war der Duce gestürzt, der italienische Bundesgenosse wechselte die Fronten.

II.

Bei Ausbruch des Zweiten Weltkrieges befand sich der afrikanische Kontinent noch voll unter dem Einfluß europäischer Mächte. Die Franzosen kontrollierten 35 % der Fläche Afrikas, vor allem die nordwestliche Hälfte vom Mittelmeer bis zum Kongo sowie im Südosten die Insel Madagaskar, die Briten 33 %, einen Streifen im Osten des Erdteils, der ganz Afrika von Ägypten bis zur Südafrikanischen Union durchzog, und große Teile der Guineaküste. Dann folgten in einigem Abstand Italien mit 10,9 % (Libyen, Ostafrika), Belgien und Portugal mit je 8 % und Spanien mit 1,1 %. Nur ein einziger Staat, Liberia mit 4 % Flächenanteil, über den die USA ihre schützende Hand hielten, war wirklich unabhängig[13].

Die nordafrikanische Mittelmeerküste, die Gegenküste Südeuropas, spiegelte diese Machtverhältnisse verstärkt wider. Nimmt man die seit 1912 internationalisierte Zone von Tanger und das kleine Territorium von Spanisch-Marokko aus, so wurde der Westteil Nordafrikas von Teilen des Französischen Kolonialreiches (Französisch-Marokko, Algerien, Tunesien), der Ostteil von Ägypten eingenommen, das, obwohl seit 1922 nominell selbständiges Königreich, dem britischen Einflußbereich zuzurechnen war[14]. Dazwischen erstreckte sich, etwa zwischen dem 10. und 25. östlichen Längengrad, die italienische Kolonie Libyen, die das Osmanische Reich 1912 an Italien abgetreten hatte und die bis 1931 in einer Reihe von Einzelfeldzügen, zuletzt gegen den Senussiorden, abgerundet und »pazifiziert« worden war; die offene Grenze nach Ägypten wurde auf den Rat des späteren Marschalls Graziani hin durch einen 300 km langen Drahtzaun quer durch die Wüste geschlossen[15].

Nach dem Kriegseintritt Italiens war die Situation in Nordostafrika für Italien aber keineswegs erfreulich. Libyen und Italienisch-Ostafrika[16] waren durch Ägypten und den ägyptisch-britischen Sudan voneinander getrennt, und die wichtigste Seeverbindung zwischen den Kolonien, der Suezkanal, war für Italien gesperrt, so daß eine Verbindung nur durch die Luft möglich war. Daher, so formulierte es ein deutsches Nachschlagewerk von 1940, sei jetzt »Ägypten auch in den Machtbereich Italiens gerückt, das zudem nach der Besetzung Abessiniens sein Interesse am Suezkanal mit Nachdruck angemeldet hat«[17]. Marschall Balbo, der populäre Gouverneur Libyens, hatte schon im September 1939 eine italienische Offensive nach Suez gefordert, wobei er auch wirtschaftliche Gründe vorbrachte[18]. Aber damals befand sich Italien noch nicht im Krieg, und die italienischen Truppen in Libyen waren im Westen des Landes gegenüber Französisch-Nordafrika konzentriert.

Die Lage änderte sich dann mit dem italienischen Kriegseintritt am 10. Juni 1940, also während des deutschen Westfeldzuges, als sich die Niederlage Frankreichs schon deutlich abzeichnete. Nun konnte man die libyschen Truppen in die Cyrenaika verlegen und aus der Heimat verstärken, so daß sie den schwachen britischen Kräften in Ägypten deutlich überlegen waren. Der Ägyptenfeldzug wurde nun Gegenstand der offiziellen italienischen Planungen, und Mussolini wollte ihn, seiner Konzeption der »Parallelkriege« entsprechend, gleichzeitig mit der deutschen Landung in England beginnen[19]. Als diese aber von Hitler endgültig verschoben wurde, setzte Mussolini den Offensivbeginn am 9./13. September 1940 gegen den entschiedenen Widerstand seines Oberbefehlshabers Graziani durch. Es kann hier nicht geschildert werden, wie die in Kolonialkriegsmanier schwerfällig vorrückenden Italiener 90 km auf ägyptischem Gebiet bis Sidi Barrani zurücklegten, dann in mehreren isolierten Lagern verharrten und mit dem Bau von Straßen und Wasserleitungen begannen, statt die Briten zügig zu verfolgen[20]. So gaben sie Generalleutnant O'Connor und seiner inzwischen erheblich verstärkten, im Gegensatz zu den italienischen Truppen vollmotorisierten »Western Desert Force« Gelegenheit, am 9. Dezember 1940 in einem Überraschungsschlag die italienischen Stellungen zu überrennen, bis zum dritten Tag 38 000 Gefangene einzubringen und aus der Verfolgung des Gegners eine brillant geführte Gegenoffensive zu entwickeln, die am 5. Februar 1941 bei Beda Fomm der Armee Grazianis den Rückzug aus Bengasi verlegte und vier Tage später die Enge bei El Agheila sperrte. Damit war die Cyrenaika erobert und der Weg nach Tripolis, der Hauptstadt Libyens, frei.

Als er das Ausmaß der Katastrophe erkannte, hatte Mussolini am 19. Dezember Hitler um Hilfe gebeten. Für Generalleutnant Rommel, der am 12. Februar als Befehlshaber der Deutschen Truppen in Libyen in Tripolis eintraf, ging es nicht mehr um die Eroberung Ägyptens, sondern um die Rettung Libyens. Rommel erhielt denn auch zunächst die defensive Aufgabe, mit einem »Sperrverband« den britischen Vormarsch aufzuhalten. Dann aber entschloß sich Hitler, einen motorisierten Großverband, das spätere Deutsche Afrikakorps, nach Afrika zu senden, aber er machte dieses Angebot davon abhängig, daß die Italiener einer zweckentsprechenden Verwendung dieses Verbandes zustimmten, d.h. einer beweglich und offensiv geführten Verteidigung[21].

Bekanntlich hat sich Rommel als der gegebene Mann für dieses Verfahren erwiesen. Er schob die Verteidigung Tripolitaniens an El Agheila, das Tor zur Cyrenaika, heran und ergriff bei erster Gelegenheit seinerseits die Offensive. Er eroberte die Cyrenaika zurück, schloß Tobruk ein und stieß gleichzeitig in das ägyptische Grenzgebiet vor. Nun liebäugelten auch die Deutschen mit der Eroberung Ägyptens. Schon im April, bei Beginn der Einschließung Tobruks, hatte Rommel einen Stoß nach Suez erwogen, und Hitler genehmigte immerhin einen Raid zum Kanal. Am 11. Juni 1942, unmittelbar vor Beginn des Rußlandfeldzu-

ges, entwarf dann die (nicht herausgegebene) Weisung Nr. 32 des Wehrmachtführungsstabes das Bild einer weiträumigen kombinierten Zangenbewegung aus Bulgarien oder dem Kaukasus einerseits, aus Ägypten heraus
andererseits, die nach dem Sieg in der Sowjetunion die britische Nahost-
position ganz aus den Angeln heben sollte. Man hätte dann den Seeweg
nach Indien kontrollieren und das Britische Weltreich zum Wanken bringen können; vielleicht hätte man — auch zu diesem Gedanken verstieg
man sich — dem japanischen Verbündeten über die asiatische Landbrücke
die Hand reichen können. Jedoch wurde man, zuerst in Rußland, dann
in Afrika, rasch von den Realitäten eingeholt. Zwar entstand im Juli 1941
noch eine Operationsstudie für ein durch Luftlandungen unterstütztes
Suezkanalunternehmen, aber die erste Voraussetzung dafür wäre die Wegnahme Tobruks gewesen, und sie gelang trotz aller Opfer nicht. Rommels Kampf an mehreren Fronten, bei Tobruk und Halfaya, zehrte an
seinen Kräften, und auch der Seenachschub drohte zu versiegen. Der neue
britische Oberbefehlshaber, General Auchinleck, konnte mit seiner
8. Armee, wie die »Western Desert Force« nun hieß, eine neue Offensive
(»Crusader«) beginnen, die Rommel und seine deutsch-italienischen Truppen vom 18. Dezember 1941 bis Mitte Januar 1942 in die Marsa el Brega-
Stellung bei El Agheila zurücktrieb. Die Cyrenaika war wieder verloren
und der Traum von Ägypten wieder einmal ausgeträumt. Es stellte sich
nun die Frage, wie man die Operationen des Jahres 1942 führen wollte.

III.

Bis zum 12. Januar 1942 hatte Rommel mit der Panzergruppe Afrika
die Marada—Marsa el Brega-Stellung vorwärts von El Agheila bezogen,
in der er sich »endgültig« verteidigen wollte[22]. Diese insgesamt rund 180
km lange und von drei italienischen Infanteriedivisionen besetzte Stellung lehnte sich an eine Engstelle an, an der sich der für schwere Kraftfahrzeuge nutzbare Raum zwischen den Meeresdünen im Norden und
einem großen Salzsumpf im Süden auf weniger als 15 km verschmäler-
te. Hier war auch die Via Balbia, die einzige große Teerstraße von Tripolis zur ägyptischen Grenze, und damit die gesamte Cyrenaika leicht
zu sperren; Möglichkeiten zur südlichen Umfassung durch die Wüste
gab es hier nicht. Ganz anders waren die Verhältnisse dagegen in der

Cyrenaika, deren Kern das Bergland des Djebel el Achdar bildete, das in Stufen zum Meer abfiel, nach Süden hin aber in eine offene Wüstensteppe überging, durch die die eigentliche Halbinsel mit den Bevölkerungsschwerpunkten in Küstennähe (Bengasi, Barce, Derna), wo auch die Via Balbia verlief, abgeschnitten werden konnte. Dies ist der Grund, warum die Cyrenaika 1941/42 im Mittelpunkt der Panzeroperationen stand und warum sie in dieser Zeit nicht weniger als fünfmal erobert wurde, zweimal von Rommel, dreimal von den Briten.

Für Rommel ergab sich im Januar 1942 wieder dasselbe Problem wie im März 1941: Die Briten drängten heftig nach, und die eigenen Kräfte waren an Zahl und in der Art der Bewaffnung unterlegen. In dieser Lage war das Verharren in einer festen Verteidigungsfront, wie es das italienische Oberkommando in beiden Fällen wünschte, ein kaum zu verantwortendes Risiko. Nach einem Flug über die Marsa el Brega-Stellung am 12. Januar kamen Rommel und Oberstleutnant i.G. Westphal, sein ausgezeichneter Ia, unabhängig voneinander zu der Auffassung, daß die vor allem nach Süden hin dünn besetzte Stellung nicht zu halten sei. Nach der Abklärung der Feindlage — der Ic, Major i.G. v. Mellenthin, war neben Westphal der andere junge Generalstabsoffizier, der Rommels Führungsentschlüsse bis zu einem gewissen Grade mitbestimmte[23] — zeigte sich, daß der gefürchtetste Gegner, die berühmte britische 7. Panzerdivision (»Desert Rats«), schwer angeschlagen war und zurückgezogen werden mußte; die unerfahrene 1. Panzerdivision war kein vollwertiger Ersatz. So entschloß sich Rommel auf Anraten Westphals, jetzt anzugreifen, bevor die 8. Armee neue Kraft geschöpft hatte. Da die eigene Nachschublage im Augenblick recht befriedigend war, die Angriffe der Luftflotte 2 gegen Malta eine Ruhigstellung der Insel versprachen, außerdem ein Schiffstransport mit der Ausstattung von 4 Panzerkompanien eingetroffen war, glaubte Rommel, eine neue Offensive wagen zu können. Wie bei allen bisherigen Offensiven war es entscheidend wichtig, daß der erste Schlag überraschend gelang, und weil er aus dem bisherigen Kriegsverlauf in Afrika den Schluß gezogen hatte, daß der Verrat seiner Angriffsabsichten — er verdächtigte hierbei meist die Italiener — manche Chance verdorben habe, ordnete er absolute Geheimhaltung an: Weder die vorgesetzten italienischen Kommandobehörden noch das Oberkommando der Wehrmacht wurden von der Angriffsabsicht informiert, die unterstellten italienischen Verbände erhielten den Angriffsbefehl

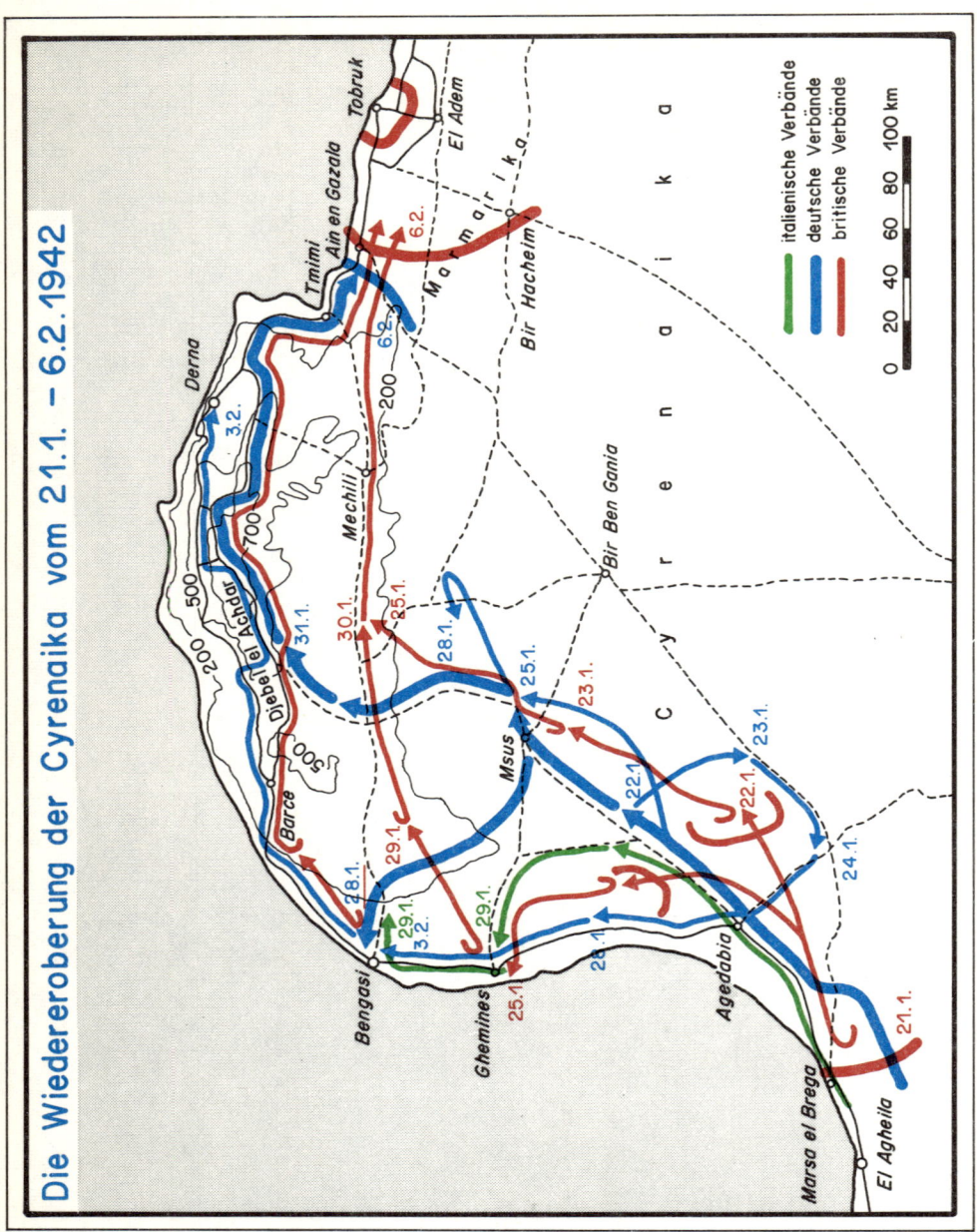

Die Wiedereroberung der Cyrenaika vom 21.1. – 6.2.1942

italienische Verbände
deutsche Verbände
britische Verbände

0   20   40   60   80   100 km

Tobruk
El Adem
Ain en Gazala
Tmimi
6.2.
6.2.
Marmarika
Bir Hacheim
Derna
3.2.
200
Mechili
700
Cyrenaika
Bir Ben Gania
Djebel El Achdar
500
200
31.1.
30.1.
25.1.
28.1.
25.1.
25.1.
Msus
23.1.
22.1.
22.1.
23.1.
23.1.
24.1.
500
Barce
29.1.
28.1.
Bengasi
3.2.
29.1.
29.1.
Ghemines
25.1.
28.1.
Agedabia
21.1.
Marsa el Brega
El Agheila

mündlich erst zwei Tage vor Angriffsbeginn. Erst am 20. Januar, einen Tag vor dem Antreten, meldete Rommel sein Vorhaben nach oben.

Am 21. Januar 1942, morgens um 8.30 Uhr, traten Rommels Truppen zur Wiedereroberung der Cyrenaika an. Die Briten waren völlig überrascht; ihre Verfolgungstruppen waren weit auseinandergezogen und in einzelne Kampfgruppen aufgesplittert, eine britische Eigenart, die lange nicht überwunden wurde und den Achsentruppen immer wieder Erfolge bescherte. Vorwärts von Agedabia stieß die Panzergruppe zunächst nur auf schwachen Feind; erst am 22. Januar kam es östlich davon zu größeren Gefechten, die aber den Vormarsch nicht aufhalten konnten. Am 25. Januar stand das Afrikakorps bei Msus, am 29. wurde Bengasi genommen, und am 6. Februar kam der Vorstoß vor der britischen Gazalastellung zur Ruhe. Die Cyrenaika war wiedergewonnen; Rommel hatte für die zurückgelegten 610 km nach Gazala nur 15 Tage gebraucht, und dies, obwohl er in der letzten Woche wegen der größer werdenden Entfernung zu den Absprungflugplätzen auf eine ausreichende Luftunterstützung hatte verzichten müssen.

Vergleicht man nun die Art, wie Rommel dieses Mal die Cyrenaika eroberte, mit den drei vorangehenden Fällen, so liegt der Unterschied vor allem darin, wie die Südumgehung ausgeführt wurde. O'Connor hatte am 22. Januar 1941 Tobruk erobert und war bald darauf bei Derna auf eine starke Stellung der Italiener gestoßen. Zum Halten dieser Stellung war übrigens ursprünglich der deutsche »Panzer-Abwehrverband« gedacht, den Hitler nach Afrika schicken wollte[24]. Als O'Connor zudem erfuhr, daß die Italiener Bengasi räumten und sich nach El Agheila zurückziehen wollten, entschloß er sich, ihnen den Weg abzuschneiden. Er schickte den größten Teil seiner einzigen Panzerdivision, der 7., quer durch die Wüstensteppe der Cyrenaika über Mechili und Msus nach Beda Fomm, wo sie am 5. Februar auf die Küstenstraße (Via Balbia) stieß. Hier erwartete sie die Italiener, die mit 100 neuen Panzern in dichten Rudeln auf der Straße daherkamen, und schoß sie zusammen; 20 000 Gefangene wurden gemacht[25]. Rommel setzte Anfang April 1941 eine starke gepanzerte Kampfgruppe (Gruppe Olbrich: Panzerregiment 5 und 40 italienische Panzer) auf die Piste Msus—Mechili an, während die 5. leichte Division, die spätere 21. Panzerdivision, noch weiter nach Südosten ausholte und entlang dem Trigh el Abd bis Bir Tengeder vorstieß und dann ebenfalls auf Mechili eindrehte[26]. Bei den Panzern ergaben sich dabei beträchtliche Probleme mit dem Treibstoffnachschub, nicht zuletzt auch wegen des schwierigen Geländes. General Godwin-Austen schließlich stieß im Dezember 1941 mit seinem XIII. Korps breitgefächert in drei Keilen von Osten nach Westen und Südwesten über das Cyrenaikaplateau vor: Von Mechili nach Charruba, von Tengeder nach Msus und Antelat. Bei Beda Fomm leistete Rommel nochmals stärkeren Widerstand, bevor er sich nach Marsa el Brega zurückzog[27].

Nun, im Januar 1942, wählte Rommel einen anderen Weg, den man genial nennen könnte, auch wenn er ursprünglich nicht ganz freiwillig gewählt, sondern von Treibstoffproblemen erzwungen wurde. Er stieß mit dem Deutschen Afrikakorps, also der Masse seiner Panzer (15. und 21. Panzerdivision) wie im Vorjahr ins Herz der Cyrenaika, nach Msus vor; hier verharrte er und benutzte das Afrikakorps wie eine »Fleet in being«: Die Truppen demonstrierten verschiedene Vorstöße, hielten sich für Notmaßnahmen bereit, warteten den Nachschub ab, und vor allem: sie sparten Benzin. Dann ließ Rommel das Afrikakorps einen Vorstoß in Richtung auf Mechili vortäuschen, der die Briten an das Vorjahr erinnern sollte; inzwischen aber setzte er sich an die Spitze zweier artilleriestarker leichter Kampfgruppen (Gruppen Marcks und Arko 104), stieg bei Nacht vom Cyrenaikaplateau durch die Schluchten des Gebirgsrandes nach Bengasi hinunter und nahm es am 28. Januar von der Rückseite. Nach oben hatte er als Absicht nur »verstärkte bewaffnete Aufklärung« gegen Bengasi gemeldet[28]; nur dies war ihm vom Comando Supremo erlaubt worden. Rommel zählte aber darauf, daß man ihm den weiteren Vormarsch nach der spektakulären Wegnahme Bengasis schon gestatten werde, und so ist es auch geschehen.

IV.

Nach der Wiedereroberung der Cyrenaika im Frühjahr 1942 ruhten die Operationen in Nordafrika fast vier Monate lang. Die erschöpften Gegner lagen sich bei Gazala gegenüber, bauten ihre Stellungen aus, regelten ihren Nachschub und beschäftigten sich mit der Neuorganisation ihrer Verbände. Vor allem aber überlegte man sich, wie es weitergehen sollte. Auf der britischen Seite kam es zu schweren Auseinandersetzungen zwischen Churchill und General Auchinleck, der nach Meinung des

Bitte richten Sie die Bestellung an Ihre Buchhandlung oder an:
VERLAG E. S. MITTLER & SOHN GMBH, Postfach 2352,
Steintorwall 17, 4900 Herford.

Verlag E. S. Mittler & Sohn
Seit 1789

Bücher des Militärgeschichtlichen Forschungsamtes

		DM
.... Expl. 1314	MGFA, **Einzelprobleme milit. Führung**	16,80
.... Expl. 1324	MGFA, **/Menschenführung in der Marine**	16,80
.... Expl. 1584	MGFA, **Entmilitarisierung und Aufrüstung in Mitteleuropa 1945—56**	29,80
.... Expl. 2674	MGFA, **Friedrich der Große und das Militärwesen seiner Zeit**	24,80
.... Expl. 2994	MGFA, **Operatives Denken und Handeln**	29,80
.... Expl. 2774	MGFA, **Dt. Jüdische Soldaten 1914—45**	9,80
.... Expl. 1974	MGFA, **Ausstellungskatalog: Aufstand des Gewissens**	14,80

Anschrift bitte nicht vergessen! Preisänderungen
vorbehalten. Preise inkl. MwSt. zzgl. Versandkosten

Kunden-Nr.

☐ Ich bestelle hiermit die angekreuzten Bücher

Name/Vorname

Straße

PLZ/Ort

Datum/Unterschrift

Premierministers mit der Gegenoffensive zu lange zögerte. Auf der deutschen Seite brachte die Kriegsmarine die Suezoperation wieder ins Spiel, während der Generalstab des Heeres dagegen war; Rommel aber sah, wie sich die britische 8. Armee verstärkte, und er drängte zum Handeln. Der Chef des Comando Supremo, General Cavallero, allerdings bestand darauf, daß zuerst die italienische Landung auf Malta erfolgen sollte, die seit langem vorbereitet wurde, ohne daß ein fester Termin angegeben werden konnte.

Es ist hier nicht der Ort, im einzelnen auf das Drama einzugehen, das die Diskussion über die italienische und dann auch deutsche Planung einer Wegnahme Maltas im Jahre 1942 darstellte und das man je nach Standpunkt als Tragödie oder als Tragikomödie bezeichnen kann[29]. Erwähnt sei nur, daß die Luftflotte 2 unter Feldmarschall Kesselring im Dezember 1941 nach Italien verlegt wurde und sogleich mit Nachtangriffen auf die Insel begann. Vom 30. März bis zum 24. April 1942 versuchte man, in einer großen Luftoffensive, deren Ausmaß nach Flugzeugeinsatz und abgeworfener Bombenlast der Luftschlacht um England entsprach, die Insel niederzuhalten und wenn möglich sturmreif zu bomben. Die erzielte Wirkung entsprach aber nicht den Erwartungen, nicht zuletzt, weil sich die Bevölkerung in die Höhlen des kalkigen Untergrunds zurückzog und sich dort auch genügend Vorräte befanden, und weil viele deutsche Sturzkampfflugzeuge beim Einzelsturz von der außerordentlich starken Flakverteidigung der Insel abgeschossen wurden.

Inzwischen planten die Italiener weiterhin sehr systematisch eine Anlandung auf Malta von See her, wobei man auch auf deutsche Siebelfähren und Marinefährprähme hoffte, und diese Seelandung sollte dann durch Luftlandeunternehmen unterstützt werden. Mitte März schlug man, um die Sache zu beschleunigen, von deutscher Seite vor, doch in direktem Anschluß an die Luftoffensive unter vollem Einsatz der deutschen Fallschirmtruppe eine Luftlandung mit Sturmseglern vorzunehmen; nach dem Stand der Vorbereitungen war beim Ende der Luftoffensive an eine Durchführung aber nicht zu denken. Am 30. April schließlich bestimmte Hitler bei Mussolinis Besuch auf dem Obersalzberg, daß zuerst Tobruk, dann Malta genommen werden sollte, und Mussolini äußerte keinen Widerspruch.

So trat Rommel am 26. Mai 1942 zum Angriff auf die Gazala-Stellung an, die den Zugang nach Tobruk versperrte, eine Stellung, die zwar als

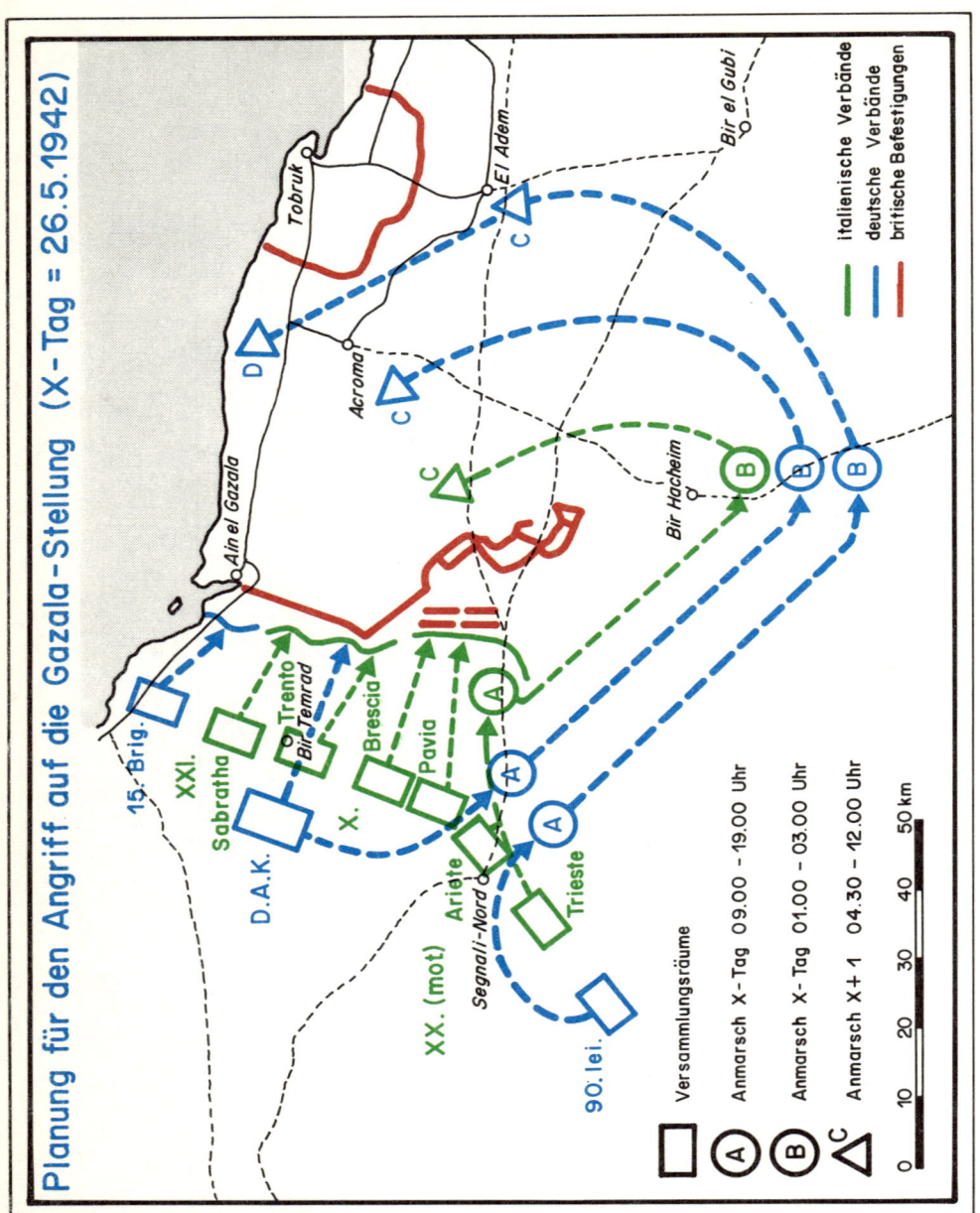

Planung für den Angriff auf die Gazala–Stellung (X–Tag = 26.5.1942)

Legend:
- italienische Verbände (green)
- deutsche Verbände (blue)
- britische Befestigungen (red)

Versammlungsräume

Anmarsch X–Tag 09.00 – 19.00 Uhr
Anmarsch X–Tag 01.00 – 03.00 Uhr
Anmarsch X+1 04.30 – 12.00 Uhr

0 10 20 30 40 50 km

Labels on map:
Tobruk
El Adem
Bir el Gubi
Acroma
Bir Hacheim
Ain el Gazala
Bir Temrad
Trento
Brescia
Pavia
Sabratha
Ariete
Trieste
Segnali–Nord
90. lei.
15.–Brig.
XXI.
D.A.K.
X.
XX. (mot)

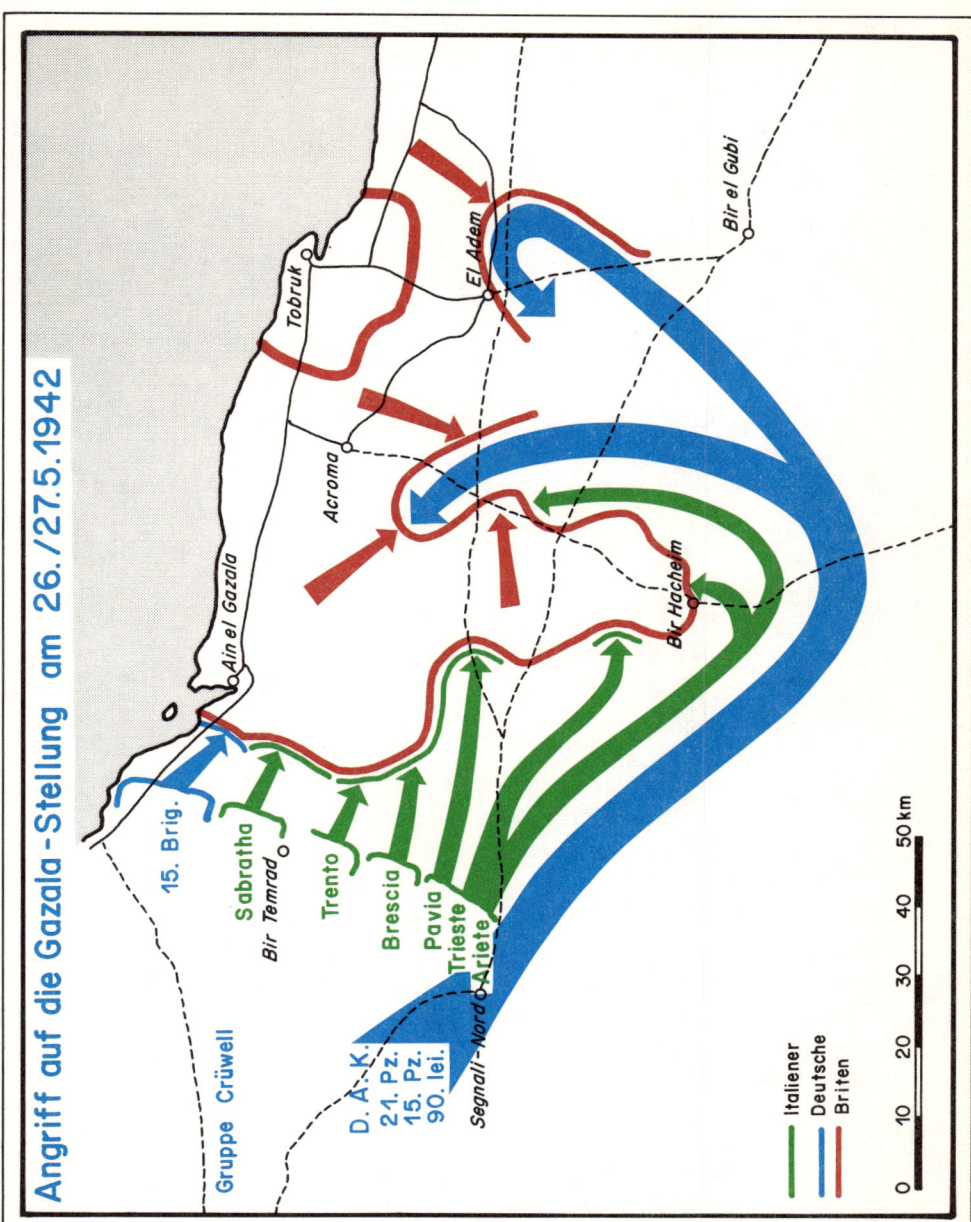

Angriff auf die Gazala-Stellung am 26./27.5.1942

Tobruk
El Adem
Bir el Gubi
Acroma
Bir Hacheim
Ain el Gazala
Bir Temrad
Segnali-Nord

15. Brig.
Sabratha
Trento
Brescia
Pavia
Trieste
Ariete
D. A. K.:
21. Pz.
15. Pz.
90. lei.
Gruppe Crüwell

Italiener
Deutsche
Briten

0   10   20   30   40   50 km

starke Position erkannt worden war, aber doch nicht in der Stärke, die sie tatsächlich besaß. Die Briten wandten hier zum ersten Mal das sogenannte »Boxensystem« an: Sie zogen um einzelne Geländeabschnitte von mehreren Quadratkilometern Umfang Stacheldraht und Minengürtel herum, so daß riesige »Festungen ohne Mauern«[30] entstanden, in denen sich Truppen, Vorräte, Geschütze befanden und auch eine Anzahl Panzer, die sich frei bewegen und nach allen Richtungen wirken konnten. Die Gazala-Stellung, die insgesamt etwa 65 km lang war, wurde im Norden vom 13. (Infanterie-)Korps, im Süden vom 30. (Panzer-)Korps verteidigt.

Rommels Angriffsplan[31] hatte zum Ziel, die feindliche Feldarmee vor Tobruk durch Umgehung der Gazala-Stellung und Umfassung nach Nordwesten einzuschließen und zu vernichten, um dann Tobruk wegnehmen zu können. Dazu bildete Rommel zwei Angriffsgruppen:

a) Die beiden italienischen Infanteriekorps (X. und XXI. Armeekorps), die zur Gruppe Crüwell zusammengefaßt wurden, sollten am Nachmittag des x-Tages frontal gegen den Nordflügel der Gazala-Stellung vorgehen.

b) Die motorisierten Teile der Panzerarmee Afrika (Deutsches Afrikakorps, 90. leichte Afrikadivision, italienisches XX. motorisiertes Armeekorps) sollten in der folgenden Nacht den Südteil der Stellung bei Bir Hacheim umgehen und am nächsten Tag (x + 1) den Gegner mit dem Rücken in seine eigene Stellung drücken und einschließen. Die Luftwaffe sollte die gegnerische Luftwaffe ausschalten und dann der eigenen Truppe, besonders aber der Umfassungsgruppe, dauernde taktische Luftunterstützung gewähren.

Am Nachmittag trat die Gruppe Crüwell befehlsgemäß gegen die Gazala-Stellung an. Die Verbände der Umfassungsgruppe versammelten sich ebenfalls planmäßig und erreichten bis 19.00 Uhr den Raum A bei Segnali-Nord. Nach dem Auftanken setzte sich um 21.00 Uhr die gesamte Umfassungsgruppe, das italienische XX. Armeekorps (Divisionen Ariete und Trieste) links, das Deutsche Afrikakorps in der Mitte, die 90. leichte Infanteriedivision rechts, in Bewegung; es war mit etwa 10 000 Fahrzeugen und einer Marschbreite von fast 50 km der größte Flächenmarsch der Geschichte, der nun, generalstabsmäßig glänzend vorbereitet, sich in die Dunkelheit der Wüste hineinbewegte. Rommel befand sich mit seiner

Kampfstaffel am rechten Flügel des Afrikakorps mitten im Geschehen und legte ein so scharfes Tempo vor, daß ihm seine Panzerstaffel nicht folgen konnte. Wie auf dem Exerzierfeld wurde am Morgen des 27. Mai bis 3.00 Uhr der Raum B erreicht; nur die Division Trieste auf dem äußersten linken Flügel hatte den Anschluß verloren und war nördlich von Bir Hacheim auf den Minengürtel geprallt. In der Folgezeit gelang es ihr aber, eine Gasse durch die Minen zu räumen.

Nach erneutem Auftanken ging es um 4.30 Uhr weiter. Planmäßig drehten die Verbände nach Norden ein. Erst um 7.00 Uhr stieß die 15. Panzerdivision auf Panzerfeind, und nun kam es auf der ganzen Front zu einer Reihe von Kämpfen mit britischen Panzerkampfgruppen, die unermüdlich, wenn auch oft unkoordiniert, angriffen. So ergaben sich Zeitverzögerungen; am Abend des 27. Mai hatte nur das Afrikakorps seinen Raum C westlich von Acroma wenigstens zum Teil erreicht, und auch die 90. Division kam in die Nähe ihres Raumes C bei El Adem, konnte ihren Raum D (zwischen Acroma und dem Meer) aber überhaupt nicht beziehen. Das italienische motorisierte Korps hing noch weit zurück; die Festung Bir Hacheim, die von Freifranzosen verbissen verteidigt wurde, hatte die Panzerdivision Ariete im ersten Ansturm, wie es eigentlich geplant war, nicht nehmen können.

Es war der Panzerarmee Afrika also nicht gelungen, den Kessel im Nordosten und Norden zu schließen. Wieder einmal hatte sich der Gegner, wenn auch mit großen Verlusten, der Vernichtung entziehen können; immerhin war er wiederum überrascht worden, und seine Führungsstruktur war durcheinandergeraten. Aber auch das Afrikakorps hatte ein Drittel seiner Panzer verloren; die Truppen der Panzerarmee litten an Nachschubmangel, und die Nachschublinie, die ja um Bir Hacheim herumführte, lag im Einwirkungsbereich des Gegners. Das eigentliche Angriffsziel, die Vernichtung des Gegners, war nicht erreicht; vielmehr schien das Gegenteil der Fall zu sein: Da sich nun die Panzerarmee Afrika dort befand, wo sie eigentlich die 8. Armee hatte haben wollen, große Teile gepanzerter Feindkräfte noch im Raum zwischen Gazala und Tobruk, also außerhalb des Kessels, verblieben waren, der Gruppe Crüwell andererseits der Durchbruch von Westen her nicht geglückt war, steckte die Panzerarmee nun selbst in der Falle des Gazalasystems.

Es gehört zu Rommels großen operativen Leistungen, wie er diese Krise ausgehalten, zuerst die Versorgung seiner Verbände gesichert und sich dann in raschen Befreiungsschlägen aus dieser schwierigen Situation befreit und sie dann noch in einen großen Erfolg umgemünzt hat. Nach dem Zeugnis Westphals hielten viele in Rommels Umgebung am Abend des 27. Mai den Angriff für gescheitert. Gause, der Chef des Generalstabes der Armee, schlug Rommel vor, man solle das Unternehmen einfach zum Aufklärungsvorstoß erklären und sich zurückziehen. »Das Donnerwetter«, schreibt Westphal, »das nun auf den armen Gause niederprasselte, [...] möchte ich nicht schildern«. Rommel bestand energisch auf seiner Entscheidungsgewalt und verbat sich alle derartigen Ratschläge[32]. Unter schweren Kämpfen gelang es bis zum 29. Mai, die Truppen der Panzerarmee im Norden des Kessels zu vereinigen. Für die Nacht zum 30. Mai befahl Rommel dann eine Südbewegung des Afrikakorps, um Anschluß an die erwähnte Minengasse der Division Trieste zu gewinnen. Gleichzeitig schleuste der Quartiermeister des Afrikakorps unter Panzerschutz die ersten zwei Versorgungspakete von Westen her durch den Minengürtel. Das Unternehmen gelang, die Versorgungslage der Armee war gesichert. Rommel begann nun damit, in drei Schlägen die schwer befestigten Stützpunkte von Got el Ualeb in der Mitte, Bir Hacheim im Süden und Knightsbridge im Osten der Gazala-Stellung auszuräumen; auch dies gelang — im Fall Bir Hacheims nach schweren, von deutschen Bombern unterstützten Kämpfen — bis zum 13. Juni. Nun hing die Gazala-Stellung in der Luft, die 8. Armee räumte sie in der Nacht zum 15. Juni, wobei wiederum wesentliche Teile nach Osten durchbrachen.

Nun war für Rommel der Weg nach Tobruk frei. Während er sich aber im Vorjahr an der schwer zugänglichen Südwestecke der Festung abgemüht hatte, wählte er nun eine elegantere Lösung, die in den Grundzügen noch aus dem Herbst 1941 stammte. Zuerst wurde die Festung hauptsächlich mit den italienischen Truppen eingeschlossen. Dann marschierten das Afrikakorps und die Panzerdivision Ariete in breiter Front südlich an Tobruk vorbei, so, als ob sie wieder wie im Vorjahr zunächst zur ägyptischen Grenze wollten. Im Raum Gambut aber drehten sie plötzlich nach Norden ein, drängten die 7. Panzerdivision ab und schalteten die dortigen feindlichen Flugplätze aus. Am 19. Juni kehrten sie dann von Osten her nach Tobruk zurück, und am frühen Morgen des 20. brachen die beiden Panzerdivisionen des Afrikakorps, nach einleitenden Schlägen des Stukageschwaders 3 und vom Massenfeuer der deutschen und italienischen Armeeartillerie unterstützt, von Südosten her über den

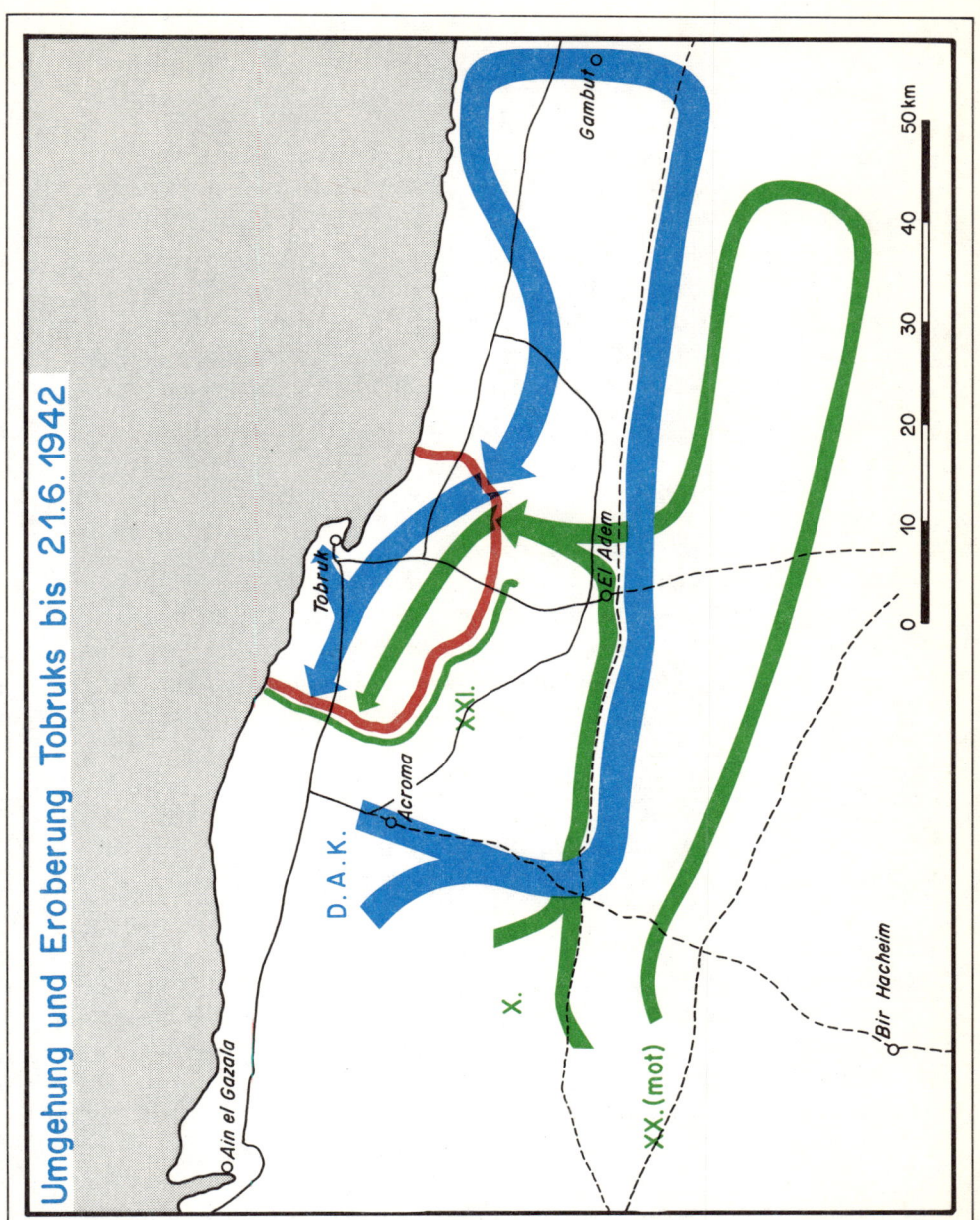

Umgehung und Eroberung Tobruks bis 21.6.1942

Ain el Gazala

Tobruk

Acroma

Gambut

El Adem

Bir Hacheim

D.A.K.

XXI.

X.

XX. (mot)

50 km

0 10 20 30 40

schnell überbrückten Panzergraben in das Festungsgelände ein, durchquerten es diagonal und erreichten bis zum Nachmittag die Via Balbia an der Nordwestecke. Am nächsten Vormittag waren die letzten Säuberungen abgeschlossen, der südafrikanische Festungskommandant, Generalmajor Klopper, meldete Rommel die Übergabe, und die Nachricht vom Fall Tobruks lief um die Welt. Es war also kein sehr günstiger Zeitpunkt, daß ausgerechnet an diesem 21. Juni General Student, der Kommandierende General des Fallschirmkorps (XI. Fliegerkorps), vor Hitler Vortrag hielt und optimistisch die Unterbrechung des Marsches zum Nil und die Auslösung des Luftlandeangriffs auf Malta empfahl. Hitler bekam einen Wutanfall und verbot das Unternehmen für dieses Jahr, und das hieß, wie sich erweisen sollte, für immer. Statt dessen gab er Rommel grünes Licht für Alexandria.

V.

Rommel war gleich nach dem Fall Tobruks, während die strategischen Entscheidungen noch auf sich warten ließen, bis zur ägyptischen Grenze weitergestoßen. Nun ging es weiter nach Osten; am 29. Juni nahm er Marsa Matruh und stand am 30. vor der britischen Stellung von El Alamein. In neun Tagen hatte er mit seinen Panzerdivisionen eine Strecke von fast 500 km zurückgelegt, dabei noch in der verlustreichen Schlacht von Marsa Matruh 8000 Gefangene gemacht und einen »brillanten deutschen Sieg« erfochten[33]. »Nun galt es noch, sich mit den Befestigungen in der Enge von Alamein auseinanderzusetzen«, heißt es im Schlachtbericht der Panzerarmee vom 29. Juni[34]; war dieses letzte Hindernis etwa 100 km westlich von Alexandria bezwungen, dann war der Weg hinaus ins Nildelta frei. Rommel wollte daher die Stellung aus der Bewegung heraus durchstoßen, um keine Zeit zu verlieren. Die Aussichten, daß dies gelingen könnte, waren nicht schlecht; es handelte sich damals noch keineswegs um eine durchgehende Stellungslinie, sondern eher um eine Anzahl einzelner Boxen wie bei Gazala, die aber noch nicht fest verbunden waren. Ebenso wie Rommel war der britische Oberbefehlshaber Auchinleck am 29. Juni der Auffassung, daß ein sofortiges Anrennen der Panzerarmee den Durchbruch ins Delta erzwingen könne; schon vor vier Tagen hatte man in Alexandria mit Vorbereitungen zur Evakuie-

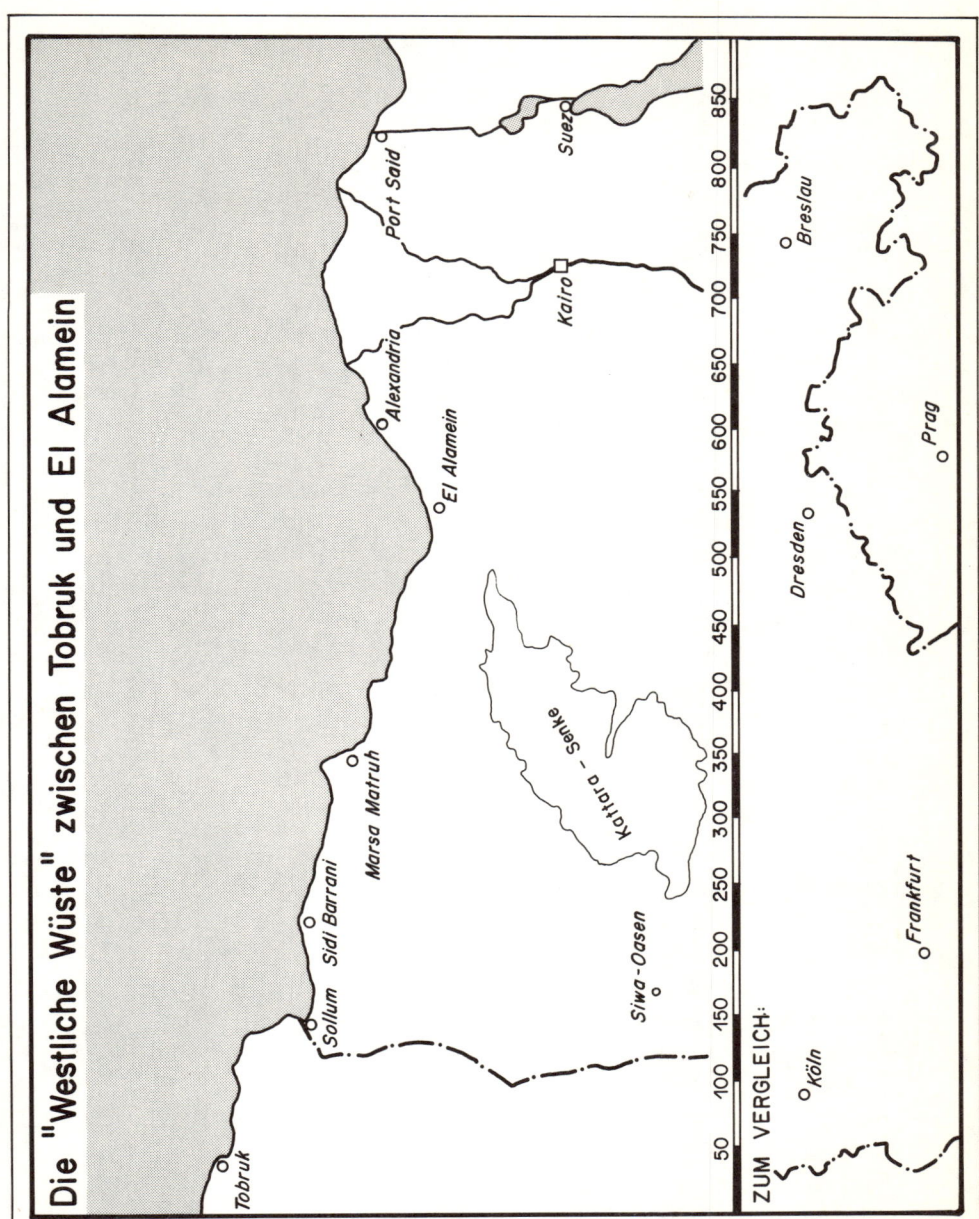

Die "Westliche Wüste" zwischen Tobruk und El Alamein

rung der Schiffe und des Hauptquartiers der Mittelmeerflotte begonnen, und am 1. Juli verließ die Flotte den Hafen[35].

Aber Auchinleck hatte auch Grund zur Zuversicht. Seit Anfang Juni hatte die britische Funkaufklärung weitere Fortschritte gemacht; insbesondere war es gelungen, die Auswertung der abgefangenen deutschen Meldungen zu beschleunigen und dem Oberkommando Kairo rasch in einer Form zugänglich zu machen, die es ihm ermöglichte, in der eigenen Befehlsgebung sofort darauf zu reagieren. Seit Mitte Juni hielt Auchinleck Meldungen der Panzerarmee innerhalb von zwölf Stunden, nachdem sie von der deutschen Armeefunkstelle abgesetzt worden waren, in Händen. Als Rommel vor Alamein erschien, war die britische Funkaufklärung imstande, den deutschen Funkverkehr fast lückenlos mitzulesen, die deutschen Führungsentschlüsse nachzuvollziehen und geeignete Gegenmaßnahmen zu ergreifen[36].

Der zweite Grund für Auchinlecks Zuversicht war, daß ihn die Funkaufklärung über den Zustand der Panzerarmee seit den Kämpfen bei Marsa Matruh genau informierte. Die Bombenangriffe der Royal Air Force hatten der Panzerarmee schwer geschadet, und sie litt spürbar am Fehlen von Flakartillerie[37]. Schließlich war auch die geographische Lage von El Alamein ein Grund zur Beruhigung. El Alamein selbst war eigentlich nur ein dürftiger Wüstenbahnhof mit Wasserstelle an der Strecke von Alexandrien nach Marsa Matruh. Aber in dieser Gegend verengte sich die Küstenebene auf eine Breite von nur rund 60 km, weil im Süden Höhenrücken die Bewegung behinderten, vor allem aber die riesige Kattarasenke, die bis zu 134 m unter den Meeresspiegel absinkt und mit Salzton angefüllt ist, jede operative Bewegung unmöglich machte. Die britischen Boxen, später die durch Minengürtel gesicherte ausgebaute Stellung, konnte daher nicht, wie z.B. bei Gazala, weiträumig südlich umgangen — eine enge Südumgehung ist Rommel, wie wir noch sehen werden, bei Alam Halfa mißlungen —, sondern nur frontal durchstoßen werden. An die Stelle des Bewegungskrieges trat der Stellungskrieg.

Betrachten wir nun die drei Schlachten von Alamein im einzelnen. Rommels Absicht war es, mit seiner Panzerarmee im Norden der Alameinfront, und zwar zwischen der Box von Alamein (in den deutschen Quellen meist als »Festung El Alamein« bezeichnet) und dem west-östlich verlaufenden Ruweisat-Rücken, den Durchbruch zu wagen. In der Nacht vom 30. Juni auf den 1. Juli sollte das Afrikakorps zwischen der Ala-

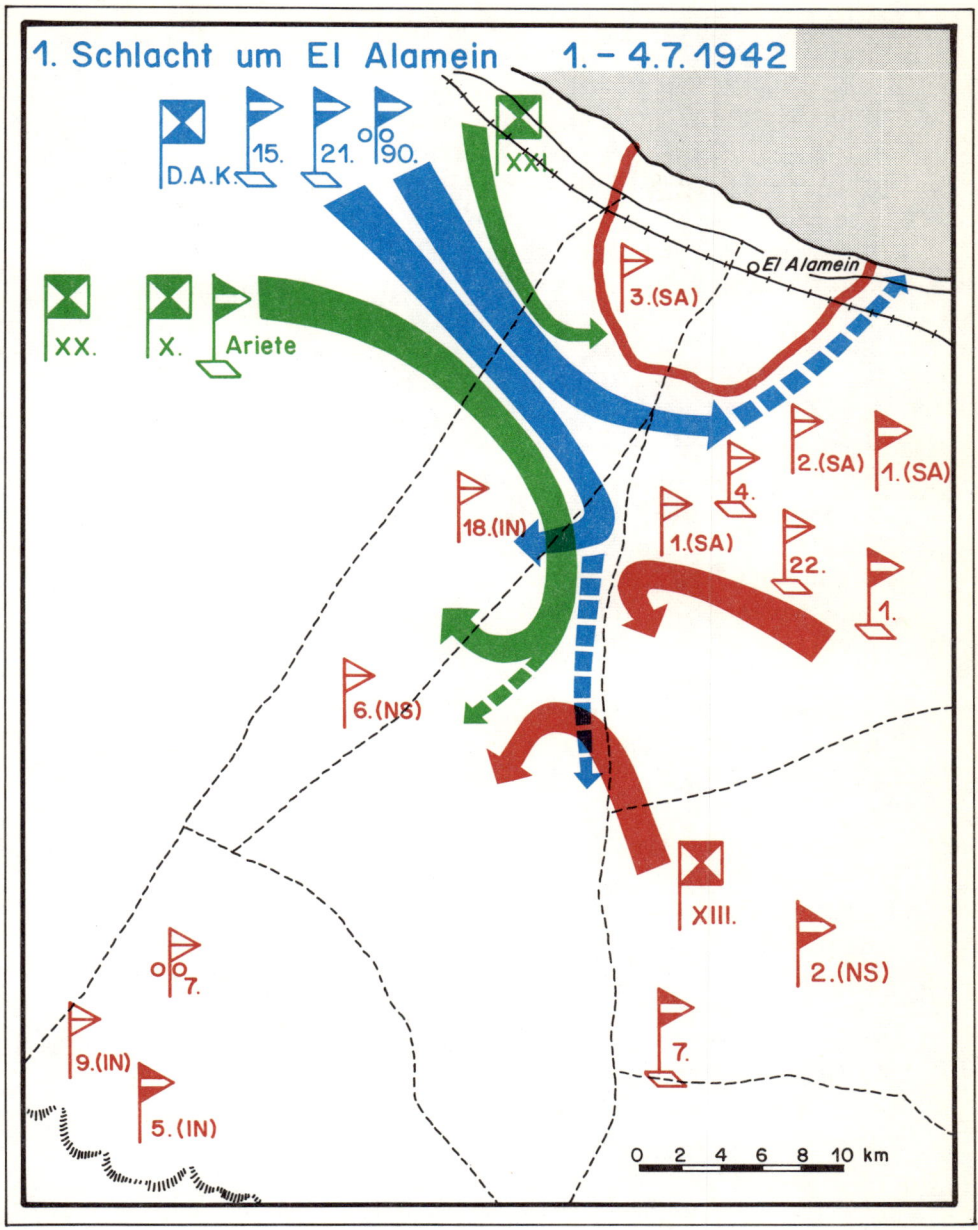

1. Schlacht um El Alamein   1. – 4.7.1942

D.A.K. 15. 21. 90.

XXI.

XX.

X. Ariete

3.(SA)

El Alamein

2.(SA)

1.(SA)

4.

18.(IN)

1.(SA)

22.

1.

6.(NS)

XIII.

2.(NS)

7.

9.(IN)

5.(IN)

7.

0 2 4 6 8 10 km

mein-Box und der Box von Deir el Abyad hindurchstoßen und in den Rücken des britischen XIII. Korps gelangen. Die 90. leichte Afrikadivision sollte um die Alamein-Box herumgreifen und östlich davon die Küstenstraße sperren; so war man schon bei Marsa Matruh verfahren. War man im Rücken des Gegners, würde, so glaubte Rommel, die britische Verteidigung zusammenbrechen. Zwar war die Panzerarmee für langwierige Kämpfe schon zu schwach, aber für den beweglichen Einsatz war sie immer noch zu gebrauchen, urteilt Mellenthin[38].

Der Angriff geriet jedoch schon von Anfang an in Schwierigkeiten. Dem Afrikakorps, das sich zur Täuschung des Gegners zunächst im Süden der Front befand, machten bei der Nordbewegung abgeschnittene Teile der britischen 1. Panzerdivision, dann aber auch das Gelände schwer zu schaffen, so daß es seinen Bereitstellungsraum zu spät erreichte und erst am Morgen des 1. Juli zum Angriff antreten konnte. Es stellte bald fest, daß es die Abyad-Box gar nicht gab, statt dessen aber weit östlich die Box von Deir el Shein, die von der 18. Indischen Brigade gehalten wurde, und eine andere noch weiter östlich, die die 1. Südafrikanische Brigade hielt. General Nehring, der Kommandierende General des Afrikakorps, entschloß sich, zunächst Deir el Shein anzugreifen, und am Nachmittag gelang es, die indische Brigade zu zerschlagen, allerdings um den Preis, daß 18 Panzer von 54 vorhandenen verlorengingen. Der nur 1300 Mann starken 90. leichten Afrikadivision[39] gelang die Umrundung der Alamein-Box nur zum Teil; im Südosten der Festung geriet sie in das geballte Feuer der 1., 2. und 3. Südafrikanischen Brigade und kam auch in den nächsten Tagen nicht mehr weiter voran. Am 2. Juli trat das Afrikakorps dann in einem zweiten Takt nach Nordosten an; es sollte nun 12 km östlich von El Alamein die Küste erreichen und, wie in Tobruk, die Box von Osten nehmen. Das italienische XX. Armeekorps schirmte den Angriff nach Süden ab; Auchinleck, der inzwischen selbst die Führung bei Alamein übernommen hatte, setzte nun alle Kräfte zum Gegenangriff an, um den Durchbruch zu verhindern. Am 3. Juli griff die 6. Neuseeländische Brigade die italienische Panzerdivision Ariete, die die Südflanke von Rommels Angriff decken sollte, an; diese geriet in Panik, ließ ihre Artillerie stehen und wich zurück. Rommel brach daraufhin die Offensive ab und ging zur Verteidigung über.

Erst am 30. August 1942 war Rommel nach inzwischen eingetroffenen, freilich unzureichenden, Verstärkungen wieder soweit, daß er erneut eine

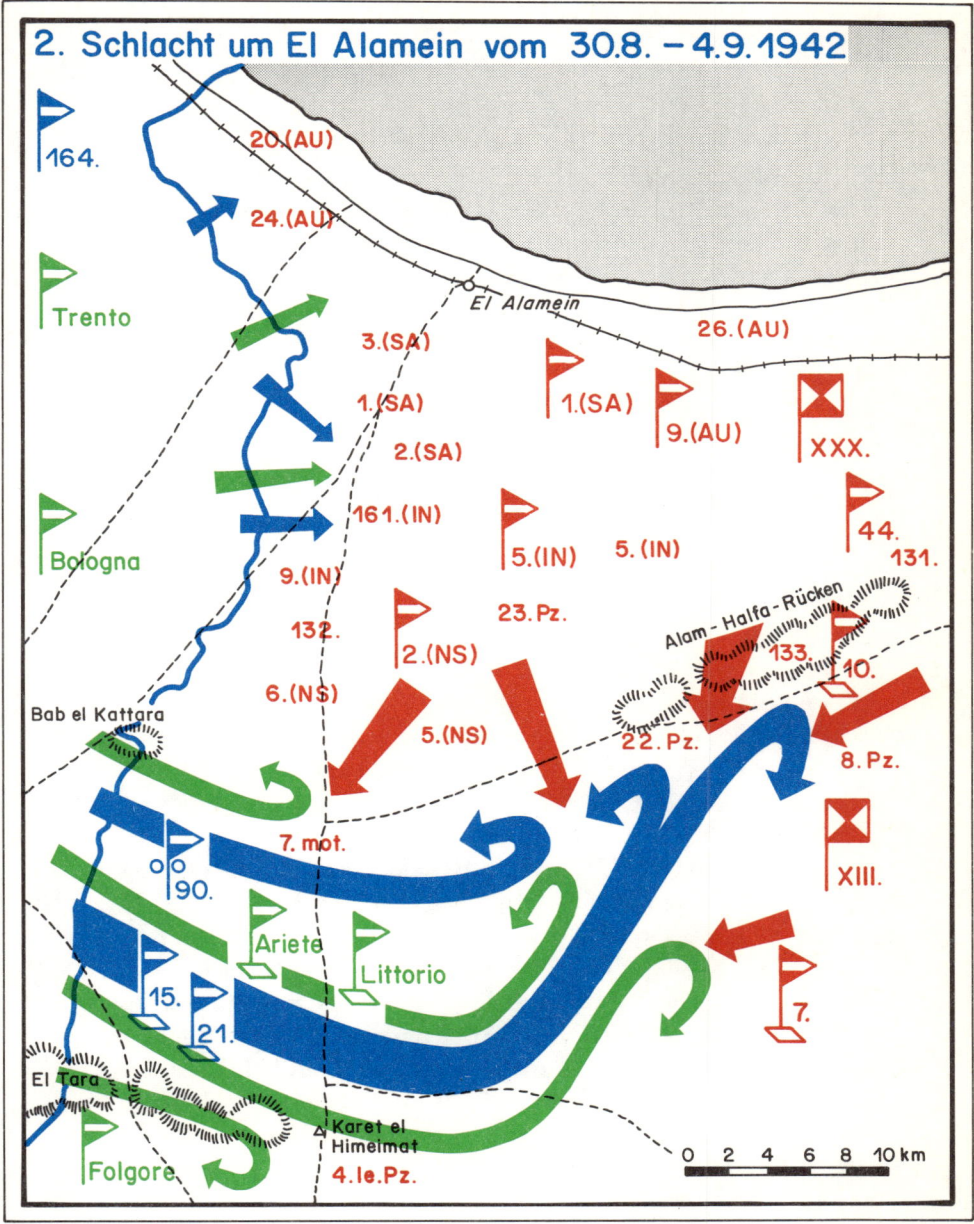

2. Schlacht um El Alamein vom 30.8. – 4.9.1942

164.

20.(AU)

24.(AU)

Trento

El Alamein

3.(SA)

1.(SA)

2.(SA)

26.(AU)

1.(SA)

9.(AU)

XXX.

161.(IN)

5.(IN)

5.(IN)

44.

131.

Bologna

9.(IN)

132.

2.(NS)

23.Pz.

Alam - Halfa - Rücken

133.

10.

6.(NS)

5.(NS)

22.Pz.

8.Pz.

Bab el Kattara

7. mot.

90.

XIII.

Ariete

Littorio

7.

15.

21.

El Tara

Karet el
Himeimat

0 2 4 6 8 10 km

Folgore

4.le.Pz.

143

Offensive — seine letzte in Ägypten — eröffnen konnte. Dieses Mal entschloß er sich, unter großer Geheimhaltung den Schwerpunkt nach Süden zu verlegen, um das Rezept von Gazala in ähnlicher Form nochmals zu erproben. Nach den deutschen Aufklärungsmeldungen nahm man an, daß die Minenfelder im Süden leichter zu überwinden seien. Wieder übernahmen die Infanterieverbände die Rolle des Ambosses am Nordflügel der Front, die motorisierten (DAK, 90. leichte Afrikadivision, XX. motorisiertes Armeekorps) die des Hammers im Süden.

In der Nacht von dem 30. auf den 31. August begann der Angriff. Die Minenfelder erwiesen sich freilich als schwieriger zu überwinden als erwartet, und der Widerstand der 8. Armee, nun unter dem Oberbefehl von General Montgomery, war hart. Die britische Funkaufklärung hatte, wie in der ersten Alameinschlacht, die Schwerpunktverlegung erkannt[40], und die Royal Air Force flog rollende Bombenangriffe. Rommel wollte ursprünglich mit dem Afrikakorps in der mondhellen Nacht 50 km nach Osten vorstoßen und sich dann nach Norden zur Küste wenden. Weil sich die britischen Panzerverbände inzwischen im Osten gesammelt hatten, mußten die beiden motorisierten Korps früher als beabsichtigt nach Norden eindrehen und rannten gegen den Alam-Halfa-Rücken an, der von der 44. Division und der 10. Panzerdivision mit eingegrabenen Grant-Panzern und starker Artillerie verteidigt wurde. Am nächsten Tag scheiterte auch der Frontalangriff der 15. Panzerdivision an der gewaltigen Panzerüberlegenheit der britischen 10. Panzerdivision. Dies und der Mangel an Treibstoff zwang Rommel am 2. September, die Schlacht wiederum abzubrechen und den Rückzug anzutreten.

Damit war in Nordafrika die Initiative endgültig auf den Gegner übergegangen. Die Panzerarmee Afrika harrte bei El Alamein aus, weil es ihr befohlen war, obwohl, wie Mellenthin im Auftrag Rommels am 9. September dem Chef des Generalstabes des Heeres meldete, die Nachschublage inzwischen katastrophal war und die Armee dem vereinigten Angriff der USA, die inzwischen mit Waffenlieferungen in den Erd- und Luftkampf in Ägypten eingegriffen hatten, und des Britischen Empire nicht länger standhalten konnte[41]. Als am 23. Oktober der britische Großangriff begann, befand sich Rommel auf Krankheitsurlaub in der Heimat; nach dem Tod seines Vertreters Stumme eilte er am 25. Oktober nach Afrika zurück. Die eigenen Stellungen waren inzwischen stark vermint worden; der Minengürtel war nur mit Vorposten besetzt, und die 2 bis 3 km tiefe Hauptkampflinie lag 1 bis 2 km weiter westlich. Deutsche und italienische Truppen wurden nun bataillonsweise miteinander verzahnt: deutsche und italienische Abschnitte wechselten in regelmäßiger Folge, um die italienischen Bewaffnungsmängel auszugleichen[42] —, eine Maßnahme, die die Briten übrigens bis zum Schluß nicht erkannten.

Das Ungleichgewicht der Kräfte war am 23. Oktober überwältigend: Rund 200 deutschen und 300 italienischen Panzern standen über 1000 britische gegenüber. Die britischen Panzer und Geschütze waren auch qualitativ überlegen, und die 8. Armee litt im Gegensatz zur Panzerarmee weder an Munitions- noch an Treibstoffmangel. Rommel schätzte die britische Munitionsüberlegenheit auf 500:1. Die Überlegenheit der britischen Luftwaffe über die deutsche war noch erschreckender als die der Panzer: Am 24. Oktober standen 1000 RAF-Einsätzen nur 107 deutsche gegenüber[43].

Am 23. Oktober, um 20.40 Uhr, begann auf der gesamten Front das gewaltigste Trommelfeuer, das man je in Afrika gehört hatte, und »es sollte die ganzen Kampfhandlungen vor el Alamein hindurch anhalten[44].« Die Panzerarmee hatte den Hauptstoß im Süden erwartet und wurde vom Offensivbeginn völlig überrascht; bei den Italienern kam es wieder zu Panikreaktionen. Dennoch verlief auch bei den Briten nicht alles nach Wunsch. Montgomery wollte eigentlich mit dem XXX. Korps im Norden und dem X. im Süden durch den Minengürtel brechen und, als Ausgangsposition für die weitere Offensive, die deutsche Hauptkampflinie nehmen. Der Einbruch gelang aber nur beim XXX. Korps. Montgomery führte daher nur örtliche Gefechte weiter, um den Gegner fortlaufend zu schwächen, und ging ansonsten zunächst zur Defensive über.

Rommel wußte, daß bald ein zweiter Großangriff erfolgen würde, und bei seiner großen Schwäche an Panzern war es für ihn lebenswichtig zu wissen, wo er erfolgen sollte, im Süden oder wieder im Norden. Während im Norden die 15. Panzerdivision und die 90. leichte Afrikadivision als Rückhalt vorhanden waren, galt Rommels Sorge dem Südflügel, wo nur italienische Infanterie stand, und er verstärkte sie durch die deutsche 21. Panzerdivision. Auf britischer Seite aber fürchtete man trotz aller Schwäche immer noch das schnelle, zielbewußte und glänzend koordinierte Zusammenwirken der beiden deutschen Panzerdivisionen, das

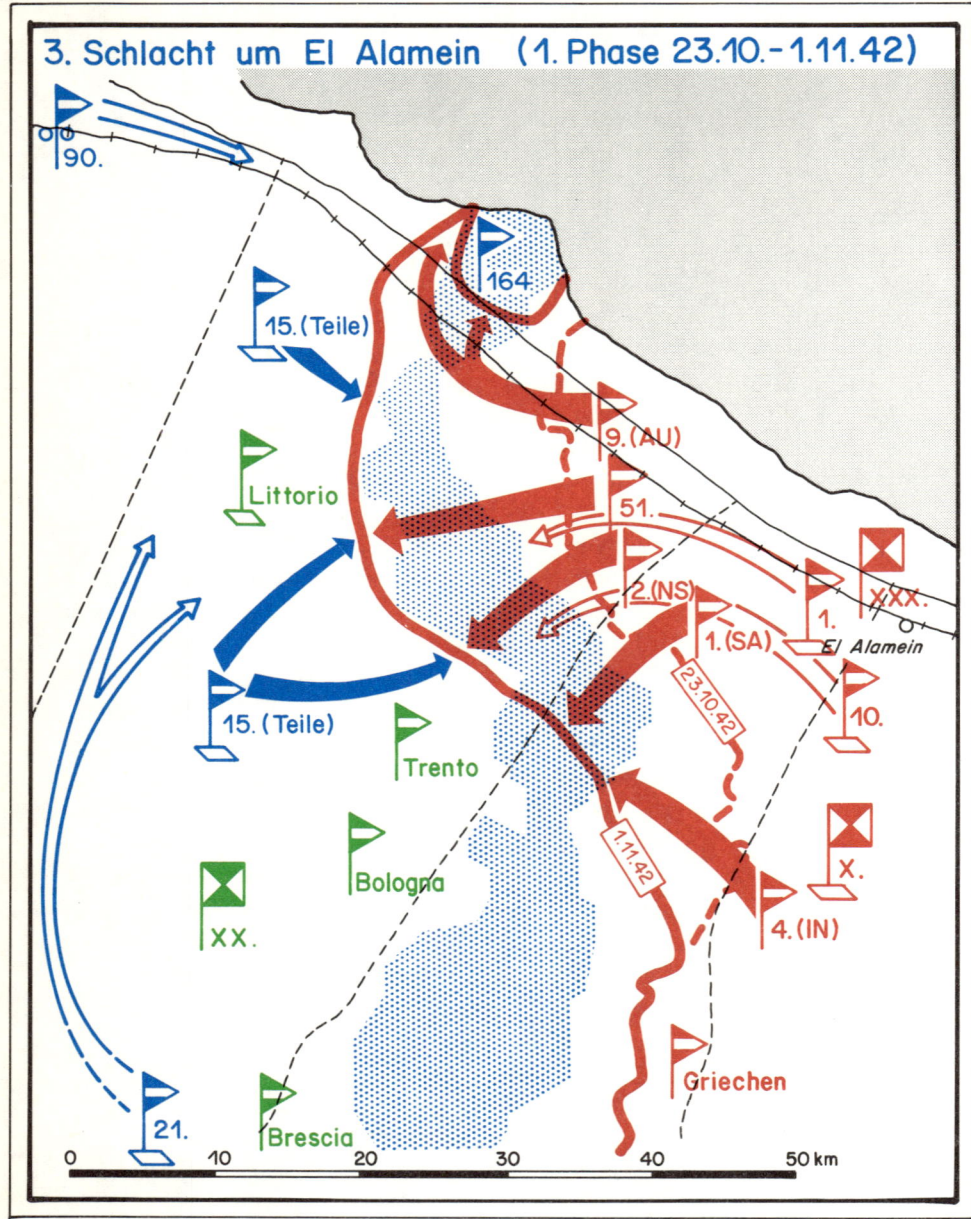

3. Schlacht um El Alamein (1. Phase 23.10.–1.11.42)

bei Freund und Feind den legendären Ruhm des Deutschen Afrikakorps, der alten Stoßtruppe Rommels, ausmachte. So gab sich Montgomery alle Mühe, den Gegner über die Richtung eines Hauptstoßes im unklaren zu lassen. Da Rommel nach seiner Rückkehr wegen der heftigen australischen Angriffe im äußersten Norden der Front (Höhe 28) annahm, die 8. Armee wolle entlang der Küstenstraße vorstoßen — ein Plan, den Montgomery anfangs tatsächlich hegte —, befahl er am Abend des 26. Oktober, die 21. Panzerdivision mit der Hälfte der Armeeartillerie und einem Drittel der Panzerdivision Ariete nach Norden zu verschieben. So konzentrierte er die kampfkräftigeren deutschen Divisionen im Norden und überließ — der Not gehorchend und im vollen Bewußtsein, daß diese Verschiebung wegen Treibstoffmangels nicht mehr rückgängig gemacht werden konnte[45] — den Südflügel der Front den unbeweglichen italienischen Infanteriedivisionen. Am 29. Oktober war sich die britische Funkaufklärung sicher, daß die 21. Panzerdivision im Norden angekommen war und südlich der 90. leichten Division stand[46]. Da die Australier seit dem 27. Oktober das Ringen um die Höhe 28 mit großer Zähigkeit wieder aufnahmen, wurde Rommel in seiner Ansicht bestätigt, der Hauptschlag erfolge an dieser Stelle.

Unter Ausnutzung seiner Funkaufklärungserkenntnisse war es dem britischen Oberkommando gelungen, Rommel zu einer Aufstellung seiner Truppen zu verleiten, die der britischen Absicht günstig war. Montgomery änderte nun seinen Angriffsplan. Er verlegte den Schwerpunkt von der Küste etwas nach Süden. Die 2. Neuseeländische Division sollte nun nicht mehr wie die Australier zur Küstenstraße vorstoßen, sondern, verstärkt durch die 151. und 152. britische Brigade und gefolgt vom X. (Panzer-)Korps, auf einer ca. 4 km breiten Front direkt nach Westen angreifen, wobei man hoffte, auf Italiener zu treffen. Beim Gelingen dieses Planes wären die deutschen Divisionen nach Norden abgedrängt, die italienischen des Südflügels isoliert worden.

So begann in der Nacht vom 1. auf den 2. November nach einer dreistündigen mörderischen Artillerie- und Bombervorbereitung das Unternehmen »Supercharge«. Um 6.15 Uhr griff die 2. Neuseeländische Division unter dem Befehl von Generalleutnant Freyberg an, überrannte ein italienisches Regiment der motorisierten Division Trieste und ein deutsches Grenadierbataillon und erreichte ihr Angriffsziel. Die ihr folgende 9. Panzerbrigade jedoch erlitt vor der Hügelstellung Tel el Aqqaqir

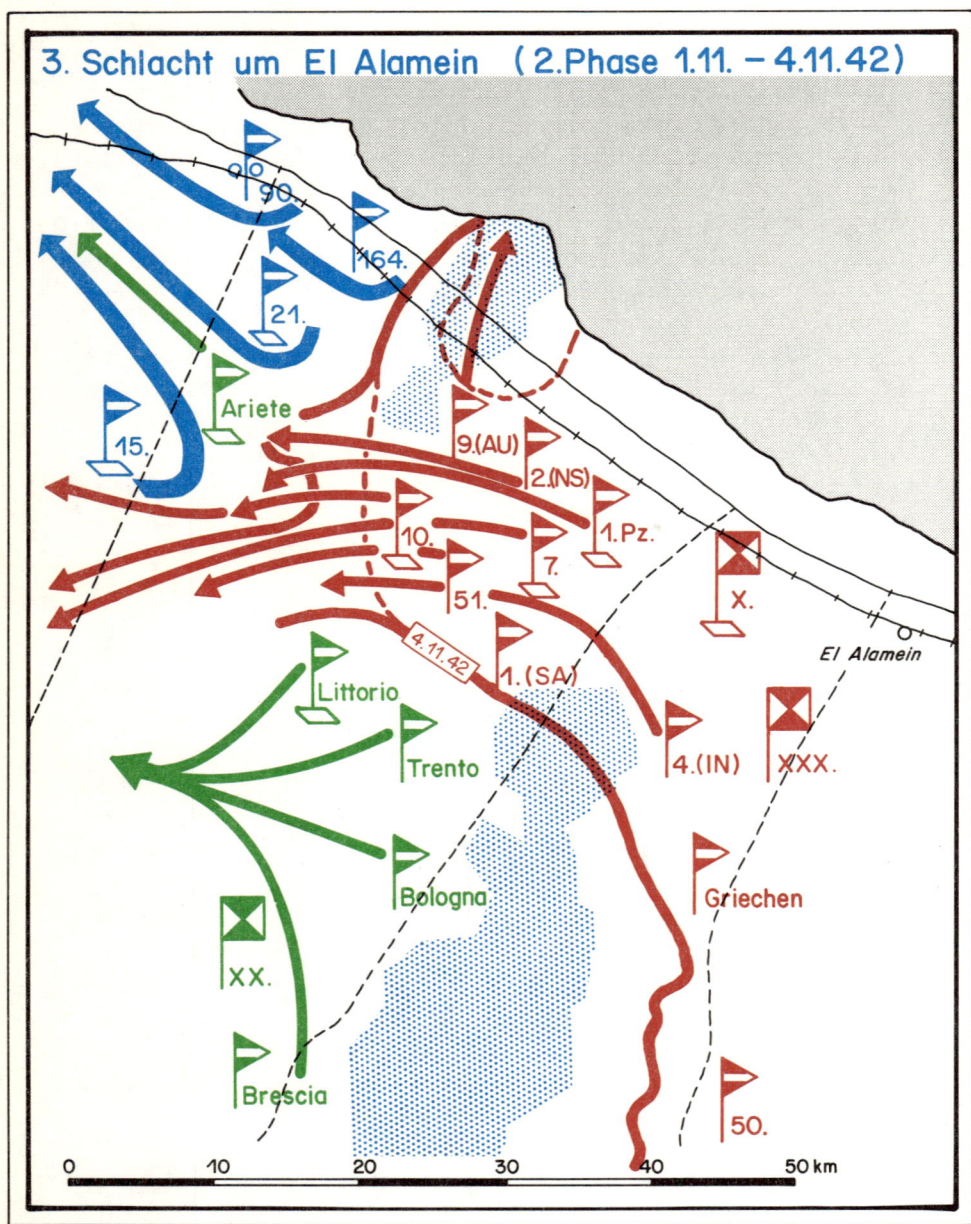

3. Schlacht um El Alamein (2.Phase 1.11. – 4.11.42)

90.
164.
21.
Ariete
15.
9.(AU)
2.(NS)
10.
1.Pz.
7.
51.
X.
4.11.42
1.(SA)
El Alamein
Littorio
Trento
4.(IN)
XXX.
Bologna
Griechen
XX.
Brescia
50.

0   10   20   30   40   50 km

schwere Verluste und blieb zurück. Rommel setzte nun Teile der 21. Panzerdivision von Norden, der 15. Panzerdivision von Süden her an, um den Einbruchskeil abzuklemmen, und es entstand eine der härtesten Panzerschlachten des ganzen Afrikakrieges. Beim Afrikakorps sank die Zahl der einsatzfähigen Panzer auf 35 ab — gegenüber mehr als 400 auf britischer Seite —, und Rommel verfügte nur noch über 24 8,8cm-Flak-Geschütze, die einzige Waffe, die gegen die schweren britischen und amerikanischen Panzer noch etwas ausrichten konnte[47].

Obwohl die taktische Lage an sich für Rommel noch nicht ganz hoffnungslos war, »entschied das Gewicht der Zahlen den Ausgang«[48]: Rommel erkannte, daß seine Reserven erschöpft waren und daß er keinen Nachschub mehr zu erwarten hatte; der Tanker »Luisiana«, auf den er seine letzte Hoffnung gesetzt hatte, war schon am 29. Oktober versenkt worden[49]. Demgegenüber sah er, daß die Briten über unerschöpfliches Material verfügten, um ihren Einbruchskeil immer mehr zu verstärken, und der Augenblick schien ihm nahe, wo die eigene Front durchbrochen und die Armee vernichtet würde.

So entschloß sich Rommel, für die Nacht zum 3. November den Rückzug der Armee auf die Fukastellung zu befehlen. Seinen Ordonnanzoffizier, Oberleutnant Berndt, schickte er ins Führerhauptquartier, um Hitler um Handlungsfreiheit zu bitten. Hitler aber reagierte mit dem berühmten Haltebefehl vom 3. November, der jeden Rückzug verbot und damit endete, es gebe »keinen anderen Weg [...] als den zum Sieg oder zum Tode«. Für Rommel, der sich bisher stets, auch im Widerspruch zu seinen direkten italienischen und deutschen Vorgesetzten, des Wohlwollens Hitlers erfreuen konnte, brach eine Welt zusammen. Zum ersten Mal während des afrikanischen Feldzuges habe er nicht gewußt, was er tun solle, hat er später berichtet, und Hitlers Einmischung, die Rommels Kameraden in Rußland schon länger kannten, habe auf ihn und seinen Stab »wie ein Bombenschlag« gewirkt[50]. Rommel widerrief den Rückzugsbefehl, und am 4. November brachen die britische 10. Panzerdivision und die 2. Neuseeländische Division beim italienischen motorisierten XX. Armeekorps durch, das mit großer Tapferkeit kämpfte. Die Panzerdivision Ariete (XX. mot. Korps) wurde umfaßt und völlig vernichtet. In der Front klaffte eine Lücke von 20 km, und auch das Afrikakorps war an mehreren Stellen durchbrochen worden. Jetzt gab Rommel auf eigene Faust den Befehl zum Rückzug, der am nächsten Tag von

Hitler bestätigt wurde. Die gesamte italienische Infanterie ging verloren, die motorisierten Truppen erreichten am 5. November die Fukastellung.

VI.

Auf dem nun folgenden endgültigen Rückzug der Panzerarmee zeigte sich Rommel nochmals als Meister der beweglichen Kriegführung. Es gelang ihm, den Rest seiner Armee vor der nur zögernd folgenden und logistisch, pionier- und verkehrstechnisch unzureichend organisierten, aber auch durch die Funkaufklärung irregeführten 8. Armee[51] bis Mitte November nach Marsa el Brega und bis Mitte Januar nach Tripolitanien zurückzuführen. Die Taktik des Wüstenkrieges mit Panzern hatte Rommel nicht erfunden, sondern von der »Western Desert Force«, für die der Name O'Connor steht, übernommen. Neu an seiner Art der Kriegführung war, daß er alle Elemente des Panzerkrieges in der Wüste durch große Wendigkeit, durch Anpassung an Gelände und Kampfsituation, zur höchsten Vollendung steigerte und daß er seine motorisierten Truppen, auch die italienischen, durch die prägende Kraft seiner Persönlichkeit zu einer selbstbewußten und siegessicheren Elitetruppe zusammenschweißte.

Rommels Erfolge beruhten aber nicht nur auf seiner perfekten Beherrschung der Panzerkriegführung — blitzschnelle Konzentration von Bewegung und Feuerkraft —, sondern auch, entgegen manchen Legenden, auf seiner Fähigkeit, die Operationen auf die Gegebenheiten des Nachschubs abzustellen und nach den Meldungen seiner ausgezeichneten Aufklärungsabteilungen und seiner Horchkompanie auszurichten. Schließlich wären Rommels Erfolge nicht möglich gewesen ohne eine perfekt funktionierende taktische Luftwaffe, vom Fliegerführer Afrika in enger Zusammenarbeit mit den Erdtruppen geführt. Alle diese Elemente — Beweglichkeit, Nachschub, Aufklärung, Luftunterstützung — sind dann bei Alamein nach und nach ausgefallen. Die Möglichkeit zu operieren ging verloren, und die gegnerische Überlegenheit kam unmittelbar zur Wirkung. Dennoch erstaunt es den rückblickenden Beobachter, daß es der britischen 8. Armee trotz dieser Überlegenheit und trotz ihrer umfassenden Kenntnisse über Rommels Absichten, die ihr die hervorragende britische Funkaufklärung verschaffte, bei und nach Alamein nicht gelungen ist, die Panzerarmee Afrika durch Einkesselung oder zügige Verfolgung zu vernichten. Der Rückzug Rommels nach Tunesien zeigte noch einmal die operative Überlegenheit Rommels, ebenso wie seine letzte große Schlacht, Kasserine.

Rommel war selbstbewußt genug, um zu wissen, daß der Kampf seiner Armee, wie immer man über Einzelheiten urteilen mochte, seinen Platz in der Geschichte finden werde[52]. Er selbst war weit davon entfernt zu glauben, ein Mensch ohne Fehler und Schwächen zu sein; Ehrgeiz, Geltungsbedürfnis, aber auch Rücksichtslosigkeit und Härte waren Eigenschaften, die ihn ebenso auszeichneten wie sein großes taktisches und operatives Können, sein Realitätssinn, seine Anspruchslosigkeit, sein kameradschaftliches Wesen und sein persönlicher Mut. Dieser persönliche Mut, die virtus der Alten, zeichnete Rommel auch weiterhin aus, auch nach seiner afrikanischen Zeit, als er sich innerlich von seinem einstigen Gönner Adolf Hitler abgewandt hatte, und dieser Mut verlieh auch seinem schrecklichen Ende durch Gift, das ihm Hitler im Oktober 1944 zudiktierte, eine bleibende Würde. Seine Wurzeln hatte dieser Mut in dem stark ausgeprägten Gefühl der Verantwortung, das Rommel gegenüber seinen Truppen stets empfand und das auch seine Memoiren durchzieht: »Eine Tapferkeit«, so schrieb er mit der ihm eigenen Nüchternheit, »die der militärischen Zweckmäßigkeit widerspricht, ist Dummheit, wenn sie vom Truppenführer gefordert wird, Verantwortungslosigkeit[53].«

Anmerkungen

1 Dem folgenden Text liegt mein Beitrag »Der Krieg im Mittelmeerraum« zu dem vor dem Abschluß stehenden Band 6 des Werkes »Das Deutsche Reich und der Zweite Weltkrieg«, hrsg. vom Militärgeschichtlichen Forschungsamt, zugrunde, der den Zeitraum 1942/43 umfaßt und auf den deutschen Akten basiert. Auf den Anmerkungsapparat dieses Beitrags wird generell verwiesen; die folgenden Anmerkungen enthalten nur Einzel- und Ergänzungsnachweise.
2 J.R. v. Salis, Weltchronik 1939—1945, Zürich 1966, S. 235, Rundfunkkommentar vom 26.6.1942. — Salis, seit 1935 Ordinarius für Geschichte der Neuzeit und der Neuesten Zeit an der ETH Zürich, sprach im Krieg die weithin bekannten Kommentare zum Kriegsgeschehen bei Radio Beromünster.
3 Ebd.
4 Principal War Telegrams and Memoranda, 1940—1943, Middle East, Bd 2, Nendeln/Liechtenstein 1976, S. 169, Nr. 338 vom 23.6.1942.

5 Reinhard Stumpf, Probleme der Logistik im Afrikafeldzug 1941—1943, in: Die Bedeutung der Logistik für die militärische Führung von der Antike bis in die neueste Zeit, Herford, Bonn 1986 (= Vorträge zur Militärgeschichte, hrsg. vom Militärgeschichtlichen Forschungsamt, Bd 7), S. 211-239, bes. S. 228; ders., Die Wehrmacht-Elite. Rang- und Herkunftsstruktur der deutschen Generale und Admirale 1933—1945, Boppard 1982 (Wehrwiss.Forschungen, Abt. Militärgeschichtl. Studien, hrsg. vom Militärgeschichtlichen Forschungsamt, Bd 29), S. 141, 290. Zur propagandistischen Verarbeitung vgl. etwa: Die Wehrmacht, hrsg. vom Oberkommando der Wehrmacht, Im Zeichen des Weltkrieges, Berlin 1942, S. 179, 228, 245 ff., 259; Deutschland im Kampf, hrsg. von A.J. Berndt und Oberst v. Wedel, Juni-Lieferung (Nr.67/68 der Gesamtlieferung), Berlin 1942, S. 9, 13 f.; Die Berichte des Oberkommandos der Wehrmacht, 1. Januar 1942 bis 31. Dezember 1942, Berlin 1943, S. 187, 203 f. (21.6. und 2.7.1942).
6 Hitler an Mussolini vom 23.6.1942 (Abschrift), Bundesarchiv-Militärarchiv (BA-MA), RM 7/235, Bl. 225 ff.; abgedr. bei Ralf Georg Reuth, Entscheidung im Mittelmeer. Die südliche Peripherie Europas in der deutschen Strategie des Zweiten Weltkrieges 1940—1942, Koblenz 1985, Dok. 13, S. 250 f.
7 Rintelen, Nr. 5106/42 geh.Kdos.Chefs., dringend, vom 24.6.1942, 0.30 Uhr, BA-MA, RH 19 VIII/22, Bl. 249.
8 Winston Churchill, The Second World War, Paperbackausgabe, Bd 7, London ²1965, S. 346 f.
9 Vgl. den Telegrammwechsel bei John Connell, Auchinleck. A Biography of Field Marshal Sir Claude Auchinleck, London 1959, S. 565 ff.
10 So Churchill laut Tagebuch Brookes vom 13.6.1942, in: Arthur Bryant, Kriegswende (1939—1943). Aus den Kriegstagebüchern des Feldmarschalls Lord Alanbrooke, Chef des Empire-Generalstabs, Düsseldorf 1957, S. 376.
11 The Memoirs of General The Lord Ismay, London, Melbourne, Toronto 1960, S. 254.
12 Churchill, Second World War, Bd 7 (wie Anm. 8), S. 347 (ungelenke dt. Übersetzung: Der Zweite Weltkrieg, Bd 4/1, Stuttgart, Hamburg 1951, S. 443). Die Schilderung des Vorgangs und seiner Folgen ebd., S. 346 f., außerdem bei Ismay, Memoirs (wie Anm. 8), S. 254 ff.; Forrest C. Pogue, George C. Marshall. Ordeal and Hope, 1931—1942, New York 1967, S. 332 f.; Maurice Matloff/Edwin M. Snell, The War Department. Strategic Planning for Coalition Warfare, 1941—1942 (United States Army in World War II), Washington 1953, S. 249 ff.
13 Taschen-Brockhaus zum Zeitgeschehen, Leipzig 1940, S. 1 (Karte u. Grafik).
14 Nach der Eröffnung des Suezkanals (1869) faßten die Briten in Ägypten Fuß, besetzten 1882 das Land und machten es 1914 zum Protektorat. 1922 erklärten sie Ägypten zum unabhängigen Königreich, behielten sich aber wesentliche Vorrechte bezüglich des Suezkanals, der Verteidigung, der Außenpolitik und des gemeinsam verwalteten Sudan vor. 1936 wurde das beiderseitige Verhältnis auf die Basis eines Bündnisvertrages gestellt.
15 Vgl. Rudolfo Graziani, Die Eroberung Libyens, Berlin 1939, passim; zum Drahtzaun S. 317 ff.
16 Nach der Eroberung Äthiopiens 1935/36 durch den Zusammenschluß mit Eritrea und Italienisch-Somaliland entstanden.
17 Taschen-Brockhaus (wie Anm. 13), S. 8. Enno v. Rintelen, Mussolini als Bundesgenosse. Erinnerungen des deutschen Militärattachés in Rom 1936—1943, Tübingen, Stuttgart 1951, S. 98 f.; Das Deutsche Reich und der Zweite Weltkrieg, Bd 3, Stuttgart 1984, S. 235 (Gerhard Schreiber).

18 Das Deutsche Reich und der Zweite Weltkrieg, Bd 3, S. 47.

19 Ebd., S. 228; Rintelen, Mussolini (wie Anm. 17), S. 98 f.

20 Zum Widerstreben Grazianis vgl. The Ciano Diaries, hrsg. von Hugh Gibson, Garden City, N.Y. 1946, S. 280-290 (3.8.–7.9.1940), zur Vormarschorganisation im Kolonialkrieg Grazianis Schilderung aus dem Cyrenaikafeldzug: Eroberung Libyens (wie Anm. 15), S. 301 f.; zum Ablauf: Das Deutsche Reich und der Zweite Weltkrieg, Bd 3, S. 239 ff.; Stumpf, Probleme der Logistik (wie Anm. 5), S. 211.

21 In seinem Brief an Mussolini vom 5. Februar 1941 schrieb Hitler, bei ihrem gemeinsamen Gespräch in Fuschl am 19. Januar sei man noch von einem defensiven Einsatz des deutschen »Sperrverbandes« in Libyen ausgegangen. Seitdem habe sich die Lage aber verändert, der italienische Rückzug habe sich fortgesetzt. Jetzt sei die deutsche Hilfe nur sinnvoll, »wenn sie in der Lage ist, das Schicksal zu wenden [...]. Denn ich glaube, daß durch das rein defensive Halten einer Stellung das weitere Vordringen der Engländer nicht verhindert werden kann [...]. Die Abwehr selbst muß offensiv geführt werden!« Tripolitanien sei als Basis zur »Wiedereroberung des gesamten Gebietes« zu klein (Akten zur deutschen auswärtigen Politik 1918–1945, Serie D, Bd 12/1, Göttingen 1969, Dok. 17, S. 23 ff.). Dies spricht gegen die gelegentlich geäußerte Ansicht, Rommels offensive Verteidigung Libyens sei seine eigene isolierte Entscheidung gewesen.

22 Panzergruppe Afrika/Ia, Nr. 28/42 geh. vom 3.1.1942, BA-MA, RH 24-200/29, Bl. 104.

23 Die Jugendlichkeit von Rommels »Team« wird oft übersehen: Im Januar 1942 waren Rommel 50, sein Chef des Generalstabes, Generalmajor Gause, 45, Westphal 39, Mellenthin 37 Jahre alt. Auch die beiden Komm.Generale des DAK, Crüwell und Nehring, wurden ebenfalls 1942 50 Jahre alt.

24 Hitler an Mussolini vom 5.2.1941 (wie Anm. 21), S. 24.

25 I.S.O. Playfair, The Mediterranean and Middle East (History of the Second World War. United Kingdom Military Series), Bd 1, London 1954, S. 351 ff.

26 Das Deutsche Reich und der Zweite Weltkrieg, Bd 3, S. 615 ff. (Bernd Stegemann); Erwin Rommel, Krieg ohne Haß, hrsg. von Lucie-Maria Rommel und Fritz Bayerlein, Heidenheim [3]1956, S. 26 ff.

27 Playfair, Mediterranean (wie Anm. 25), Bd 3 (1960), Karte 16 bei S. 83.

28 Tagesmeldung der Panzerarmee Afrika vom 27.1.1942, Ziff. 3, Schlachtbericht der Panzerarmee, BA-MA, RH 19 VIII/10, S. 209, Anl. 645.

29 Siehe dazu meine ausführlichen Darlegungen in Bd 6 des Weltkriegswerkes (s. Anm. 1).

30 P.C. Bharucha, The North African Campaign 1940–1943 (Official History of the Indian Armed Forces in the Second World War 1939–45), Kalkutta 1956, S. 348.

31 Armee-Befehl für den Angriff, Panzerarmee Afrika/Abt. Ia Nr. 50/42 g.Kdos.Chefs. vom 20.5.1942, BA-MA, RH 24-200/54, Bl. 178 ff.

32 Siegfried Westphal, Erinnerungen, Mainz [2]1975, S. 162.

33 F. W. v. Mellenthin, Panzer Battles 1939–1945. A Study of the Employment of Armour in the Second World War, hrsg. von L.C.F. Turner, London 1956, S. 125.

34 Schlachtbericht der Panzerarmee, BA-MA, RH 19 VIII/20, Bl. 73 (29.6.1942).

35 Mellenthin, Panzer Battles (wie Anm. 33), S. 127 Anm. 1; F.H. Hinsley, British Intelligence in the Second World War. Its Influence on Strategy and Operation, Bd 2, London 1981, S. 391, 397 Anm.; Rommel, Krieg ohne Haß (wie Anm. 26), S. 183.

36 Hinsley, British Intelligence, Bd 2 (wie Anm. 35), S. 374 ff., 392 ff.

37 Ebd., S. 391.

38 Mellenthin, Panzer Battles (wie Anm. 33), S. 127.

39 Schlachtbericht der Panzerarmee (wie Anm. 34), Bl. 80 (2.7.1942).

40 Hinsley, British Intelligence, Bd 2 (wie Anm. 35), S. 393, 416.

41 Mellenthin, Panzer Battles (wie Anm. 33), S. 141. Zur amerikanischen Unterstüt-zung vgl. Matloff/Snell (wie Anm. 12), S. 249 ff.

42 Rommel, Krieg ohne Haß (wie Anm. 26), S. 243 f.

43 Ebd., S. 244 f., 251; Hinsley, British Intelligence, Bd 2 (wie Anm. 35), S. 437.

44 Rommel, Krieg ohne Haß (wie Anm. 26), S. 245.

45 Ebd., S. 253.

46 Hinsley, British Intelligence, Bd 2 (wie Anm. 35), S. 440, 444 f.

47 Ebd., S. 447; Rommel, Krieg ohne Haß (wie Anm. 26), S. 265.

48 Hinsley, Intelligence, Bd 2 (wie Anm. 35), S. 447.

49 Bei der Versenkung der Nachschubtanker für Rommel spielte wiederum die briti-sche Funkaufklärung eine wesentliche Rolle; Hinsley, British Intelligence, Bd 2 (wie Anm. 35), S. 442 f.

50 Rommel, Krieg ohne Haß (wie Anm. 26), S. 269, 271.

51 Ronald Lewin, Rommel, Stuttgart, Berlin, Köln, Mainz [2]1970, S. 226 f.; Hinsley, British Intelligence, Bd 2 (wie Anm. 35), S. 450 f.

52 Rommel, Krieg ohne Haß (wie Anm. 26), S. 283.

53 Ebd., S. 297.

Christian Greiner

Die Abwehr der deutschen Ardennen-Offensive. Ein Beispiel angloamerikanischer Operationsführung im Zweiten Weltkrieg[1]

Ende August — Anfang September 1944 standen die Alliierten Expeditionsstreitkräfte nach der erfolgreich beendeten Schlacht um die Normandie in breiter Front am Nordufer der Seine. Siegeszuversicht breitete sich bei angloamerikanischen Politikern und in der Öffentlichkeit Großbritanniens und der Vereinigten Staaten aus. Das Kriegsende schien noch im Jahr 1944 in Sicht. Gleichzeitig allerdings deuteten untrügliche Zeichen darauf hin, daß sich der angloamerikanische Angriff einem gewissen »Kulminationspunkt« näherte, um mit Carl von Clausewitz zu sprechen. Versorgung und Instandsetzung für die angreifenden Verbände wurden immer schwieriger. Längere Transportwege mußten zum großen Teil mit Lastkraftwagen zwischen den künstlichen Häfen in der Normandie und den Versorgungsbasen der angreifenden Truppen überwunden weden. Engpässe bei Personal und Material machten sich nicht nur auf dem Kriegsschauplatz selbst, sondern auch in den Heimatländern bemerkbar. Die seit Juni 1944, also rund drei Monate in beständigem Einsatz befindlichen Verbände zeigten allgemein Erschöpfungs- und Ermüdungserscheinungen.

Der Oberbefehlshaber der Alliierten Expeditionsstreitkräfte, General Dwight D. Eisenhower, beurteilte die Lage am 20. August 1944 dahingehend, daß seine Streitkräfte so schnell vorgerückt und die Versorgungslinien so belastet waren, daß an großen Teilen der angloamerikanischen Front Bewegung selbst gegen sehr schwachen Widerstand fast unmöglich schien[2]. Angesichts dieser Lage und der öffentlich überall laut werdenden Erwartung, daß der Krieg nun bald zu Ende sein werde, mußte die Frage des britischen Feldmarschalls Montgomery beantwortet werden: Wie diese Situation am besten genutzt werden könne, um den Krieg gegen die Deutschen so schnell wie möglich zu beenden[3].

Daß hierauf von den Führern der alliierten Truppen eine einvernehmliche Antwort gegeben werden würde, war kaum zu erwarten, denn unmittelbar nach dem großen Erfolg in der Schlacht um die Normandie und dem Siegeslauf nach Paris zeigten sich erste Spannungen zwischen ihnen.

155

Operational Chain of Command, AEF
1. April 1944

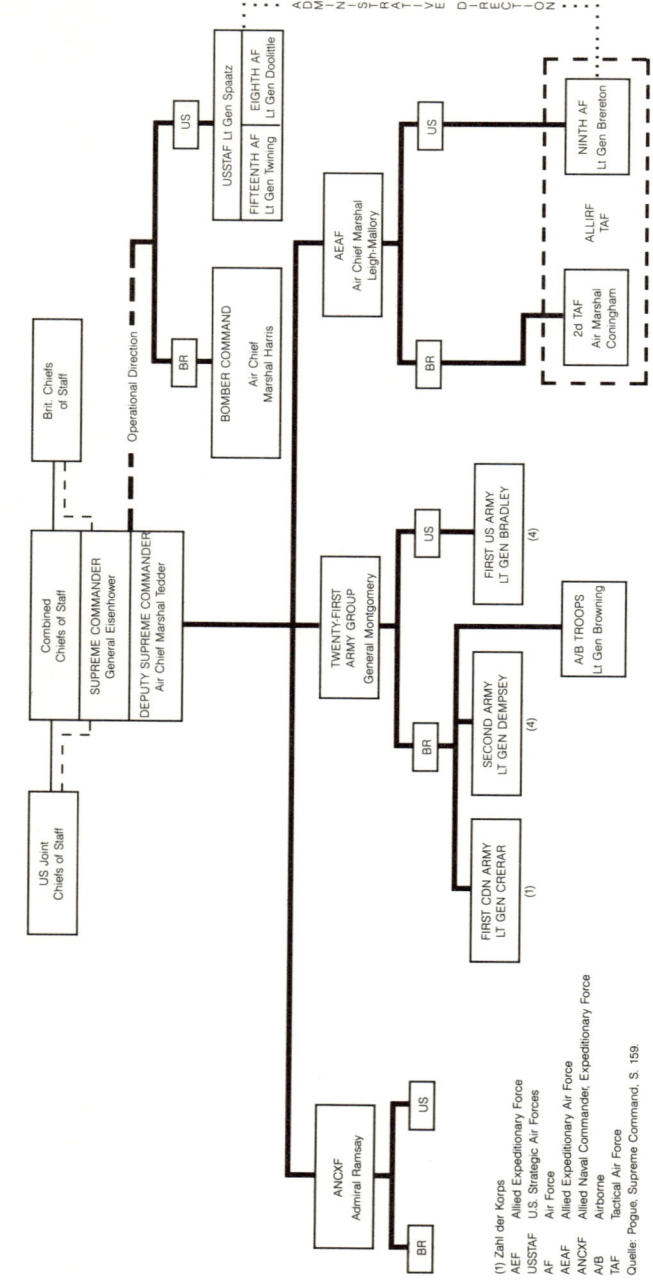

(1) Zahl der Korps
AEF   Allied Expeditionary Force
USSTAF   U.S. Strategic Air Forces
AF   Air Force
AEAF   Allied Expeditionary Air Force
ANCXF   Allied Naval Commander, Expeditionary Force
A/B   Airborne
TAF   Tactical Air Force

Quelle: Pogue, Supreme Command, S. 159

156

Operational Chain of Command, AEF
1. September 1944

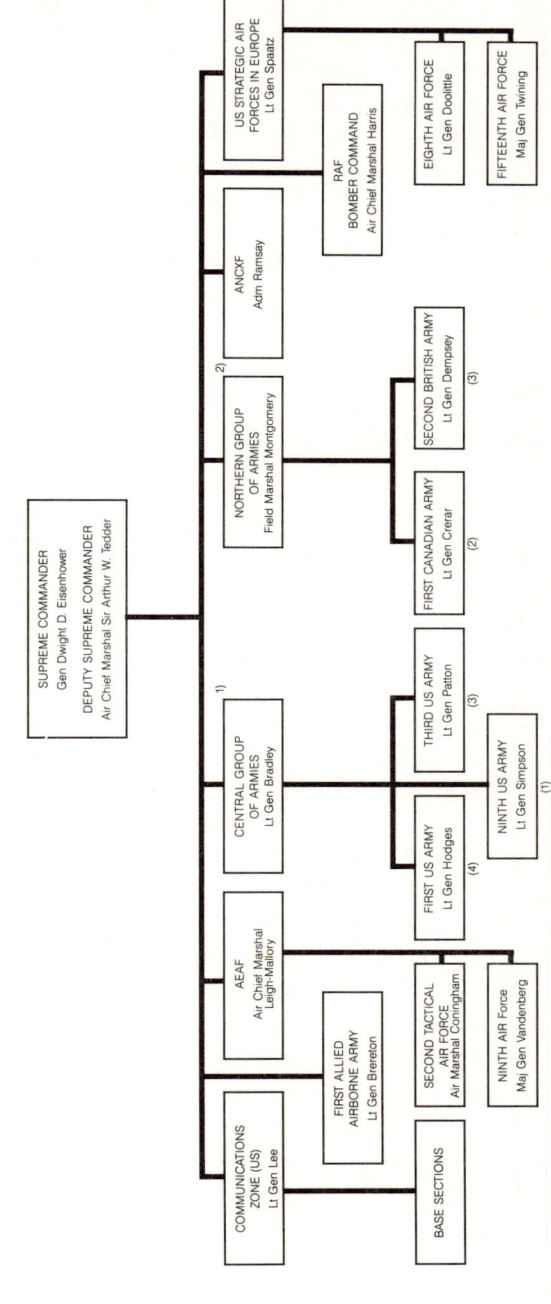

1) 12 Army Group
2) 21 Army Group
(4) Zahl der Korps
RAF Royal Air Force
Quelle: Pogue, Supreme Command, S. 262.

Nachdem SHAEF (Supreme Headquarters, Allied Expeditionary Forces) auf dem Kontinent in Granville (Normandie) etabliert worden war, hatte General Eisenhower am 1. September 1944 nicht nur den Oberbefehl über die Gesamtstreitkräfte behalten, sondern dazu den über die Landstreitkräfte mit übernommen. Er löste in dieser Funktion General Montgomery ab, der zum gleichen Zeitpunkt von der britischen Regierung zum Feldmarschall ernannt wurde. »Monty« sah sich so zugleich befördert und in der Kommandohierarchie degradiert. Denn als nun ranghöchster angloamerikanischer Offizier war er nur noch Befehlshaber der britisch-kanadischen 21. Armeegruppe, damit gleichgeordnet mit Generalleutnant Bradley, der die 12. amerikanische Armeegruppe führte, die Montgomery bisher als 1. US Armee unterstellt gewesen war. Während »Monty« über diese neue Lage eher verbittert war, fühlte sich »Brad« erleichtert, weil nun endlich gegenüber der amerikanischen Öffentlichkeit klargestellt war, daß er nicht länger unter dem Kommando von »Monty« stand[4]. Feldmarschall Montgomery, der in führenden Positionen und auf vielen Kriegsschauplätzen seit 1940 gegen die deutschen Truppen operiert und zuletzt die Invasion und die Normandieschlacht geleitet und siegreich abgeschlossen hatte, empfand diese Zurücksetzung gegenüber amerikanischen Generalen, die wie Eisenhower 1941 noch Oberstleutnant waren und die deshalb nach seiner Meinung »kaum angefangen hatten, das Kriegshandwerk zu verstehen«, auch aus militärfachlichen Gründen als besonders ungerecht[5]. Aber der gegenüber Großbritannien personell und materiell übermächtige Beitrag der USA zum Krieg gegen das Deutsche Reich forderte seine Konsequenz auf den militärischen Führungsebenen.

Hinzu kam, daß durch die Dislozierung von SHAEF in der Normandie die Fernmeldeverbindungen zu den unterstellten Armeegruppen schlecht waren. Die Übermittlung wichtiger Führungsweisungen dauerte gelegentlich drei bis fünf Tage und führte mitunter zur Verstümmelung der Nachrichten. Erst am 1. Oktober 1944 wurde ein vorgeschobenes Hauptquartier in Versailles eingerichtet. Damit war es Eisenhower kaum möglich, die beiden Armeegruppen tatsächlich zu führen[6].

Um die Fortführung der alliierten Offensive entwickelte sich unter den Stichworten »breite Front« (»broad front«) und »einzelner Stoß« (»single thrust«) eine erhebliche Kontroverse unter den angloamerikanischen Militärs[7]. Die unterschiedlichen Operationsauffassungen von Eisenhower

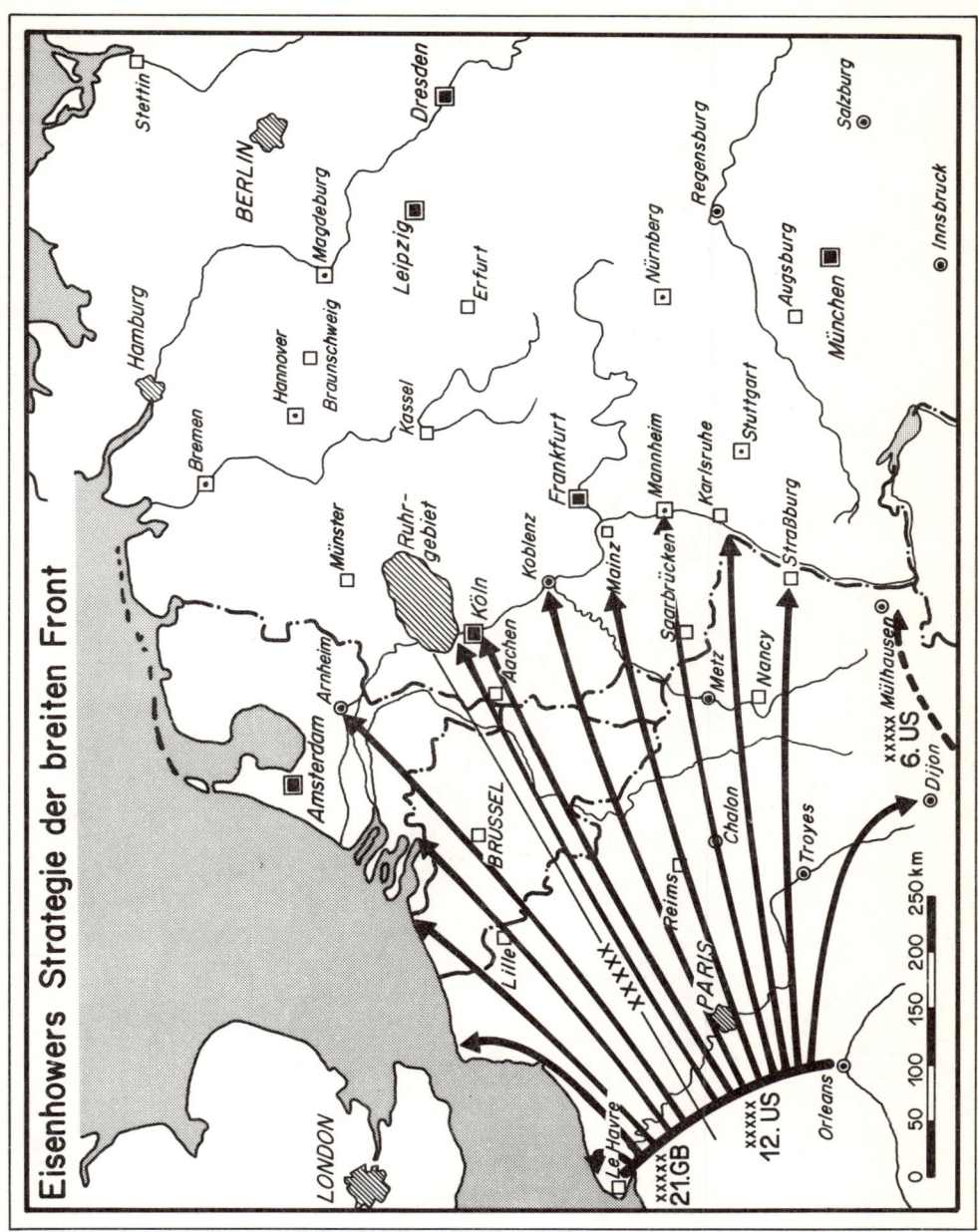

Quelle: Montgomery, Memoiren, S. 303.

159

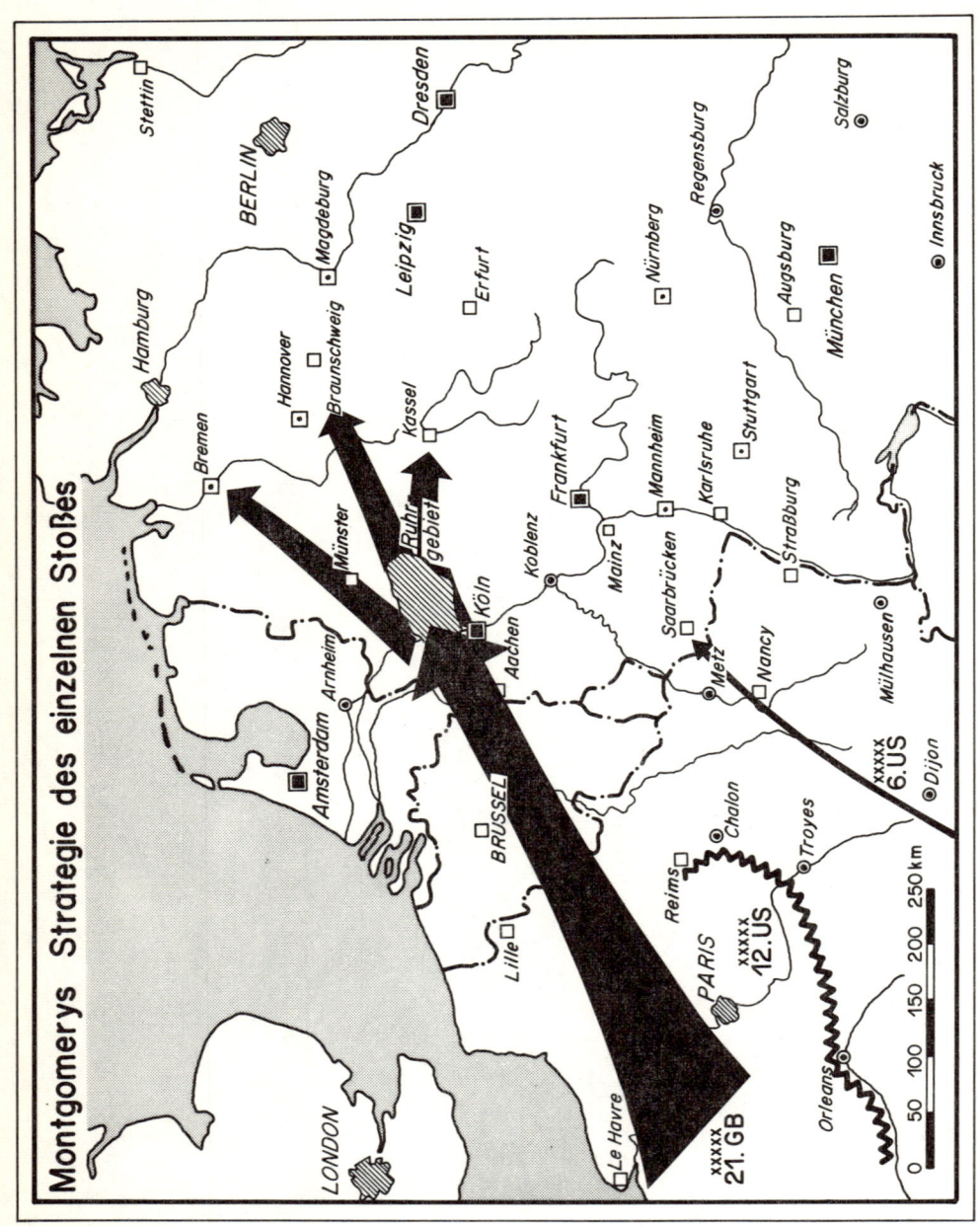

Montgomerys Strategie des einzelnen Stoßes

Quelle: Montgomery, Memoiren, S. 303.

und Montgomery fanden Anfang September 1944 ihren Niederschlag in einem Gedankenaustausch. In einer Weisung von SHAEF hieß es: »Our best opportunity of defeating the enemy in the west lies in striking at the Ruhr and at the Saar, confident that he will concentrate the remainder of his available forces in the defense of these essential areas[8].« Am gleichen Tag, dem 4. September 1944, schrieb Montgomery an Eisenhower: »I consider we have now reached a stage where one really powerful and full-blooded thrust toward Berlin is likely to get there and thus end the German war. The selected thrust must have all the maintenance resources it needs without any qualification, and any other operation must do the best it can with what is left over. In my opinion the thrust likely to give the best and quickest results is the northern via the Ruhr. Time is vital and the decision [...] must be made at once[9].«

Die beiden unterschiedlichen Auffassungen über die Führungsorganisation und die operative Idee, die dem weiteren Vorgehen zu Grunde liegen sollte, wurden während des gesamten Feldzuges der Alliierten bis zum Kriegsende nie in Einklang gebracht oder in einer Richtung entschieden. Mongomery bestand immer wieder auf einer Schwerpunktbildung für den »einzelnen Stoß« und der Zusammenfassung der Landstreitkräfte unter einem eigenen Befehlshaber. General Eisenhower als Oberbefehlshaber versuchte, seine Idee der »breiten Front« mit einem Schwerpunkt zu verbinden, wenn dieser auch bald nicht mehr dort liegen sollte, wo ihn Montgomery haben wollte. Unbeirrt hielt Eisenhower allerdings an seinem Befehl über die Landstreitkräfte und seinem Oberbefehl fest. Letztlich wollte er jedem gerecht werden, vor allem immer dem, mit dem er gerade sprach oder zu tun hatte. Sicher war die Wahrung der angloamerikanischen Solidarität und Zusammenarbeit von hoher politischer und militärischer Bedeutung, aber oft auch die Ursache eines militärisch kaum zu vertretenden Kompromisses, der Zeit und Verluste kostete. In einem vielköpfigen, international besetzten Hauptquartier unter vielfältigen politischen und anderen Einflüssen fern der Front lebend, gelang es »Ike« selten, Entscheidungen rechtzeitig gegen Widerstände von innen und außen durchzusetzen und gegen neue Interventionen durchzuhalten. Die Bändigung so unterschiedlicher Charaktere wie des großsprecherischen und rechthaberischen »Monty«, des eher ruhigen bescheidenen, aber auch schnell beleidigten Bradley und des schlauen, draufgängerischen Patton hätte weit eher die Faust auf dem Tisch erfordert als die schriftlich, diplomatisch formulierte Weisung und die »Undeutlichkeit« der Briefe an »Monty«[10]. Diese geringe Entschiedenheit Eisenhowers, besonders in seiner Eigenschaft als unmittelbarer Befehlshaber der Landstreitkräfte, führte vor der Ardennenschlacht dazu, daß fast jeder Armeegruppen- und sogar Armeeführer das tat, was er für richtig hielt. Es entwickelte sich fast ohne Zutun Eisenhowers eine Operationsführung der »breiten Front« ohne irgend einen erkennbaren Schwerpunkt.

Noch bevor General Eisenhower auf seinen Vorschlag vom 4. September 1944 geantwortet hatte, hatte Feldmarschall Montgomery die britischen und kanadischen Truppen in Marsch gesetzt und ihnen die Devise mit auf den Weg gegeben, »to ›drive‹ on ahead with the utmost energy; any tendency to be ›sticky‹ or cautious must be stamped out ruthlessly[11].« Die britischen Panzerspitzen erreichten am 4. September 1944 Antwerpen, hielten hier aber bis zum 7. September und versäumten, die Brücken über den Albert-Kanal und den Antwerpen-Turnhout-Kanal zu nehmen, um, weitervorstoßend, die deutschen Truppen auf den Inseln in der Scheldemündung abzuschneiden und einzuschließen. Immerhin, die Hafenanlagen von Antwerpen fielen unversehrt in die Hand der Alliierten.

Eisenhower hatte zwar Bedenken, ob ohne die Öffnung der Häfen von Le Havre und Antwerpen ein Stoß nach Berlin die nötige logistische Grundlage haben würde, wie er am 5. September 1944 Montgomery mitteilte, aber er genehmigte der 21. Armeegruppe eine Operation zur Öffnung eines Rheinüberganges bei Arnheim. Dazu wurde Montgomery eine ganze Luftlandearmee, die sich in England befand, unterstellt und jede mögliche logistische Unterstützung zugesagt. Aber insgeheim zeigten sich schon bei dem Urteil über den Stellenwert dieser Operation in der alliierten Gesamtplanung wieder deutliche Unterschiede zwischen Eisenhower und Montgomery. Der erstere betrachtete die Operation der 21. Armeegruppe nur als einen »taktischen Plan«, der möglichst »billig« zu einem Rheinübergang führen sollte. Montgomery faßte sein Vorgehen als »strategischen Plan« und den Beginn seines Stoßes nach Berlin auf[12].

Die Operation »Market Garden« scheiterte am 25. September 1944 an ihren eigenen Unzulänglichkeiten und an dem gewachsenen deutschen Widerstand.

Die 12. Armeegruppe stieß inzwischen breit gefächert nach Osten vor und erreichte Mitte September 1944 etwa die Linie Maastricht—Lüttich—Luxemburg—Metz (westlich)—Nancy (westlich). Insgesamt acht Divisionen lagen z.T. mangels Transportraum in der Normandie fest oder waren durch das Rhône-Tal in Anmarsch. Es war dies die einzige Reserve von SHAEF. Die Versorgung war weiter unzulänglich. Denn wohl war es gelungen, am 12. September 1944 Le Havre zu öffnen, aber durch die Arnheim-Operation hatte sich die Säuberung der Scheldemündung von deutschen Truppen so verzögert, daß Antwerpen immer noch nicht benutzt werden konnte. Am 20. September 1944 hatte sich Eisenhower dafür entschieden, mit allen Verbänden auf breiter Front den Rhein zu gewinnen, die deutschen Streitkräfte möglichst westlich des Rheins zu schlagen, um dann nach Öffnung wichtiger Kanalhäfen über den Rhein vorzustoßen[13].

Seine Weisung vom 28. Oktober 1944, die er nach einer Konferenz mit den Armeegruppenbefehlshabern erließ, entsprach dieser Überlegung[14]. Jeder der drei Armeegruppen wurde ein Offensivstoß über den Rhein zugebilligt, wobei der im Norden von der 21. Armeegruppe unter Montgomery zu führende als »Hauptstoß« bezeichnet wurde. Die anderen beiden Angriffe auf die Saar und der nicht näher lokalisierte weiter im Süden galten als »untergeordnet« und sollten mit dem nördlichen Hauptangriff koordiniert werden. Voraussetzung für alle Offensivstöße aber war die Öffnung der Scheldemündung. Diesen letzten Punkt betonte Eisenhower noch einmal in einer geänderten Weisung vom 2. November 1944[15].

Als praktisches Ergebnis dieser Operationsrichtlinie ergab sich bis Ende November 1944 ein mehr oder minder unverbundenes, verlustreiches Anrennen der Alliierten gegen eine sich mehr und mehr versteifende deutsche Verteidigung an der sogenannten »Siegfried-Linie«. Mit dieser »Erschöpfungsschlacht« sollten die deutschen Truppen zerschlagen werden, aber das gelang nur unzulänglich[16]. Die 21. Armeegruppe Montgomerys mußte nun die Schelde-Mündung freikämpfen. Am 28. November 1944 konnte so der erste Versorgungstransport Antwerpen passieren. Die südlich folgende Armeegruppe Bradleys stürzte sich mit der 1. U.S. Armee in die verlustreichen Kämpfe im Hürtgenwald und nahm Aachen. Größere Erfolge allerdings erfocht General Patton mit der 3. U.S. Armee nach der Einnahme von Metz, als er weit in das Saargebiet vorstoßen konnte. Diese eigentliche Nebenoperation erschien nun am aussichtsreichsten, zumal die südlich angrenzende 6. Armeegruppe, die aus dem Rhône-Tal heranmarschiert war, ähnlich erfolgreich operierte und den Rhein bei Basel und Straßburg gewann. Es war zu diesem Zeitpunkt nicht erkennbar, wie Eisenhower den Schwerpunkt wieder zur Armeegruppe Montgomerys verlegen konnte oder wollte.

All dies entsprach im britischen Urteil weder der am 28. Oktober 1944 vereinbarten Operationsführung, noch führte es zu einer Entscheidung, noch nützte es die deutschen Kräfte im Vergleich zu den alliierten Verlusten mehr ab. Von einer Beendigung des Krieges schien man weiter entfernt als je zuvor. Auch ein Treffen Eisenhowers mit Montgomery im Taktischen Hauptquartier der 21. Armeegruppe in Zonhoven am 28. und 29. November 1944 brachte keine Änderung der Operationsführung und der eingetretenen Lage. »Monty« wurde nun allerdings zum ersten Mal ungeduldig und unfreundlich. In einem zusammenfassenden Brief an »Ike« vom 30. November 1944 sprach er von einem »Fehlschlag« und einem »strategischen Rückschlag«, den man in bezug auf die Beschlüsse vom 28. Oktober 1944 erlitten habe. Noch einmal unterbreitete er sein Konzept und forderte einen »neuen Plan«, dessen Durchführung nicht wieder fehlschlagen dürfe. Harte Kritik übte er an dem Verfahren, überall anzugreifen und nirgends für eine Entscheidung stark genug zu sein[17]. Die Atmosphäre zwischen dem Oberbefehlshaber der Alliierten Expeditionsstreitkräfte, Eisenhower, und dem Befehlshaber der britisch-kanadischen 21. Armeegruppe war schon »unerfreulich«. »Monty« konnte seine Verachtung für den in seinen Augen »vollständig und äußerst nutzlosen« Eisenhower kaum noch verbergen. Eisenhower war »wütend« und dachte daran, bei den »Combined Chiefs of Staff« eine Entscheidung darüber herbeizuführen, ob er oder Montgomery in seiner Kommandostelle bleiben solle[18].

Der britische Premierminister Winston Churchill telegrafierte am 6. Dezember 1944 an den amerikanischen Präsidenten Roosevelt und wiederholte die Argumente Montgomerys. Merklich kontrastierte in seinen Augen die »ernste und enttäuschende Kriegssituation« mit den »rosigen Erwartungen unserer Völker«. Trotz verschiedener »taktischer Siege« und »Trophäen«, wie Metz und Straßburg, habe man »entschieden versagt«, das »strategische Ziel« zu erreichen. Man habe es nicht geschafft, im »wichtigsten Sektor« im Norden den Rhein zu gewinnen, geschweige denn zu

164

zu überschreiten und die »kürzeste Straße nach Berlin« einzuschlagen. Seine Frage: »What are we going to do about it?« blieb aber ohne befriedigende Antwort. Roosevelt beschied ihn kühl, die vereinbarte »breite Strategie« entwickele sich nach Plan. Ein Treffen der »Combined Chiefs of Staff« lehnte er deshalb zu diesem Zeitpunkt ab[19].

Auch auf der Ebene der betroffenen militärischen Führer blieb alles beim alten. Eisenhower, Bradley und Montgomery trafen sich am 7. Dezember 1944 in Maastricht. Gegen die erneut von Montgomery vorgeschlagene Konzentration auf einen Stoß nördlich der Ruhr bestand Eisenhower auf weiteren Offensiven in Richtung Bonn—Köln und Frankfurt—Kassel, die zwar in ihrer Bedeutung herabgestuft, aber keineswegs unterlassen werden sollten. Immerhin war er nun bereit, der 21. Armeegruppe für ihren Angriff eine U.S. Armee zu unterstellen, da Ende September die 9. U.S. Armee neu zugeführt worden war. Sie wurde allerdings zunächst der 12. Armeegruppe General Bradleys zugeordnet. So ergab sich bei ihr zahlenmäßig der eigentliche Schwerpunkt mit drei Armeen und insgesamt 27 Divisionen gegenüber zwei Armeen mit nur 17 Divisionen bei der 21. Armeegruppe.

Bei einer Zusammenkunft mit Eisenhower in London am 12.Dezember 1944 konnten die britischen Stabschefs den Oberbefehlshaber der Alliierten Expeditionsstreitkräfte ebensowenig zu einer Änderung seiner Operationsplanung und -führung bewegen. Der Chef des »Imperial General Staff«, Feldmarschall Alanbrooke, wies darauf hin, daß fehlende Schwerpunktbildung zur gegenwärtigen Lage geführt habe. Aber wenn Eisenhower dazu überhaupt bereit war, dann nicht im Norden bei den Briten, sondern, wie er an General Marshall, den Stabschef des amerikanischen Heeres, schrieb, in Richtung auf Frankfurt, damit die Amerikaner beim »Abschlußfeldzug« eine »bedeutende Rolle« spielen könnten[20].

Der alliierte Vormarsch war zu diesem Zeitpunkt westlich des Rheins zum Stehen gekommen. Die Alliierten Expeditionsstreitkräfte besetzten mit 59 Divisionen, gegliedert in drei Armeegruppen, sieben Armeen und 19 Korps, die 900 km lange Front von Nimwegen bis Basel. Gegenüber den weit verstreut dislozierten und weitgehend erschöpften, ohne nennenswerte personelle Reserven dastehenden alliierten Truppen konsolidierte sich eine zusammenhängende deutsche Verteidigung, die nun ihrerseits sogar in der Lage war, einen offensiven Schwerpunkt zu bilden. Mit den Worten Montgomerys war die gesamte amerikanische Front, verglichen mit der des Gegners, »taktisch aus dem Gleichgewicht« geraten[21]. Und sie wies eine besondere Schwäche in den Ardennen auf, wo an einem vermeintlich ruhigen Frontabschnitt von ca. 140 km Länge sechs abgekämpfte oder völlig kampfunerfahrene amerikanische Divisionen und ein Aufklärungsregiment eingesetzt waren.

Das »Gewitter«, das sich gegenüber diesem schwierigen, für motorisierte und gepanzerte Truppen schwer zugänglichen Geländeabschnitt zusammenbraute, wollte die alliierte Führung auf allen Ebenen nicht wahrhaben. Wohl wußte man schon bald, daß auf deutscher Seite eine »gepanzerte Reserve« und zusätzliche Luftstreitkräfte bereitgestellt wurden[22]. Auch gelang es im Lauf der Zeit, ihre Stärke und Gliederung ziemlich genau festzustellen, aber was die deutsche Führung damit vorhatte, wurde falsch interpretiert. Allgemein schien ein großer deutscher Gegenangriff westlich des Rheins auszuscheiden, weil man dem Oberbefehlshaber West, Generalfeldmarschall von Rundstedt, als einem vernünftigen Mann eine solche Operation, die unweigerlich zum Verlust dieser neu gebildeten Reserve führen und die militärische Niederlage beschleunigen mußte, nicht zutraute. Die historische Erfahrung der deutschen Offensiven durch die Ardennen 1914 und 1940 spielte bei der Lagebeurteilung nur eine untergeordnete Rolle. Man schätzte die deutschen Treibstoffvorräte als so gering ein, daß sie für eine weitreichende Operation nicht als ausreichend erschienen. Da die Alliierten selbst nördlich und südlich der Ardennen angriffen oder angreifen wollten, glaubten sie die Reserven der Deutschen damit fesseln zu können oder ihnen erst östlich des Rheins zu begegnen. Weil man nicht überall stark sein konnte, war die alliierte Führung bewußt in den Ardennen ein Risiko eingegangen, um mit den dort herausgezogenen Kräften die Angriffe stärken zu können. Das galt sowohl für Eisenhower wie für Bradley, die später die Verantwortung für dieses Risiko auf sich nahmen, sich allerdings auch vorwerfen lassen mußten, die dadurch für die gesamte Front entstehende Gefahr überhaupt nicht oder nicht richtig eingeschätzt zu haben.

Als sich Anfang Dezember 1944 doch ein deutscher Angriff in den Ardennen abzuzeichnen begann und sogar das Angriffsziel Antwerpen genannt wurde, gelang es den G2-Offizieren auf allen Ebenen nicht, ihre Führer von dieser Gefahr zu überzeugen und sie zu Gegenmaßnahmen zu veranlassen. So spielte Feldmarschall Montgomery am 16. Dezember 1944 in Eindhoven in aller Ruhe eine Runde Golf. Sein Stabschef befand sich

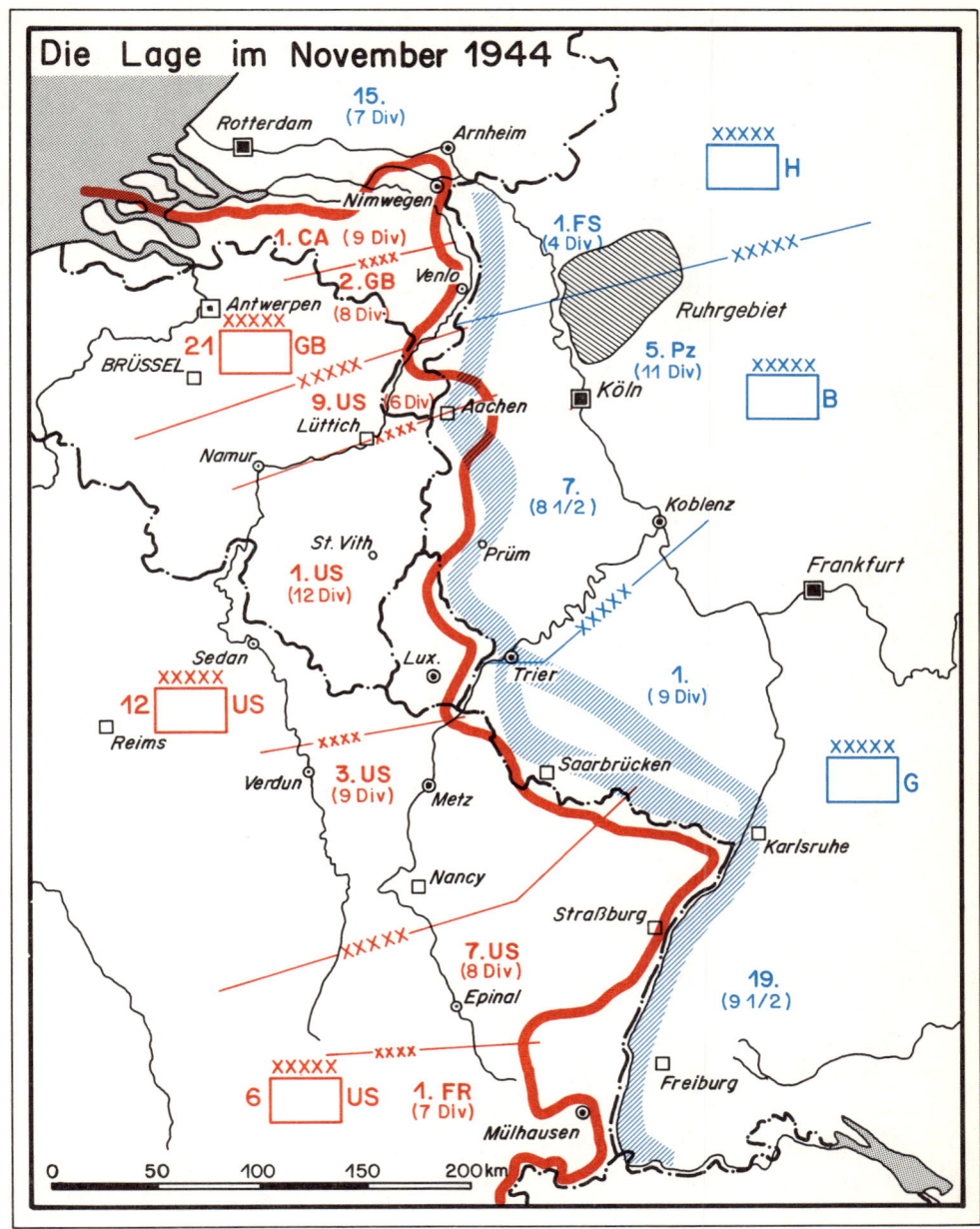

Die Lage im November 1944

15.
(7 Div)

Rotterdam · Arnheim

XXXXX H

Nimwegen

1. CA (9 Div)

1.FS
(4 Div)

XXXXX

Venlo

2. GB
(8 Div)

Antwerpen

XXXXX

21 GB

BRÜSSEL

Ruhrgebiet

5. Pz
(11 Div)

XXXXX B

9. US (6 Div)

Aachen

Köln

Lüttich

XXXXX

Namur

7.
(8 1/2)

St. Vith

Prüm

Koblenz

Frankfurt

1. US
(12 Div)

Sedan

Lux.

Trier

1.
(9 Div)

XXXXX US

12 US

Reims

Verdun

3. US
(9 Div)

Metz

Saarbrücken

XXXXX G

Karlsruhe

Nancy

Straßburg

7. US
(8 Div)

XXXXX

19.
(9 1/2)

Epinal

XXXXX US

6 US

1. FR
(7 Div)

Freiburg

Mülhausen

0   50   100   150   200km

Quelle: Ellis, Victory II, S. 166.

167

in England. Eisenhower und Bradley saßen in Versailles am Bridgetisch und freuten sich über die soeben vom Senat ausgesprochene Beförderung des ersteren zum Fünf-Sterne-General. Die unmittelbar in den Ardennen betroffenen amerikanischen Soldaten, die ihren Frontabschnitt ohnehin im Vergleich zu anderen als Idylle empfanden und sich entsprechend verhielten, wurden quasi im Schlaf überrascht, als am 16. Dezember 1944 um 5.30 Uhr die deutsche Artillerie in kaum noch gekannter und geahnter Stärke die Ardennen-Offensive eröffnete.

Die deutsche Offensive hatte als äußerstes Ziel Antwerpen und seinen Hafen, um die alliierten Streitkräfte von dieser Versorgungsbasis wieder abzuschneiden[23]. Sie war fast auf der Naht der britischen Armeegruppe im Norden und der amerikanischen in den Ardennen und südlich davon angesetzt, um so die Verbündeten zu trennen und den Briten möglicherweise ein zweites »Dünkirchen« zu bereiten. Letztlich hoffte die politische Führung des Deutschen Reiches, durch diesen Schlag an der Westfront die in ihrem Urteil kriegsmüden und uneinigen Westalliierten zu einem vorteilhaften Separatfrieden bringen und anschließend mit allen Kräften an der Ostfront auftreten zu können. Die militärischen Führer, die Generalfeldmarschälle von Rundstedt und Model, betrachteten die für die Aufgabe verfügbaren Kräfte als zu schwach und schlugen eine »kleinere Lösung« vor: die Einschließung und Vernichtung wesentlicher alliierter Kräfte östlich der Maas. Dies lehnte Hitler ab. Das erste Ziel des deutschen Angriffs blieben aber in jedem Fall wichtige Übergänge über die Maas.

In ungewöhnlicher Weise hatten das Oberkommando der Wehrmacht und Hitler die Operation durch Kräfteansatz und Ziele »unabänderlich« festgelegt[24]. Trotzdem waren die Anfangsvoraussetzungen nicht schlecht. Im Angriffsraum besaßen die Deutschen mit drei Armeen zu insgesamt 5 Panzer- und 13 Infanteriedivisionen eine beträchtliche Überlegenheit. Durch strikte Geheimhaltung und großangelegte Täuschungsmanöver gelang eine vollständige taktische Überraschung. Bewußt war der Angriff in das deckungsreiche Gelände der Ardennen und in eine Schlechtwetterperiode gelegt worden, um die alliierte Luftüberlegenheit auszuschalten. Da man das Gelände z.T. von der Offensive des Jahres 1940 her kannte, hoffte man, die Schwierigkeiten, die es für motorisierte und gepanzerte Truppen bot, ebenso wie damals gut überwinden zu können.

168

Die erste Phase der alliierten Abwehroperationen etwa bis zum 19. Dezember war bestimmt durch unkoordinierte Aktionen der örtlich eingesetzten Truppen und ihrer Führer, die erst langsam auf der Ebene der Armeegruppen und von SHAEF zusammengefaßt wurden. Es war dies das Ergebnis der völligen Überraschung, der Zerstörung fast aller Fernmeldeverbindungen, der ungünstigen Dislozierung des vorgeschobenen Hauptquartiers der 12. Armeegruppe in Luxemburg und von SHAEF in Versailles. Zudem veranlaßte das Gerücht, die Deutschen hätten Kommandotrupps angesetzt, um höhere alliierte Führer auszuschalten, Eisenhower und Bradley dazu, tagelang in ihren jeweiligen Hauptquartieren zu bleiben, während Montgomery auf diese Nachricht hin seinen Befehlswagen mit dem größten erreichbaren »Union Jack« ausstaffierte und mit einer Motorradeskorte von acht Mann durch die rückwärtige und vordere Kampfzone bis zu den Korps fuhr[25].

Trotzdem wurde in diesen ersten Tagen der Grundstein für die erfolgreiche Abwehr der deutschen Offensive gelegt. Da der Angriff mit Rücksicht auf das schwierige Gelände zuerst mit Infanteriekräften und nicht, wie von den Amerikanern überall und immer gefürchtet, mit Panzern geführt wurde, konnte sich der Widerstand der amerikanischen Infanteristen, so vereinzelt und unkoordiniert er auch geleistet wurde, unterstützt durch günstige Geländeabschnitte stark verzögernd auswirken. Das deutsche Angriffsverfahren bestärkte allerdings die höhere Führung zunächst in dem irrigen Glauben, es nur mit örtlichen Gegenangriffen der Deutschen und nicht mit einer großen Offensive zu tun zu haben. Die in den Ardennen eingesetzten amerikanischen Truppen schöpften daraus wiederum den Mut, diesen Angriffen allein und wirkungsvoll zu begegnen. Nicht in einer mehr oder minder linearen »Hauptkampflinie« organisiert, wie es die deutschen »Operateure« gewohnt waren, sondern in einem tiefer gestaffelten Netz von Kampfstellungen verteidigten sie oft bis zum letzten Mann Straßenkreuzungen und -engen, Flußübergänge und Brücken. Schon am ersten Tag geriet dadurch der deutsche Angriff in Zeitverzug. Es konnte bald nicht mehr die Rede davon sein, am zweiten Tag abends die Maasübergänge gewonnen zu haben, wie es den deutschen Führern vorschwebte. Generalfeldmarschall von Rundstedt betrachtete am 17. Dezember 1944 abends den Angriff der 6. Panzerarmee nach Nordwesten schon als gescheitert, da das Höhengelände bei Elsenborn und der Hohen Venn nicht genommen werden konnte.

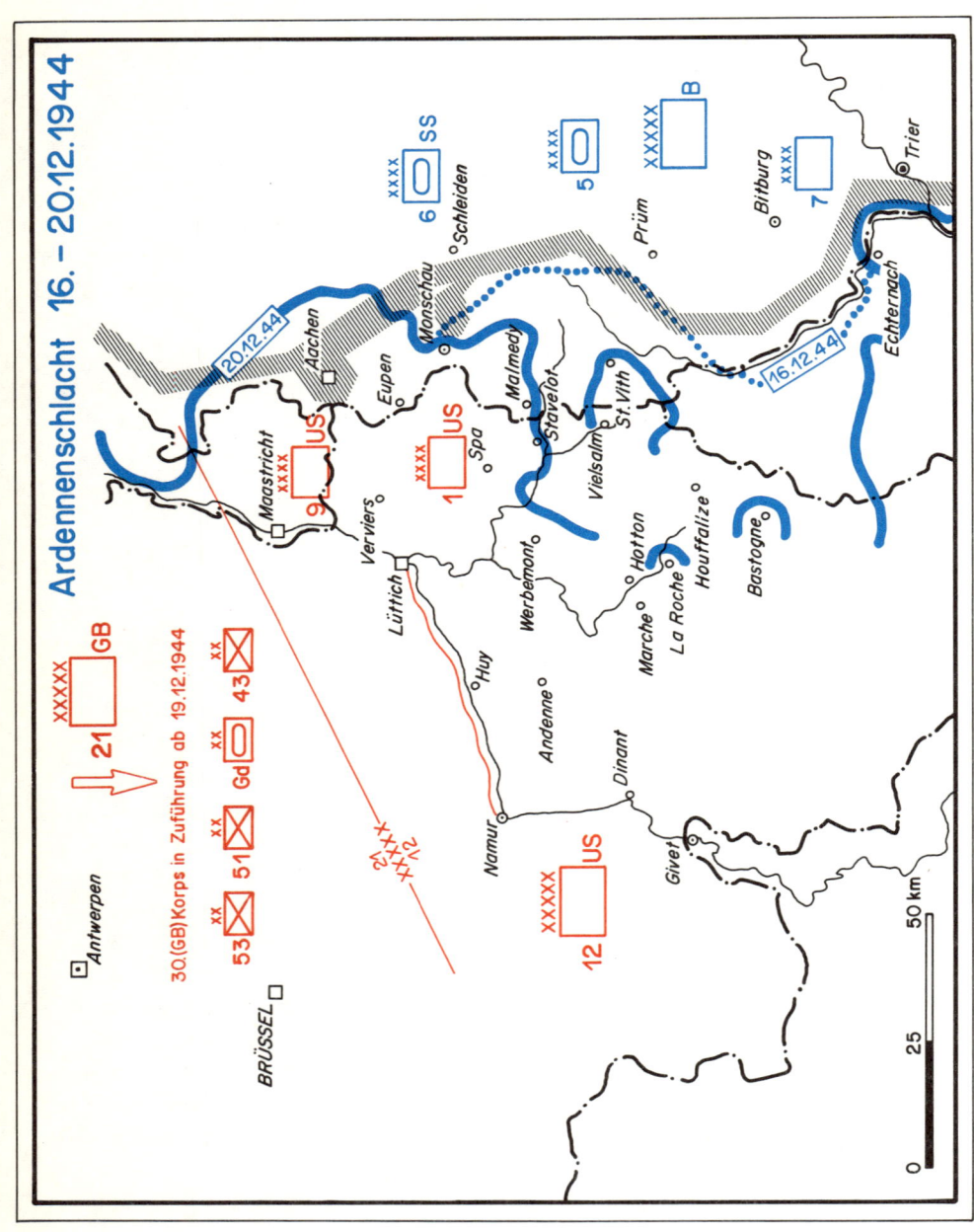

Ardennenschlacht 16. – 20.12.1944

Antwerpen

BRÜSSEL

21 GB

30.(GB)Korps in Zuführung ab 19.12.1944

43 xx

Gd xx

51 xx

53 xx

9 US xxxx

1 US xxxx

12 US xxxxx

6 SS xxxx

5 xxxx

B xxxxx

7 xxxx

Maastricht

Aachen

Eupen

Verviers

Spa

Lüttich

Huy

Andenne

Namur

Givet

Dinant

Monschau

Schleiden

Malmedy

Stavelot

Vielsalm

St. Vith

Werbemont

Hotton

Marche

La Roche

Houffalize

Bastogne

Prüm

Bitburg

Trier

Echternach

20.12.44

16.12.44

50 km

25

0

Quelle: Hamilton, Monty, S. 183.

Trotz der großen Ungewißheit über das Ausmaß des deutschen Angriffs und seine wahren Ziele ergriffen die Truppen und die angloamerikanische Führung an Ort und Stelle ab 17. Dezember 1944 die Maßnahmen, die in jedem Fall angebracht erschienen. Es galt, den Angriff im Norden und Süden einzudämmen, damit zu kanalisieren und im Einbruchsraum selbst zu behindern und zu verzögern. Durch den Einsatz von zwei Divisionen, die im Süden und Norden des Einbruchs abgezogen werden konnten, wurden die alliierten Stellungen im Raum Echternach verstärkt und der wichtige Straßenknotenpunkt St. Vith gehalten. Klar erkannten die alliierten Führer die Bedeutung von wichtigen Straßenkreuzungen in dem durchschnittenen Gelände der Ardennen. Die einzige Reserve von SHAEF, zwei amerikanische Luftlandedivisionen in Reims, wurde nach Bastogne bzw. Vielsalm westlich von St. Viht in Marsch gesetzt. Sobald es das Wetter erlaubte, wurden die angloamerikanischen Luftwaffen tätig. Am 17. Dezember 1944 konnten bereits 1200 Einsätze vor allem gegen Straßenknoten- und Versorgungspunkte geflogen werden. Im Norden ließ Montgomery ein Korps aus drei Infanterie- und einer Panzerdivision in den Raum nordwestlich der Maas abmarschieren und Vorbereitungen für die Besetzung aller Maasübergänge von Lüttich bis Givet treffen.

Da wichtige Sonderaktionen der Deutschen, wie eine Luftlandung auf dem Hohen Venn und die Wegnahme einiger Maasbrücken durch Sonderkommandos, an technischen Unzulänglichkeiten und den Unbilden des Wetters scheiterten, war schon jetzt absehbar, daß der deutsche Angriff nur mit großen Schwierigkeiten überhaupt die Maas erreichen würde. Er drang nach Westen in der Tat nur noch bis wenige Kilometer vor den Maasübergang bei Dinant durch, blieb nach Nordwesten bei der im Schwerpunkt angesetzten 6. Panzerarmee aber in der Linie Elsenborn—Malmedy—Grandmenil—Marche am 23. Dezember liegen. Hier mußte zur Verteidigung übergegangen und der Schwerpunkt nach Süden verlegt werden. Diese Entwicklung kündigte sich um den 20. Dezember schon an, da es bereits zu diesem Zeitpunkt den Angloamerikanern gelungen war, den deutschen Angriff einzuengen, zu verzögern und vom eigentlichen Ziel abzubringen.

Was nun von der angloamerikanischen Führung erwartet werden mußte, war ein Plan, den Angriff endgültig zu stoppen und zurückzuschlagen. Am 19. Dezember wurden dazu die Weichen gestellt, denn erst nach

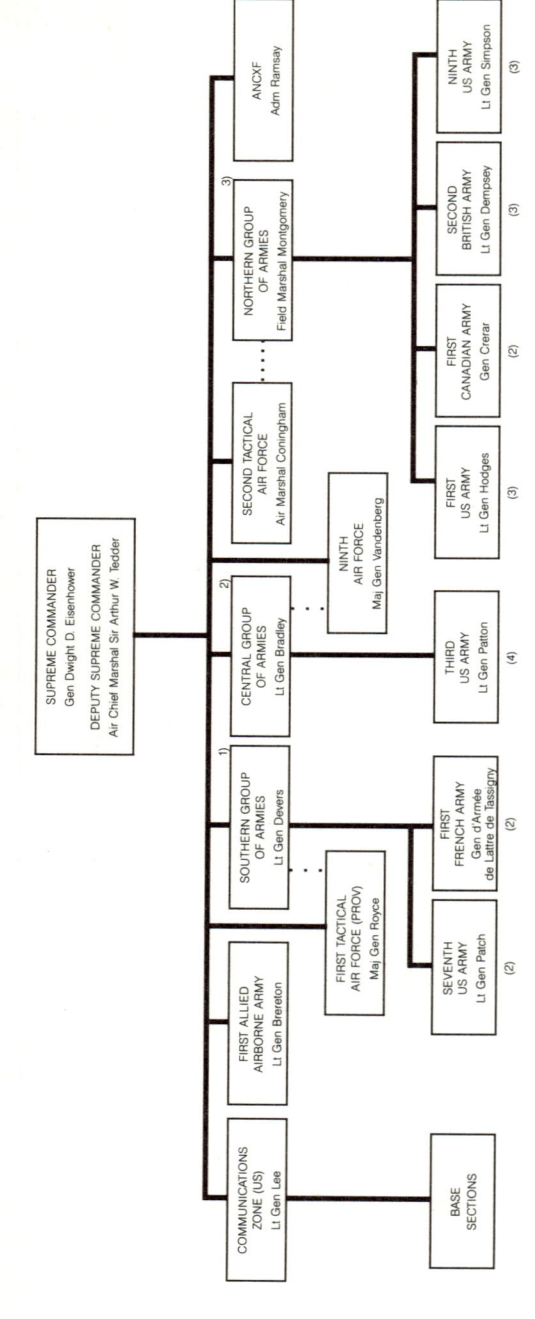

Operational Chain of Command, AEF
18. Dezember 1944

SUPREME COMMANDER
Gen Dwight D. Eisenhower
DEPUTY SUPREME COMMANDER
Air Chief Marshal Sir Arthur W. Tedder

ANCXF
Adm Ramsay

NORTHERN GROUP OF ARMIES [3]
Field Marshal Montgomery

SECOND TACTICAL AIR FORCE
Air Marshal Coningham

CENTRAL GROUP OF ARMIES [2]
Lt Gen Bradley

SOUTHERN GROUP OF ARMIES [1]
Lt Gen Devers

FIRST ALLIED AIRBORNE ARMY
Lt Gen Brereton

COMMUNICATIONS ZONE (US)
Lt Gen Lee

NINTH AIR FORCE
Maj Gen Vandenberg

FIRST TACTICAL AIR FORCE (PROV)
Maj Gen Royce

NINTH US ARMY [3]
Lt Gen Simpson

SECOND BRITISH ARMY [3]
Lt Gen Dempsey

FIRST CANADIAN ARMY [2]
Gen Crerar

FIRST US ARMY [3]
Lt Gen Hodges

THIRD US ARMY [4]
Lt Gen Patton

FIRST FRENCH ARMY
Gen d'Armée
de Lattre de Tassigny [2]

SEVENTH US ARMY
Lt Gen Patch [2]

BASE SECTIONS

172

1) 6 Army Group
2) 12 Army Group
3) 21 Army Group
(2) Zahl der Korps
Quelle: Pogue, Supreme Command, S. 379

drei Tagen erkannte man bei SHAEF das ganze Ausmaß der deutschen Anstrengungen. Bis zu diesem Zeitpunkt gab es gravierende Unterschiede bei der Einschätzung des deutschen Angriffs nach Ausmaß und Ziel. Eisenhower war von Anfang an geneigt, an eine großangelegte Offensive zu glauben. Bradley und Patton dachten eher an örtlich begrenzte Angriffe. Allgemein herrschte aber Befriedigung darüber, daß die Deutschen ihre eher defensive Kampfweise aufgegeben hatten und ihr Angriff Gelegenheit bot, ihnen eine Niederlage beizubringen.

Eine am 18. Dezember 1944 von Eisenhower erlassene Weisung ging noch davon aus, daß der deutschen Offensive sofort mit eigenen Angriffen nördlich der Mosel auf Bonn—Köln und nördlich der Ardennen zwischen Maas und Rhein begegnet werden könnte. Immerhin wurde die Sicherung der Maas-Linie ins Auge gefaßt[26]. Am 19. Dezember 1944 trafen sich Eisenhower und Bradley in Verdun, dem rückwärtigen Hauptquartier der 12. Armeegruppe. Hier nun gab Eisenhower die Weisung aus, im Norden des Einbruchsraumes zu halten und von Süden einen Gegenangriff zu führen.

Der 3. U.S. Armee unter General Patton wurde deshalb befohlen, den Angriff auf die Saar einzustellen, mit sechs Divisionen nach Norden abzudrehen und einen Angriff auf die linke Flanke des deutschen Einbruchsraumes bei Bastogne zu führen. Patton, der von seinem Hauptquartier in Nancy aus die deutsche Offensive erheblich unterschätzte, wehrte sich zunächst energisch gegen diesen Befehl, wurde aber von Eisenhower in seine Schranken gewiesen. Die Debatte zwischen Eisenhower und Patton darüber, ob bei diesem Angriff der Schnelligkeit oder der Kampfkraft der Vorzug zu geben sei, entschied Patton für sich und seine Auffassung, daß möglichst schnell, dann aber nur mit drei Divisionen anzugreifen sei.

Die nächste Entscheidung betraf Bradley. Da er von seinem vorgeschobenen Hauptquartier in Luxemburg die 1. und 9. U.S. Armee in und nördlich der Ardennen seit dem 16. Dezember 1944 kaum geführt hatte, wurden sie am 20. Dezember 1944 der Armeegruppe unter Feldmarschall Montgomery unterstellt. Der 2. Taktischen Luftwaffe, die der 21. Armeegruppe zugeordnet war, wurden gleichzeitig große Teile der 9. Taktischen Luftwaffe, die die 12. Armeegruppe unterstützte, zugewiesen. Die Grenze zwischen der 21. Armeegruppe im Norden und der 12. Armeegruppe im Süden verlief nun von Givet über St. Vith nach Prüm.

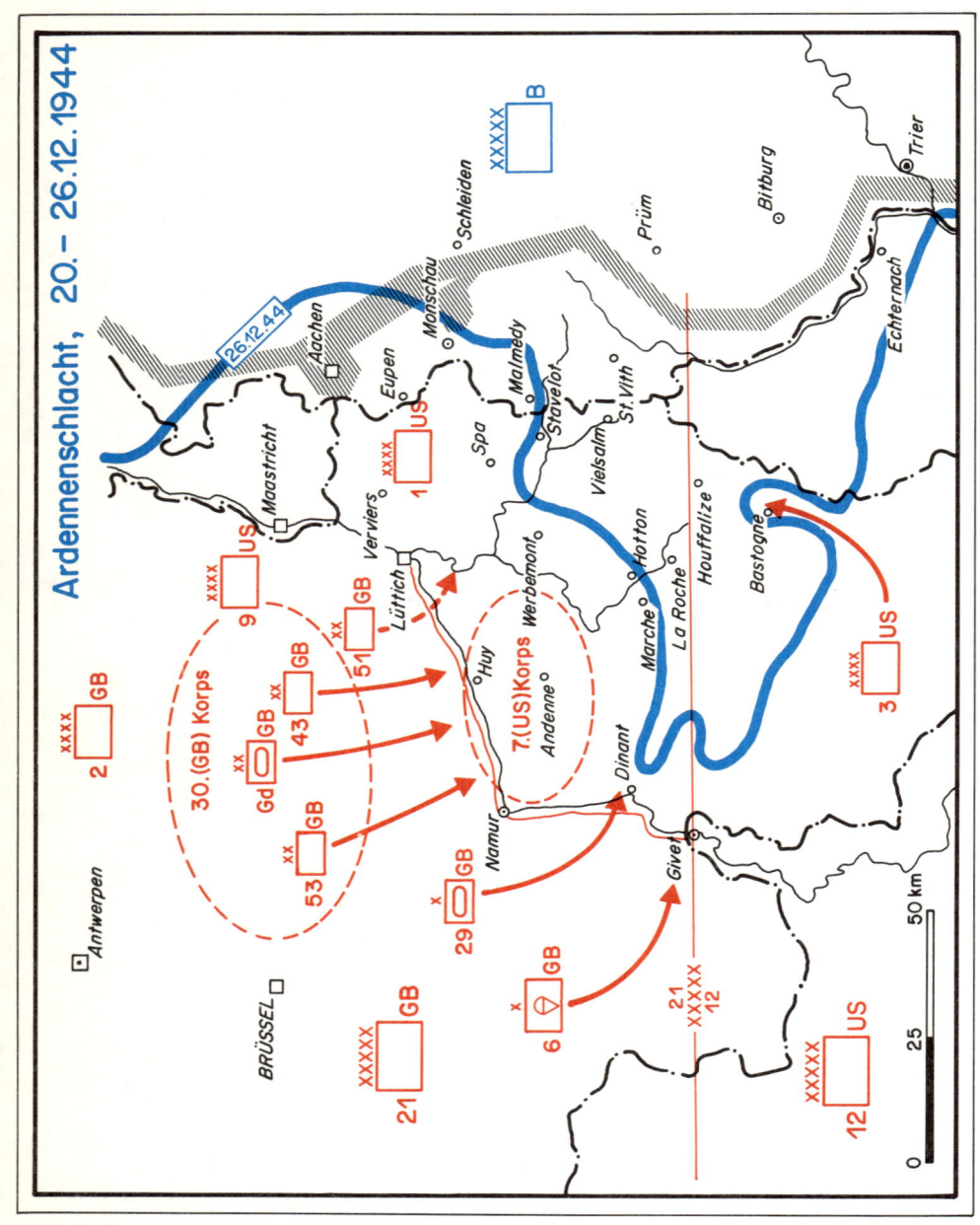

Ardennenschlacht, 20. – 26.12.1944

Antwerpen

BRÜSSEL

Maastricht

Aachen

Eupen

Verviers

Lüttich

Huy

Andenne

Namur

Dinant

Givet

Monschau

Schleiden

Malmédy

Stavelot

Spa

St. Vith

Vielsalm

Werbemont

Hotton

Marche

La Roche

Houffalize

Bastogne

Prüm

Bitburg

Echternach

Trier

Antwerpen

26.12.44

B

1 US (xxxx)

9 US (xxxx)

51 GB (xx)

43 GB (xx)

Gd GB (xx)

53 GB (xx)

30. (GB) Korps

7. (US) Korps

29 GB (x)

6 GB (x)

2 GB (xxxx)

21 GB (xxxxx)

21 / 12 (xxxxx)

12 US (xxxxx)

3 US (xxxx)

50 km

25

0

174

Quelle: Hamilton, Monty, S. 215.

Dieser Umbau der Führungsorganisation wurde auf Weisung Eisenhowers vor den Deutschen, aber mehr noch vor der amerikanischen Öffentlichkeit geheimgehalten und war zeitlich begrenzt gedacht. Montgomery erhielt auch nur die operative Führung übertragen, während die Versorgung und alle übrigen truppendienstlichen Belange bei der 12. Armeegruppe verblieben[27]. Trotzdem war das Operationsfeld der Ardennen damit in eine nördliche Hälfte unter britischer Führung und eine südliche unter amerikanischer geteilt. Eisenhower gelang es in der Folge nur schlecht, beide zu koordinieren. Einfluß hatte er eigentlich nur auf Bradley und Patton im Süden, während Montgomery im Norden seine eigenen Pläne verfolgte und bis an den Rand eines völligen Zerwürfnisses mit Eisenhower dessen Weisungen schlicht »übersah«.

»Monty«, der am 20. Dezember durch die Mitteilung der Kommandoübertragung zum ersten Mal seit dem Beginn des deutschen Angriffs wieder persönlich über eine schlechte Telefonverbindung etwas von seinem Oberbefehlshaber hörte, war in Hochstimmung und sofort in seinem Element. Nicht nur hatten sich die Amerikaner in den Ardennen eine »blutige Nase« geholt, weil sie nicht das für richtig gehalten und gemacht hatten, was er immer wieder vorgeschlagen hatte, sondern der deutsche Angriff hatte ihm zu dem immer geforderten Kommando über vier Armeen und der Schwerpunktbildung im Norden verholfen[28]. General Bradley blieb allein die 3. U.S. Armee. »Montys« Devise für die Erledigung des Ardenneneinbruchs war kurz und lapidar: »My policy [...] is [...] to ensure absolute security before passing over to offensive action[29].« Wann und wo er zur Offensive übergehen werde, wollte er dabei allein entscheiden. Wenn Eisenhower Montgomery das Kommando im Norden in der Hoffnung übergeben hatte, daß nun unverzüglich britische und kanadische Kräfte, die die einzige größere Reserve von SHAEF darstellten, in Richtung Ardennen eingesetzt werden würden, so sah er sich alsbald getäuscht. Montgomery dachte anders. Für ihn galt es, die Deutschen in den Ardennen nur festzuhalten, mit der Luftwaffe und Artillerie zusammenzuschießen, um dann im Norden der Ruhr an ihnen vorbeizustoßen und endlich zu dem eigenen Offensivschlag auszuholen.

Als Ergebnis der immer noch offenen Kontroverse zwischen den operativen Ideen der »breiten Front« und des »einzelnen Stoßes« standen sich damit wiederum zwei operative Konzepte als unterschiedliche Antworten auf die deutsche Ardennenoffensive gegenüber. Denn Eisenhower

175

wollte nur in einer einfachen Zangenbewegung von Süden (3. U.S. Armee) und Norden (21. Armeegruppe) den Einbruchsraum teilen und nach Osten eindrücken[30]. Nicht nur er, sondern auch Bradley und Patton brannten darauf, die erlittene Niederlage postwendend in einen Sieg zu verwandeln. Die weitergehenden operativen Ideen »Montys« stießen auf rein taktische Überlegungen der Amerikaner, denen ein ordinärer Sieg als Revanche genügte, während »Monty« ein operativ-strategischer Enderfolg vor Augen schwebte. Da ein Gedankenaustausch über diese unterschiedlichen operativen Ansichten zunächst zwischen den verantwortlichen Führern nicht stattfand, plante und führte jeder auf seiner eigenen konzeptionellen Grundlage.

Im Süden hielten die Amerikaner mit wahrem Heldenmut gegen wachsenden deutschen Druck Bastogne, das seit dem 21. Dezember 1944 eingeschlossen war und aus der Luft versorgt werden mußte. Die 3. U.S. Armee kämpfte sich mühsamer, als von Patton erwartet, von Süden kommend nach Bastogne durch, das am 26. Dezember 1944 entsetzt wurde. Mehr als ein schmaler Versorgungskorridor konnte aber zunächst nicht geschaffen werden. Weitere Gegenangriffe über Bastogne hinaus waren mit den erschöpften Truppen, die einen Marsch und Angriff von ca. 100 km in vier Tagen hinter sich hatten, nicht möglich. So schauten die Amerikaner sehnsüchtig nach Norden. Von dort erwartete man Montgomery mit seinen umfänglichen Reserven.

»Monty« organisierte aber in aller Ruhe die 1. und 9. U.S. Armee um und nahm am 22./23. Dezember 1944 die Front bei St. Vith zurück. Er gewann durch diese Maßnahmen eine Reserve von vier Divisionen (VII. US Corps), die im Raum nordwestlich von Marche—Hotton bereitgehalten wurde mit dem ausdrücklichen Befehl, jede Kampfhandlung zu vermeiden. Hinter diesem ersten Sicherheitskordon marschierte nördlich und westlich der Maas das 30. britische Korps mit vier Divisionen auf. Eine britische Division wurde als Reserve für die 1. U.S. Armee abgeordnet. Zwei Brigaden sicherten die Maasübergänge bei Givet und Dinant, denen sich die deutschen Truppen auf Sichtweite genähert hatten.

Hatte dieses »unnötig defaitistische« Verhalten des Briten, besonders die Zurücknahme der Front, obwohl sie von Eisenhower angeraten worden war, die amerikanischen Führer schon in Aufregung versetzt, so brachte sie die anschließende Untätigkeit an der »Nordfront« fast zur Verzweiflung[31]. Gegen den Willen »Montys« wurden am 25./26. Dezember 1944 die weit vorgestoßenen deutschen Panzerspitzen vor Dinant, die dort wegen Treibstoffmangels z.T. festlagen, durch einen Angriff von Teilen des VII. U.S. Korps und der 29. britischen Panzerbrigade eingeschlossen und im Zusammenwirken mit der Luftwaffe vernichtet. Außer dieser fast aufgezwungenen Aktivität hielt »Monty« die ihm unterstellten Heeresverbände in eiserner Ruhe, um sie, wie er sagte, neu zu organisieren, aufzufrischen und für einen Gegenangriff »fit« zu machen. Außerdem glaubte er, nachdem der Angriff der 3. U.S. Armee am 26. Dezember liegengeblieben war, die Deutschen würden in einem letzten Verzweiflungsangriff versuchen, durch die Front im Norden durchzubrechen, und er werde es dann mit beiden deutschen Panzerarmeen zu tun bekommen. Den später auch von Montgomery vorgesehenen Gegenangriff sollten, wie immer deutlicher wurde, auch nur amerikanische Truppen führen. Großzügig wollte »Monty« den Amerikanern die »show« überlassen, um die britischen Kräfte für den folgenden entscheidenden Angriff über den Rhein zu schonen.

Daß diese unkoordinierten Operationen zu Lande keine schlimmen Folgen für die Angloamerikaner insgesamt hatten, war den Versorgungsschwierigkeiten der Deutschen und den angloamerikanischen Luftwaffen zuzuschreiben. Seit dem 23. Dezember herrschte bestes Flugwetter. Die z.T. wegen schlechter Bodenverhältnisse auf Straßen angewiesenen deutschen Truppen wurden von den Angloamerikanern mit dem größten Luftwaffeneinsatz seit der Invasion in den Ardennen zusammengebombt. Ihre Logistik wurde bis weit auf das Reichsgebiet zerschlagen. Vom 17. bis zum 27. Dezember flogen die sechs angloamerikanischen Luftwaffenkommandos im Durchschnitt jeden Tag fast 3000 Einsätze. Die deutsche Luftwaffe hatte dem wenig entgegenzusetzen. 500 Einsätze pro Tag stellten die Alliierten fest. Die größte Anstrengung, mit der am 1. Januar 1945 durch ca. 900 Flugzeuge die frontnahen Einsatzflughäfen der Alliierten zerstört werden sollten, brachte nur einen relativen Erfolg. Die deutschen Verluste waren am Ende höher als die alliierten und nicht mehr zu ersetzen. Im Gegensatz zu den Schwierigkeiten, die Landoperationen zu koordinieren, klappte die Zusammenarbeit von drei amerikanischen und drei britischen Luftwaffenkommandos fast perfekt. Im deutschen Urteil war der Fehlschlag der Ardennenoffensive zum größten Teil auf die absolute Luftüberlegenheit der Alliierten zurückzuführen.

Durch zwei Besprechungen mit Montgomery versuchten Bradley und Eisenhower, die Operationen gegen den deutschen Einbruch in den Ardennen in ihrem Sinn zu koordinieren. Am 25. Dezember 1944 trafen sich zunächst Montgomery und Bradley, die beiden Armeegruppenbefehlshaber, im Taktischen Hauptquartier der 21. Armeegruppe in Zonhoven und am 28. Dezember 1944 Eisenhower und Montgomery in Hasselt. Bradley wünschte einen sofortigen Angriff mit allen verfügbaren Kräften von Norden zur Entlastung der Truppen um Bastogne und zur Unterstützung des Angriffs mit der 3. U.S. Armee nach Norden. Montgomery hielt ihm eine längere Vorlesung über die operativen und taktischen Versäumnisse der Amerikaner in der Vergangenheit und erklärte anschließend, er könne nicht zur Offensive übergehen. Die Alliierten seien noch zu schwach dazu, besonders die abgekämpften und von Infanterie entblößten amerikanischen Divisionen. Man solle warten, bis sich der deutsche Angriff weiter »gestreckt« habe, und inzwischen die Luftwaffen wirken lassen[32]. Seinen eigentlichen Plan einer großen Offensive über den Rhein, für den seine Kräfte aufgespart werden sollten, enthüllte Montgomery nicht.

Bradley empfand das Vorgehen Montgomerys, der ihn wie einen »Schuljungen« behandelt hatte, als persönliche Demütigung. Er verlangte umgehend von Eisenhower, daß ihm die beiden amerikanischen Armeen wieder unterstellt würden. Unter Umgehung »Montys« schrieb er anschließend an den amerikanischen Befehlshaber der 1. U.S. Armee, es dürften keine Geländeteile mehr preisgegeben werden, und es müsse so schnell wie möglich zum Gegenangriff übergegangen werden[33]. Das Verhältnis der beiden Armeegruppenführer Eisenhowers war fortan tief gestört, um nicht zu sagen vergiftet. Eine gedeihliche Zusammenarbeit schien kaum noch möglich und konnte nur mit Mühe von Eisenhower zuwege gebracht werden. Jede der beiden Armeegruppen betrachtete sich fortan als »unabhängige Organisation«[34].

Am 28. Dezember bemühte sich Eisenhower, den britischen Feldmarschall in die amerikanisch inspirierten Gegenangriffspläne von SHAEF einzuspannen. Die Besprechung endete in einem ähnlichen Fiasko. Immerhin traten die beiden operativen Vorstellungen nun unverhüllt zutage. Montgomery reklamierte einen »strategischen Sieg«, der ihm in den Ardennen nicht möglich schien[35]. Deshalb war er allenfalls bereit, hier einen begrenzten Gegenangriff mit der 1. und 3. U.S. Armee zuzulassen, der als Ziel nicht St. Vith haben sollte, wie die 12. Armeegruppe unter Bradley plante, sondern sich nur auf Houffalize richten sollte. Über den Beginn des Gegenangriffs der 1. U.S. Armee und den Einsatz britischer Truppen dabei verweigerte Montgomery jede Diskussion. In einem Brief vom 29. Dezember 1944 an Eisenhower machte »Monty« seinen operativen Standpunkt noch einmal klar:

»I am absolutely convinced that the key to success lies in: (a) *all* available offensive power being assigned to the northern line of advance to the Ruhr. (b) A sound set-up for command, and this implies one man directing and controlling the whole tactical battle on the northern thrust[36].«

Unvereinbar stand dem die Meinung Eisenhowers entgegen, der einen »taktischen Sieg« im Einbruchsraum erzielen wollte und als Richtlinie von SHAEF ausgab, »that our one object must be to break through the enemy, get inside the salient and move East along the enemy's supply lines«[37]. Ziel dieser Operation sollte es vor allem sein, die gepanzerten Kräfte der Deutschen im Einbruchsraum zu zerschlagen. Deshalb mußte so schnell wie möglich angegriffen werden, damit sie nicht nach dem nun auch der deutschen Führung sichtbaren Fehlschlag der Offensive abgezogen würden.

Eisenhower, der inzwischen eine Delegation von Offizieren seines Stabes in Moskau avisiert hatte, um die geplante sowjetische Winteroffensive zur Entlastung der Westfront anzumahnen, wollte die operative Kontroverse erneut vor die »Combined Chiefs of Staff« bringen und sie zu einem »show down« zwischen sich und »Monty« machen. Insgeheim sondierten die Amerikaner bei der britischen Regierung nach einem Ersatz für den unbotmäßigen »Monty«. So unter Druck gesetzt, erklärte sich Montgomery bereit, nun endlich den weiteren Gegenangriff der 3. U.S. Armee durch Maßnahmen der 21. Armeegruppe zu unterstützen. Der Angriff des VII. U.S. Korps auf Houffalize wurde vom 4. auf dem 3. Januar 1945 vorverlegt. Da die 3. U.S. Armee schon am 31. Dezember 1944 angetreten war, verhalf diese mangelnde Koordinierung zwischen den beiden Armeegruppen der deutschen Seite zu der Gelegenheit, auf der inneren Linie Schläge nacheinander gegen Süden und Norden zu führen. Der Angriff der 3. U.S. Armee blieb daher am 4. Januar 1944 zunächst wieder liegen. »Monty« mußte Teile des 30. britischen Korps zusätzlich von Westen antreten lassen. Am 13. Januar 1945 begann dazu der Angriff des XVIII. U.S. Korps von Norden auf St. Vith.

Zusätzliche Schwierigkeiten bereitete den Alliierten ein deutscher Angriff im Elsaß, der am 31. Dezember 1944 zur Entlastung der Ardennenfront begann. Die 6. Armeegruppe, die fast den ganzen Raum für die abgezogene 3. U.S. Armee mitübernommen hatte, konnte nicht zurückgenommen werden, um die Verteidigung zu erleichtern oder gar weitere Kräfte für die Ardennenschlacht freizumachen, weil es sofort wütende Proteste der Franzosen unter de Gaulle hagelte, der keinen Fußbreit eroberten französischen Bodens wieder räumen wollte. So mußte am 10. Januar 1945 der Angriff Pattons zunächst wieder eingestellt werden, weil das schlechte Wetter keine Luftunterstützung erlaubte und eine Division nach dem Elsaß abgegeben werden mußte.

Am 13. Januar 1945 wurde schließlich Houffalize von der 1. U.S. Armee von Norden her erreicht. Zwei Tage später hatten 1. und 3. U.S. Armee hier Kontakt. Der Einbruchsraum war geteilt. Am 8. Januar 1945 hatte auch Hitler das Scheitern seiner Offensive eingesehen und den Befehl zum Rückzug erteilt, den er am 28. Dezember 1944 noch verweigert hatte. In mühsamen und verlustreichen Gefechten kämpften sich die 1. und die 3. U.S. Armee durch die Ardennen, bis sie am 28. Januar 1945 ungefähr wieder die Frontlinie vom 16. Dezember 1944 erreichten. Erleichtert wurden diese Kämpfe zum Teil durch den Abzug deutscher Truppen, die nun nach dem Beginn der sowjetischen Offensive am 12. Januar 1945 im Osten gebraucht wurden. Auch der deutsche Angriff im Elsaß mußte am 25. Januar 1945 eingestellt werden. Am 31. Januar 1945 beendete das Alliierte Hauptquartier offiziell die Operationen zur Rückgewinnung der Ardennen.

Der »entscheidende Erfolg«, den Eisenhower am 18. Januar 1945 in der Abwehr der deutschen Ardennen-Offensive und mit seiner eigenen Offensive an gleicher Stelle noch gefordert hatte, blieb aus[38]. Schon im Ansatz war der alliierte Gegenangriff wenig erfolgversprechend. Montgomery wollte eigentlich nur an der Spitze des Einbruchsraumes angreifen, um die deutschen Truppen hier festzuhalten und dann im Norden an ihnen vorbei nach Osten über den Rhein vorzustoßen. Patton wollte den Einbruchsraum an seiner Basis von Norden und Süden abschnüren, um die deutschen Truppen einzukesseln. Die tatsächlich geführte zangenförmige Angriffsbewegung traf dann den Einbruchsraum in der Mitte quasi als Kompromiß aber auch weil die wesentlichen amerikanischenKräfte schon bei Bastogne festgelegt waren und nicht mehr herausgezogen wer-

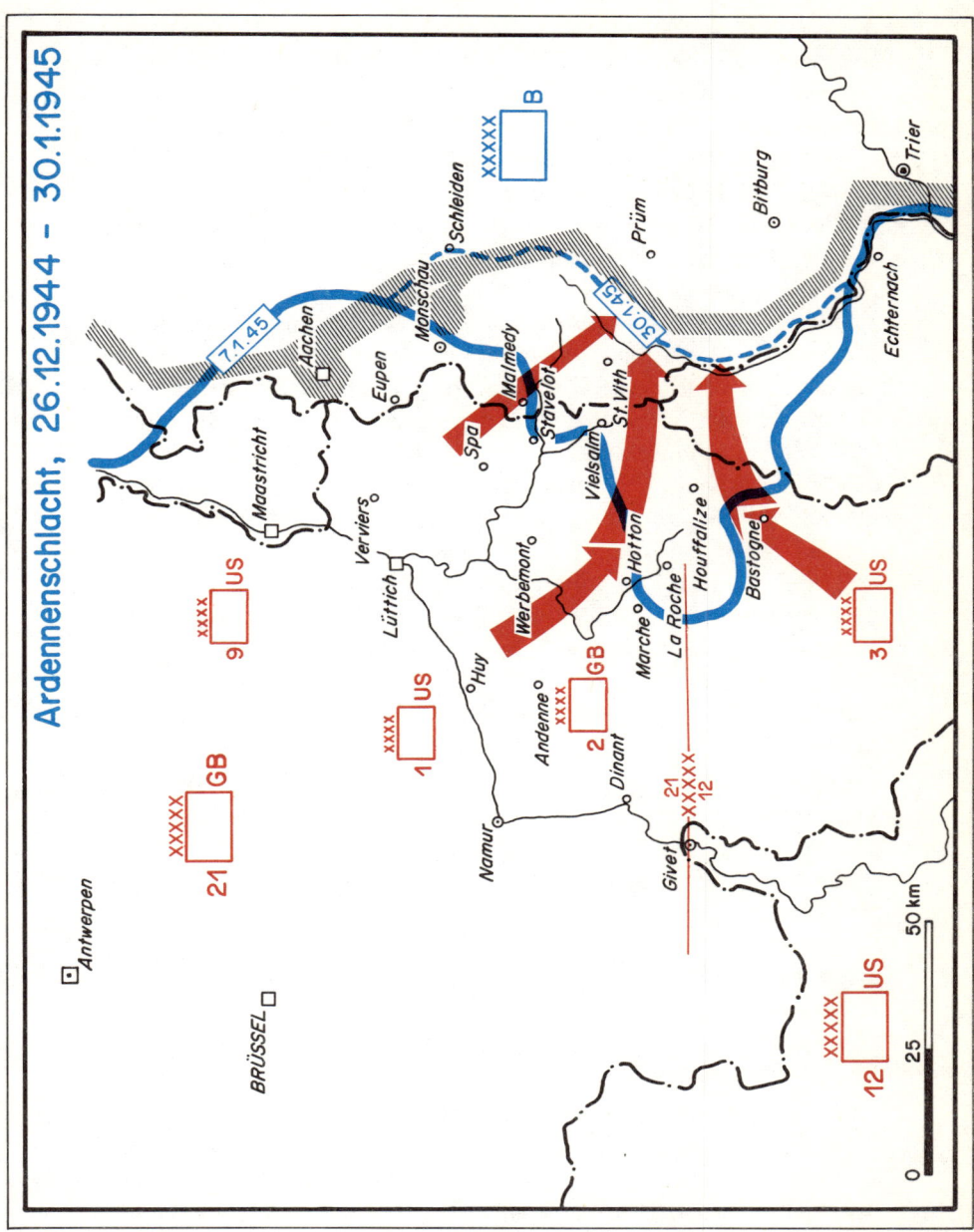

Ardennenschlacht, 26.12.1944 – 30.1.1945

B
XXXX

7.1.45

30.1.45

Trier
Bitburg
Prüm
Schleiden
Monschau
Malmedy
Stavelot
St. Vith
Vielsalm
Echternach
Aachen
Eupen
Spa
Hotton
Houffalize
Bastogne
Werbemont
Marche
La Roche
Maastricht
Verviers
Lüttich
Huy
Andenne
Dinant
Namur
Givet
Antwerpen
BRÜSSEL

US
xxxx
9

US
xxxx
1

GB
XXXXX
21

GB
xxxx
2

US
xxxx
3

US
XXXXX
12

21
XXXXX
12

50 km

25

0

Quelle: Hamilton, Monty, S. 291.

181

den konnten. Im Norden hatte Montgomery seine amerikanischen und britischen Gegenangriffskräfte seiner eigenen Vorstellung folgend ziemlich weit nach Westen an die Spitze des Einbruchsraumes verlegt. Spöttisch bezeichneten deutsche Generale nach dem Krieg den alliierten Gegenangriff als »kleine Lösung« mit Bezug auf die deutsche »kleine Lösung«, die Hitler abgelehnt hatte[39]. So gelang es der deutschen Seite, zunächst ihre Truppen aus dem westlichen Teil des Einbruchsraums herauszuziehen und dann vor den frontal nachdrängenden alliierten Truppen nach Osten auszuweichen. Die größten Verluste verursachten die angloamerikanischen Luftwaffen und der eigene Mangel an Betriebsstoff. Die Verlustzahlen der angloamerikanischen und der deutschen Seite waren fast gleich hoch. Etwa 76 000 Gefallenen, Verwundeten, Vermißten und Gefangenen der Wehrmacht standen 77 000 der angloamerikanischen Streitkräfte gegenüber. Die Zurückhaltung Montgomerys fand ihren Ausdruck in den geringen britischen Verlusten von 1400 Mann.

Die Kontroverse um das richtige, erfolgversprechende Operationskonzept dauerte während der Kämpfe in den Ardennen an und verschärfte sich noch. Am 31. Dezember 1944 erließ SHAEF eine neue Richtlinie für die weiteren Operationen. Der Schwerpunkt lag nun eindeutig nördlich der Ruhr, wo ihn »Monty« haben wollte. Hier sollte die 21. Armeegruppe angreifen, der für diesen Zweck die 9. U.S. Armee unterstellt blieb. Die 12. Armeegruppe wurde mit der 1. und 3. U.S. Armee südlich der Ruhr auf Prüm und Bonn angesetzt. Südlich der Mosel sollten nur »strikt defensive« Operationen von der 6. Armeegruppe geführt werden. Die Koordinierung der beiden nördlich und südlich der Ardennen angreifenden Armeegruppen wurde Montgomery mit letzter Entscheidungskompetenz bei Streitfragen übertragen[40]. Aber lange hatte diese operative Eintracht, die offensichtlich dem Einschwenken Montgomerys auf die Gegenangriffspläne Eisenhowers zu verdanken war, nicht Bestand.

Am 5. Januar 1945 sah sich das alliierte Hauptquartier durch die ständig zunehmenden Gerüchte um einen Kommandowechsel innerhalb der alliierten Streitkräfte schließlich gezwungen, die Unterstellung der 1. und 9. U.S. Armee unter die 21. Armeegruppe offiziell zu bestätigen. Dies erweckte in der amerikanischen Öffentlichkeit schon erhebliches Unbehagen. Am 7. Januar 1945 gab »Monty« in Brüssel eine Pressekonferenz. Er erkannte zwar den Kampfgeist der amerikanischen Soldaten an, aber anschließend geriet ihm die Schilderung des militärischen Geschehens

182

zu einer Selbstbelobigung, die den Eindruck hinterließ, »Monty« habe die Ardennenschlacht allein geschlagen und die Amerikaner »gerettet«[41]. Die gesamte amerikanische Generalität und Öffentlichkeit war völlig fassungslos und empört. In dieser vergifteten Atmosphäre wurden nun entsprechende Führungsentscheidungen getroffen.

Am 13. Januar 1945 zog Montgomery die britischen Truppen aus der Ardennenschlacht zurück, um sie für den Angriff über den Rhein bereitzustellen. Gegenüber dem Direktor für militärische Operationen des »Imperial General Staff« in London übte er vernichtende Kritik an den ganzen Ardennenoperationen und kam zu dem Schluß, man habe gegenwärtig die »strategische Initiative« verloren[42]. Sie wiederzugewinnen, gab es in seinen Augen immer noch nur ein Mittel, die Konzentration auf einen Angriff bei seiner Armeegruppe. Dazu war die operative Richtlinie vom 31. Dezember 1944 noch nicht deutlich genug. Unter Ausschluß aller anderen Angriffe wünschte »Monty« die Unterstellung einer weiteren U.S. Armee für seinen eigenen Angriff, den er dann mit vier Armeen und etwa 30 Divisionen führen wollte. Im Grunde sollte also die am 20. Dezember 1944 in einer Notsituation entstandene Kommandoorganisation erhalten bleiben und die Armeegruppe Bradleys auf eine U.S. Armee und defensive Operationen beschränkt werden.

Dafür aber war nun bestimmt nicht mehr auf die Zustimmung Eisenhowers und Bradleys zu rechnen. Am 16. Januar 1945 wurde die 1. U.S. Armee wieder Bradley unterstellt. Am 18. Januar 1945 bestimmte Eisenhower, daß ein Angriff im Norden erst beginnen könne, wenn er entschieden habe, die Offensive in den Ardennen einzustellen[43]. Montgomery, dem das langsame Vorkämpfen der Amerikaner in den Ardennen längst auf die Nerven ging, versuchte nun eine Entscheidung Eisenhowers herbeizuführen, die Kämpfe einzustellen. Er erreichte das Gegenteil. Eisenhower entschied, daß Bradley »seine Arbeit« in den Ardennen zu beenden habe und vorher an keine anderen Operationen zu denken sei[44]. Daraufhin fuhr »Monty« am 26. Januar 1945 auf Urlaub nach England.

Auf einer Sitzung der »Combined Chiefs of Staff« auf Malta Ende Januar/Anfang Februar 1945 versuchten die Briten noch ein letztes Mal, die operative Grundkonzeption Eisenhowers im Sinne Montgomerys zu ändern. Sie mußten am Schluß froh sein, daß der nördliche Angriff der 21. Armeegruppe, die nun endgültig aus der 1. kanadischen, der 2. britischen und der 9. amerikanischen Armee bestand, nicht zugunsten der anderen beiden Armeegruppen geschwächt wurde. Auf breiter Front wurde schließlich das Deutsche Reich bis zum Mai 1945 überrollt. Alle drei Armeegruppen hatten ihre eigenen Ziele. Der Schwerpunkt der Operationen verschob sich durch die Masse der eingesetzten Kräfte und amerikanisches Interesse zur Armeegruppe von General Bradley, die zum Schluß auf Leipzig angesetzt wurde. Berlin, das Ziel der britischen Planungen, eroberten sowjetische Truppen, denen Montgomery gerade noch den Landzugang nach Schleswig-Holstein verwehren konnte.

Die Alliierten Expeditionsstreitkräfte operierten letztlich weitgehend nach dem amerikanischen Konzept. Feldmarschall Montgomery war und blieb ein scharfer Kritiker der Operationsführung von General Eisenhower. Am 23. November 1944 schrieb er an den »Chief of the Imperial General Staff«, Feldmarschall Alanbrooke: »The whole business is a first class example of the futile doctrine of everybody attacking everywhere with no reserves anywhere[45].« Noch in seinen Memoiren 14 Jahre später finden sich die bitteren Worte: »Aber wenn man sich zu einem Plan entschließt, mag er richtig oder falsch sein, und ihn dann nicht durchführt, so erübrigt sich jede weitere Erörterung. Wir hatten uns entschlossen, ›auf breiter Front‹ zum Rhein vorzurücken, doch was taten wir? Wir rückten in mehreren Fronten an den Rhein, die ohne jeden Zusammenhang waren. Und was taten die Deutschen? Als wir aus dem Gleichgewicht gebracht und übermäßig auseinandergezogen waren, führten sie mit konzentrierter Kraft einen einzigen, starken Stoß gegen die Ardennen, so daß wir fast zu Boden gegangen wären[46].« In der Tat bestand das Operationskonzept der »breiten Front« eher aus »einzelnen, unkoordinierten Stößen«, die alle nach Truppenstärke und Logistik zu schwach waren, irgendetwas Entscheidendes zu bewirken.

Diese Konzeption hat sicherlich die deutsche Ardennenoffensive begünstigt und anschließend ihre Abwehr erschwert, weil es nicht gelang, die Gegenangriffe der beiden angloamerikanischen Armeegruppen nach Zeit und Raum zu koordinieren. Das Ergebnis war ein verlustreiches Nieder- und Zurückkämpfen der deutschen Truppen im Einbruchsraum, das beträchtliche Zeit benötigte. Auch das Ziel Eisenhowers, die deutschen Streitkräfte auf diese Weise noch westlich des Rheins niederzuringen, wurde verfehlt. Vergebens hoffte Eisenhower im November 1944 auf einen deutschen militärischen und politischen Zusammenbruch wie im November 1918. Der Übergang über den Rhein gelang amerikanischen Truppen am 7. März 1945 bei Remagen, Montgomery erst am 24. März bei Wesel. Kriegsende war nicht 1944, sondern erst im Mai 1945.

Montgomerys Konzept blieb Vorschlag und Planung. Ob es das von der britischen Regierung wegen der immer knapper werdenden Ressourcen so sehnlichst gewünschte Kriegsende schneller herbeigeführt hätte, ist fraglich. Für Einsenhower war schon der Fehlschlag des Arnheim-Unternehmens der Beweis, »daß die Idee eines einzelnen, starken Stoßes nach Berlin dumm war«[47]. Es erschien ihm »fantastisch«, mit Truppen, die aus künstlichen Häfen versorgt wurden, nach Berlin marschieren zu wollen[48]. Die G4-Stabsabteilung von SHAEF hielt mit einigen Einschränkungen den Operationsplan Montgomerys von der Logistik her für durchführbar. Eisenhower lehnte »Montys« Vorschlag aber auch deshalb ab, weil ihn sein geringes Vertrauen in »Montys« Fähigkeiten einen Fehlschlag befürchten ließ. Ein »bleistiftartiger« oder »messerscharfer«, schmaler Vorstoß mit einer langen offenen Südflanke schien ihm auch unter rein operativen Gesichtspunkten nicht angebracht[49].

Versucht man, den theoretisch-konzeptionellen Hintergrund der unterschiedlichen operativen Vorstellungen etwas aufzuhellen, so kann man vielleicht folgendes feststellen. Feldmarschall Montgomery war ein »Meister des Gleichgewichts« der mit Vorliebe den Gegner angreifen ließ, um ihn dann aus der »Nachhand« zu schlagen[50]. »Mein Grundsatz ist es gewesen«, erklärte er später, »den Gegner durch Manöver aus dem Gleichgewicht zu bringen und selbst im Gleichgewicht zu bleiben. [...] Ich habe immer versucht, den Feind zu zwingen, seine Reserven auf breiter Front zu verzetteln, um seine Abwehr dann an schwachen Stellen zu durchbrechen. Nachdem ich ihn dazu gezwungen hatte [...], setzte ich die eigenen Reserven auf schmaler Front zu einem harten Schlag ein. Sobald meine Reserven eingesetzt waren, bemühte ich mich darum, neue Reserven zu bilden[51].«

Dieses Verfahren erforderte eine systematische, feste Planung und Führung, wie sie Montgomery in den Schlachten von Alam Halfa, El Alamein und Medenine in Nordafrika und in der Schlacht um die Cotentin-Halbinsel nach der Invasion demonstriert hatte. Von seinem frontnahen Taktischen Hauptquartier, mit Hilfe persönlicher Führung bis auf die Divisionsebene hinab und durch seine Verbindungsoffiziere hatte »Monty« das Geschehen stets fest im Griff, und es lief nichts ohne seine Zustimmung oder sein Wissen. Im operativen Bereich war Montgomery bei aller Vorsicht offensiven Konzepten zugeneigt, wenn dazu ein entsprechender Schwerpunkt mit genügend Reserven gebildet werden konnte. Die Anlage einer Operation erfolgte oft schon mit der Absicht, damit bereits günstige Voraussetzungen für eine folgende zu schaffen. Letztlich legte er größten Wert auf minutiöse, daher oft zeitraubende Vorbereitung aller erforderlichen operativen und logistischen Maßnahmen. Der Begriff »Gleichgewicht« umfaßte so auch ein hohes Maß an personeller und materieller Durchhaltefähigkeit. Wenn die Voraussetzungen zu derartigem taktischen und operativen Handeln gegeben waren oder geschaffen werden konnten, gelang es Montgomery meist, beträchtliche Erfolge bei geringen Verlusten zu erzielen.

Er pflegte darüber hinaus das Image des allein verantwortlichen, truppennahen Führers, der jeden Erfolg vor allem sich selbst zuschrieb. Zweifellos beeindruckten seine militärische Kompetenz, seine klare Lagebeurteilung und die psychologisch richtige Einschätzung seines Gegners sowie eine straffe Befehlsführung viele Untergebene besonders in kritischer Lage, in der er einen unerschütterlichen Optimismus zu verbreiten wußte. Genausosehr fühlten sich aber vor allem gleich und übergeordnete Mitkämpfer von seinem Selbstbewußtsein, seinem Starrsinn und seinen oft skurrilen, rüden Umgangsformen betroffen und abgestoßen.

Die Generale Eisenhower, Bradley und Patton verfolgten im unterschiedlichen Maß eine »kühne und spontane Angriffstaktik«[52]. Sie warfen Montgomery immer wieder vor, er wage kein Risiko einzugehen, wo dies doch ein Element der Kriegführung an sich sei[53]. Verbunden war das offensive Element bei Eisenhower mit »Beweglichkeit« in der Planung und Führung. »Flexibility was Eisenhower's outstanding tactical quality. He never made plans that were set and rigid; he strove to create tactical situations that gave him alternatives[54].« Oder mit den Worten General Pattons: »One does not plan and then try to make circumstances fit these plans. One tries to make plans fit the circumstances[55].« Genau das erstere war eher das Verfahren, nach dem Montgomery vorging, der auch immer schon für die »nächste Schlacht« plante und darüber manche sich plötzlich bietende Gelegenheit ausließ.

Der Gegensatz zwischen einer eher systematischen und einer beweglichen Führung setzte sich mit einiger Logik im organisatorischen Bereich fort. Montgomery forderte einen Befehlshaber für alle Landstreitkräfte der Alliierten Expeditionsstreitkräfte, der unter dem Oberbefehlshaber die Landschlacht im Griff hatte. Eisenhower verband beide Funktionen. Das von ihm durchaus gesehene und auch befürwortete Ergebnis war, daß die drei Armeegruppenführer nun als eigentliche Landesbefehlshaber in je einem Abschnitt der Front von Nimwegen bis Basel wirkten. Ihre Koordinierung im Sinne einer Schwerpunktbildung gelang Eisenhower langfristig und vorausschauend nicht.

Amerikanische Kritik hat schließlich darauf verwiesen, daß dem amerikanischen Heer »eine klare Konzeption der Kriegführung« gefehlt habe. Am Ende »rumpelte« es zum Sieg. »It had enough material resources to spare that it could exhaust the enemy's resources even without adequately focusing its own power for a decisive, head-on battle of annihilation, or exploit its mobility in behalf of a consistent strategy of indirect approach[56].« So ist nicht nur die Ardennenschlacht, sondern der ganze Westfeldzug der Angloamerikaner gekennzeichnet von dem unentschiedenen Nebeneinander einer eher europäischen Operationskonzeption, die Feldmarschall Montgomery vertrat und die auf Schwerpunktbildung durch Konzentration der überlegenen Beweglichkeit und Kampfkraft der Alliierten an entscheidender Stelle setzte, und amerikanischen Vorstellungen, die den Gegner auf breiter Front niederringen wollten, aber sich im Grunde nicht entscheiden konnten, ob das im direkten Ansatz durch die überlegene Kampfkraft oder eher indirekt durch bewegliche Manöver geschehen sollte. Aufgewogen wurden diese grundsätzlichen konzeptionellen Mängel durch ein hohes Maß an Beweglichkeit, Selbständigkeit und Organisationstalent auf allen Führungsebenen der Angloamerikaner. Die erste Phase der Ardennenschlacht ist ein Beispiel dafür, mit welcher Leichtigkeit die schmalen Reserven weiträumig bewegt, Aufträge und Organisationsformen geändert und neuen Lagen angepaßt wurden. Bis zum 19. Dezember 1944 schafften es die alliierten Führer aller Ebenen, im und um den Einbruchsraum durch Umdislozierung die Zahl der Truppen von 90 000 auf 180 000 zu steigern und die eingesetzten Divisionen von 6 auf 14 mehr als zu verdoppeln. Damit war die anfängliche Überlegenheit der deutschen Seite von 200 000 Mann und 18 Divisionen bereits zu einem frühen Zeitpunkt der Schlacht so gut wie ausgeglichen. Erst als diese »defensive Phase« der Schlacht vorüber war, begannen erneut die Schwierigkeiten Eisenhowers mit Montgomery. Denn es traten sofort wieder die unterschiedlichen operativen Ideen zutage[57].

Letztlich beruhte der militärische Erfolg der Alliierten auf der persönlichen Tapferkeit der in den Ardennen eingesetzten amerikanischen Truppen und auf ihrer hohen Kampfkraft, die ihren Rückhalt allerdings in fast unerschöpflichen logistischen, materiellen und technischen Möglichkeiten hatte. Der Kampf der unmittelbar in den Ardennen eingesetzten amerikanischen Truppen verschaffte der angloamerikanischen Führung vom 16. bis zum 19. Dezember 1944 drei Tage Zeit für die Planung größerer und koordinierter Gegenmaßnahmen. Die fast absolute Luftüberlegenheit der Angloamerikaner glich schließlich alle operativen Führungsmängel wieder aus. Wenn sie wegen widriger Wetterverhältnisse nicht zur Geltung kam, traten diese Mängel um so mehr in Erscheinung. Erlauben konnte man sich das Nebeneinander unterschiedlicher, ja gegensätzlicher Vorstellungen über operative Führung und organisatorische Regelungen der Führung in der Tat nur auf einer guten materiellen Grundlage. Hinter diesem »immensen quantitativen Vorteil« der Alliierten verschwanden diese Schwierigkeiten, aber auch die persönlichen Führungsqualitäten der angloamerikanischen Generale[58].

Aber militärische Kritik greift im Grunde zu kurz. Zu Weihnachten 1944 schrieb General Marshall, der amerikanische Heeresstabschef, an Eisenhower: »You have made possible Allied cooperation and team work in the greatest military operation in the history of the world, complicated by social, economic and political problems[59].« Soziale oder eher persönliche, wirtschaftliche und politische Gründe zwangen Eisenhower zu seiner Operationsführung der einzelnen, in sich selbst zu schwachen Stöße. Die operativen und organisatorischen Unstimmigkeiten wurden durch persönliche Animositäten unter den höheren Führern der Alliierten Expeditionsstreitkräfte verstärkt. Sie verschärften sich nach der Invasion beträchtlich. Fast alle amerikanischen Führer standen gegenüber dem legendären »Monty« unter dem Eindruck, ihm beweisen zu müssen, daß auch sie führen konnten. Auf der anderen Seite traf sie jede Kritik von ihm empfindlich. Unter der Decke freundlicher und höflicher Gespräche und Briefe und der Anrede mit dem Vornamen knisterte so im angloamerikanischen Führerkorps vor allem auf der Ebene der Armeegruppen eine gefährliche Spannung, die sachlichen militärischen Überlegungen oft entgegenstand. Zusätzlichen Zündstoff lieferten die Pressekonferenzen, die die höheren alliierten Führer regelmäßig abhielten und die in den Öffentlichkeiten der USA und Großbritanniens entsprechende Reaktionen auslösten. Kontroversen und Prestigedenken erhielten einen fast weltweiten Rahmen und wurden national zugespitzt und verzerrt. Zum Schluß verkehrten Eisenhower und andere amerikanische Generale mit Montgomery nur noch schriftlich oder überhaupt nicht mehr. Bei der Entscheidung, ob man nicht doch noch Berlin besetzen sollte, wie es Mitte April 1945 plötzlich wieder möglich schien, spielte unter diesen Umständen dann auch eine Rolle, daß man von amerikanischer Seite unmöglich zulassen konnte, daß Montgomery »auf einem Schimmel in Berlin« einziehen würde[60].

Jede Nation und jede politische Führung, ob in Amerika, Großbritannien oder Frankreich, wollte ihren Anteil an den militärischen Operationen und am Erfolg sichtbar und angemessen demonstriert bekommen. Die Leitfiguren dafür waren die Militärs in den Spitzenstellen der Alliierten Expeditionsstreitkräfte. Nach diesen politischen Gesichtspunkten war es unmöglich, einen britischen oder amerikanischen Befehlshaber aller Landstreitkräfte zu ernennen, einen entscheidenden Schwerpunkt allein unter einer nationalen Führung zu bilden oder umgekehrt alles bis zur nationalen Unkenntlichkeit zu vermischen. Jede Nation wünschte, ihre Aufgabe mit ihren Streitkräften zugeteilt zu erhalten. Damit war militärisch zweckmäßige Planung und Führung sehr erschwert. Operative Schwerpunktbildung entfiel weitgehend.

Die Gewichte, die die beiden Verbündeten in die Allianz einbrachten, waren schließlich sehr unterschiedlich. Die USA stellten rund doppelt soviel Divisionen wie Großbritannien. Das bedeutete einen entsprechenden Anspruch auf Führungspositionen und auf Berücksichtigung amerikanischer Pläne. Andererseits hatten die USA beschlossen, den Krieg mit einem Limit von 90 Divisionen an allen Fronten zu führen. Davon waren Ende 1944 schon 87 eingesetzt. Alle Bemühungen Eisenhowers, Reserven zur Schwerpunktbildung zu schaffen, konnten im Grunde immer nur auf das zurückgreifen, was im eigenen Bereich vorhanden war, und das war für die »breite Front« ohne einen Schwerpunkt schon zu wenig[61].

Eisenhower und Montgomery vertraten letztlich nicht nur unterschiedliche militärische Standpunkte, sondern die politischen ihrer jeweiligen Regierung. Großbritannien wünschte aus wirtschaftlichen Gründen ein schnelles Ende des Krieges durch konzentrierte militärische Operationen. Die USA mit ihren unvergleichlich größeren Mitteln konnten dem

Kriegsende eher gelassen entgegensehen. Es ist sicherlich das große Verdienst Eisenhowers, unter diesen außerhalb der rein militärischen Sphäre liegenden Schwierigkeiten die Operationen wenigstens im Rahmen der »breiten Front« zusammengehalten und alliierte Zusammenarbeit überhaupt möglich gemacht zu haben. Militärische Operationsführung nach den Willen Montgomerys stärker zu konzentrieren, war ihm politisch nicht möglich oder erschien ihm militärisch nicht sinnvoll.

Anmerkungen

1 Die Darstellung basiert auf folgender Literatur: Stephen E. Ambrose, Eisenhower, Bd 1 (1890—1952), New York 1983 — Stephen E. Ambrose: The Supreme Commander. The War Years of General Dwight D. Eisenhower, New York 1970 — Alfred D. Chandler, Jr. (Editor): The Papers of Dwight D. Eisenhower. The War Years: IV, Baltimore/London 1970 — Hugh M. Cole, The Ardennes: Battle of the Bulge, Washington 1965 (= United States Army in World War II. The European Theater of Operations) — John Ehrmann, Grand Strategy, Vol. VI, October 1944 — August 1945, London 1956 (= History of the Second World War. United Kingdom Military Series) — L.F. Ellis, Victory in the West, Vol. II. The Defeat of Germany, London 1968 (= History of the Second World War. United Kingdom Military Series) — William K. Goolrick, Ogden Tanner, Die Ardennenoffensive, Amsterdam 1981 (= Time-Life Bücher. Der Zweite Weltkrieg) — Nigel Hamilton, Monty, Vol. 3: The Field-Marshal 1944—1976, London 1987 — Charles B. MacDonald, The Battle of the Bulge, London 1984 — Field Marshal The Viscount Montgomery of Alamein, Normandy to the Baltic, London 1946 — Feldmarschall Montgomery, Memoiren, München 1958 — Bernard Law Viscount Montgomery of Alamein, Weltgeschichte der Schlachten und Kriegszüge, 2 Bde, München 1975 (= dtv Wissenschaftliche Reihe 4167/68) — Forrest C. Pogue, The Supreme Command, Washington 1954 (= United States Army in World War II. The European Theater of Operations) — Report by the Supreme Commander to the Combined Chiefs of Staff on the Operations in Europe of the Allied Expeditionary Force, 6 June 1944 to 8 May 1945, Washington 1946 — R.W. Thompson, Montgomery, The Field Marshal. A critical study of the generalship of Field Marshal, The Viscount Montgomery of Alamein, K.G. and of the campaign in North-West Europe, 1944/45, London 1969 — Russell F. Weigley, Eisenhower's Lieutenants. The Campaign of France and Germany 1944—1945, Bloomington 1981 — The West Point Atlas of American Wars, Chief Editor: Vincent J. Esposito, Vol. II: 1900—1953, New York 1959.
Die Bezeichnungen »Army Group« und »Army« wurden beibehalten und nur übersetzt. Die angloamerikanischen Begriffe »strategy« oder »strategic« deckten sich während des Zweiten Weltkrieges ungefähr mit den deutschen Bezeichnungen »Operation« und »operativ«.
2 Pogue, Supreme Command, S. 245.
3 Montgomery, Normandy, S. 118.
4 Hamilton, Monty, S. 5.

5 Weigley, S.355.
6 Thompson, S. 159.
7 S. dazu Montgomery, Memoiren, S. 296 ff., und Chandler, Papers, S. 2085 ff.
8 Chandler, Papers, S. 2116.
9 Weigley, S. 277 f.
10 Chandler, Papers, S. 2466 (Charakterisierung Bradleys und Pattons von Eisenhower, 1.2.1945), und Ambrose, Supreme Commander, S. 257.
11 Ebd., S. 274.
12 Thompson, S. 184, und Chandler, Papers, S. 2134.
13 Chandler, Papers, S. 2164 ff.
14 Ebd., S. 2257 ff.
15 Ebd., S. 2276.
16 Ambrose, Supreme Commander, S. 541, und Hamilton, Monty, S. 157.
17 Ellis, Victory, S. 166 f.
18 Ambrose, Supreme Commander, S. 546 f., und Hamilton, Monty, S. 145.
19 Ellis, Victory, S. 169.
20 Ambrose, Supreme Commander, S. 551.
21 Hamilton, Monty, S. 187.
22 Ellis, Victory, S. 170.
23 S. zu den deutschen Planungen und der Führung in der Ardennen-Offensive allgemein: Hermann Jung, Die Ardennenoffensive 1944/45, Göttingen 1971, und Ekkehardt P. Guth, Ardennen 1944/45, in: Truppenpraxis, 2/1985, S. 190-197.
24 Ellis, Victory, S. 177.
25 Hamilton, Monty, S. 210 f.
26 Chandler, Papers, S. 2356.
27 Ebd., S. 2363 f.
28 Hamilton, Monty, S. 245.
29 Ellis, Victory, S. 184.
30 Chandler, Papers, S. 2364.
31 Hamilton, Monty, S. 235, und Chandler, Papers, S. 2361.
32 Hamilton, Monty, S. 243.
33 MacDonald, S. 589, und Weigley, S. 540.
34 Ambrose, Supreme Commander, S. 563.
35 Hamilton, Monty, S. 257 f.
36 Ebd., S. 267.
37 Ebd., S. 269.
38 Chandler, Papers, S. 2440.
39 MacDonald, S. 600.
40 Chandler, Papers, S. 2388 f.
41 Ebd., S. 2363.
42 Hamilton, Monty, S. 318.
43 Chandler, Papers, S. 2439 f.
44 Hamilton, Monty, S. 335.
45 Ebd., S. 154.
46 Montgomery, Memoiren, S. 322.
47 Ambrose, Eisenhower, S. 350.
48 Ebd., S. 348.
49 Ambrose, Supreme Commander, S. 530; Weigley, S. 280.
50 Weigley, S. 317.

51 Montgomery, Weltgeschichte, S. 26.
52 Weigley, S. 317.
53 Ambrose, Eisenhower, S. 380.
54 Ebd., S. 382.
55 Thompson, S. 184.
56 Weigley, S. 729.
57 Ambrose, Eisenhower, S. 372.
58 Thompson, S. 323 (Urteil Sir Liddell Hart).
59 Chandler, Papers, S. 2378.
60 Ambrose, Eisenhower, S. 393.
61 Weigley, S. 12 ff. und S. 567 ff.

Horst Rohde

Die operativen Grundlagen der Ardennen-Offensive: Wirtschaft und Logistik auf deutscher Seite

I. Einleitung[1]

Hält man sich den Zeitpunkt und die militärische Ausgangslage der Ardennen-Offensive — um nur zwei Faktoren zu nennen — vor Augen, so scheint es auf den ersten Blick offensichtlich zu sein, daß damals die wirtschaftlichen und logistischen Voraussetzungen für die erfolgreiche Durchführung einer großen Angriffs-Operation unzureichend waren. Dem steht indessen gegenüber, daß beispielsweise die Produktion bestimmter Rüstungsgüter gerade in jener Zeit ihren Zenit erreichte und daß es möglich war, trotz einer fast totalen Luftüberlegenheit der Westalliierten und einschneidender Zerstörungen der Verkehrswege innerhalb kürzester Frist schier unglaubliche Mengen an Truppen und Nachschubtransporten durchzuführen — und das überwiegend vom Gegner unbemerkt.

Hinzu kommt, daß es *generell* immer schwierig ist, eine eindeutige Kausalkette zwischen Wirtschaft und Logistik auf der einen und dem Verlauf einer militärischen Operation auf der anderen Seite herzustellen. Die Gründe dafür liegen sicherlich zum größten Teil in der fast schon banalen Erfahrung, daß jeder militärische Erfolg bekanntlich viele Väter hat, eine Niederlage dagegen sogar auf Schwierigkeiten stößt, ihre Mutter zu finden. Zu erwähnen ist in diesem Zusammenhang allerdings auch das spezifisch deutsche Problem einer mangelnden Akzeptanz der Logistik seitens der operativen Führung oder aber die häufige Schwierigkeit, exakt nachweisen zu können, ob der Nachschub infolge eigener Fehler unzureichend war und deswegen eine operative Krise herbeigeführt hat oder ob diese operative Krise es der Versorgungsführung unmöglich machte, ihr Ziel zu erreichen.

Allgemeine und spezifische Fragestellungen oder Widersprüchlichkeiten lassen es mithin mehr als angebracht erscheinen, den Beziehungen zwischen Rüstungswirtschaft und Logistik auf der einen sowie der Operationsführung auf der anderen Seite während der Ardennen-Offensive 1944 besondere Aufmerksamkeit zu schenken. Dieses gilt um so mehr, als es bekanntlich gerade über die letzte deutsche Angriffsaktion größeren Ausmaßes im Zweiten Weltkrieg eine Flut von Darstellungen der verschiedensten Art und Qualität gibt, unter denen man allerdings eine Arbeit zum hier angesprochenen Thema immer noch vermißt. Auch dieser Aufsatz kann keine umfassende Studie ersetzen, soll jedoch an Hand von aussagekräftigen Beispielen eine erste Zwischenbilanz ziehen. Entsprechend wird auch auf umfassendes Zahlenmaterial verzichtet.

II. Rüstungslage

Die Aufwärtsentwicklung der deutschen Rüstungsindustrie, die mit der Übernahme der Verantwortung durch Albert Speer im Jahre 1942 begonnen hatte, hielt auch in der zweiten Hälfte 1944 an, obwohl inzwischen wichtige besetzte Gebiete verlorengegangen waren, fast alle deutschen Verbündeten die Front gewechselt hatten und der alliierte Luftkrieg ständig größeren Umfang annahm. So verzeichnete man im Juli 1944 die höchsten Produktionsziffern der Rüstungsindustrie im Zweiten Weltkrieg überhaupt. Angesichts der erwähnten und sich ständig verschlechternden Lage ist diese Entwicklung zwar erstaunlich, aber doch nicht unverständlich: Einerseits brauchten die vielen Veränderungen und Verbesserungen, die Speer einführte, eine gewisse Zeit, um wirksam zu werden. Umgekehrt war das in gleicher Weise der Fall: Vorhandene Rohstoffreserven, schleunigst ergriffene Aushilfsmaßnahmen und Auslagerungen verhinderten ein blitzartiges Absinken der Produktionszahlen. Doch für jeden Kenner der Materie oder überhaupt für jeden, der sich einen Blick für die Realitäten bewahrt hatte, konnte es keinen Zweifel geben, wohin die Reise ging. Und in der Tat: Schon im August 1944 sank die Indexziffer 322 des Vormonats, die den Stand der Rüstungsendfertigung im Januar/Februar 1942 mit 100 zugrunde legte, auf 297 ab. Sie stieg zwar im September noch einmal auf 301 an, fiel aber dann ständig, über 265 im Dezember auf 145 im März 1945.
Besonders starken Anteil an dieser Entwicklung hatte — wie gesagt — der alliierte Luftkrieg, der noch erfolgreicher wurde, als er sich auf bestimmte Schwerpunkte konzentrierte. Das war zum einen die deutsche Treibstoffindustrie, die im Juli 1944 zum wichtigsten Angriffsziel erklärt wurde. So sank schon im September die Erzeugung an Flugben-

zin von 180 000 t im März auf 5300 ab. Der Vorratsbestand fiel hier von 565 000 auf nur noch 11 000 t. Beim Kraftfahrbenzin lauteten die entsprechenden Relationen 134 000 zu 48 000 t und 436 000 zu 118 000 t, beim Dieselkraftstoff 100 000 zu 52 000 t und 224 000 zu 121 000 t. Deutsche Aushilfsmaßnahmen sowie witterungs- und kampfbedingte geringere Einsätze der alliierten Luftflotten im Herbst 1944 brachten im November 1944 noch einmal einen leichten Anstieg der Produktion, wie zum Beispiel beim Flugbenzin auf 49 000 t, doch sank sie danach sofort wieder ab und erholte sich nun nicht mehr.

Speer hatte Hitler bereits im August 1944 darauf hingewiesen, daß die Treibstofflage spätestens im November operative Bewegungen der Truppe nicht mehr gestatten würde. Das erwähnte kurzfristige Ansteigen der Produktion im Herbst sowie strikte Einsparungsmaßnahmen erlaubten zwischenzeitlich die Bildung einer gewissen Reserve, die dann aber durch die Ardennen-Offensive aufgezehrt wurde.

Zum zweiten Schwerpunkt der alliierten Luftangriffe wurde ab Oktober 1944 das deutsche Verkehrswesen. Mit immer wieder erneuten Bombardierungen fielen Verschiebebahnhöfe, Knotenpunkte, Brücken, Viadukte und Binnenwasserstraßen der Zerstörung anheim. Auch wenn dank bewundernswerter Leistungen, vornehmlich der Reichsbahn, das Transportsystem nicht völlig zusammenbrach, so sank seine Leistungsfähigkeit dennoch langsam aber sicher ab. Im Juli 1944 belief sich die tägliche Wagengestellung — um nur ein Beispiel zu nennen — immerhin auf 136 000, im Dezember dagegen nur noch auf 87 000.

Die Transportkrise hatte weitere Verschlechterungen der Wirtschaftslage zur Folge, wobei sich allmählich kaum noch erkennen ließ, was tatsächlich Ursache und was Wirkung war. Ein solcher Teufelskreis konnte daher auch nicht mehr aufgelöst werden: Einerseits erlaubte die schlechte Treibstofflage kaum ein Ausweichen von der Schiene auf die Straße. Andererseits verschärften die dadurch noch mehr anwachsenden Verkehrsschwierigkeiten den Kohlenmangel, einen weiteren neuralgischen Punkt der deutschen Rüstungsindustrie. So stiegen die Haldenbestände von 2,3 Millionen t im Juni auf 5,5 Millionen im Dezember 1944, obwohl die Förderung in derselben Zeit von 26,9 Millionen t im Juni auf 14,3 Millionen im Dezember zurückgegangen war. Dieses wird vor allem verständlich vor dem Hintergrund, daß mehr als die Hälfte aller Eisenbahntransporte Kohlentransporte waren. So wurde die Belieferung der Rüstungsbetriebe, der Treibstoffwerke, aber auch der chemischen Industrie und der Kraftwerke ständig geringer. Da in dieser Zeit zusätzlich noch Oberschlesien durch eine zu erwartende sowjetische Winteroffensive gefährdet war, stellte Speer am 15. Dezember 1944, also unmittelbar vor Beginn der Ardennen-Offensive, fest, daß bei einem Verlust Oberschlesiens eine Weiterführung des Krieges nicht mehr möglich sei.

Hauptsächlich als Folge des Kohlenmangels sank unter anderem die deutsche Stromerzeugung von 12,7 Millionen auf 8,7 Millionen Kilowatt Ende 1944 ab. Ähnlich erging es der Gasversorgung, die schon im Oktober 1944 auf etwa ein Viertel gegenüber dem Stand vom März desselben Jahres zurückging. Selbst einschneidendste Verbrauchsbeschränkungen, die vor allem die Zivilbevölkerung trafen, vermochten daran nichts zu ändern. Auch die lebenswichtige Produktion von Buna, also von synthetischem Gummi, fiel von 17 000 Tonnen im März 1944 auf 1800 Tonnen im Oktober und der Stahl-Ausstoß von 3,2 Millionen auf 1,6 Millionen Tonnen im November.

III. Die materielle Lage an der deutschen Westfront im Vorfeld der Ardennen-Offensive

Hauptsächlich infolge der geschilderten wirtschaftlichen Probleme war der Materialnachschub der Wehrmacht bereits seit längerem völlig unzureichend. Somit konnte auch im Westen der Verlust an schweren Waffen — und hier insbesondere an Panzerfahrzeugen — während der Kämpfe an der Invasionsfront und der folgenden Rückzugsgefechte bei weitem nicht ersetzt werden. Nur einige wenige, dafür aber aussagekräftige Beispiele mögen das belegen.

Im September 1944 wurden der gesamten Westfront lediglich 241 Panzerfahrzeuge, 60 schwere Pak-Geschütze und 30 Schützenpanzerwagen geliefert. Das Fehl an Handfeuerwaffen war derart groß, daß der Oberbefehlshaber West sich veranlaßt sah zu befehlen, daß seine östlich des Rheines stationierten Wehrmachtteile sämtliche Maschinengewehre sowie 90 Prozent ihrer Ausstattung an Gewehren, Pistolen und Maschinenpistolen an die Fronttruppenteile abzugeben hatten. Ähnliches galt für die zwischen Rhein und Westwall liegenden Einheiten, die 50 Prozent ihrer Handfeuerwaffen abliefern mußten.

Auch einige wenige Stärkevergleiche beleuchten, wie prekär schon damals die Situation der deutschen Verbände im Westen war: So verfügte die Heeresgruppe B im September 1944 über 12 Divisionen mit 84 einsatzbereiten Panzern und Sturmgeschützen, die Alliierten dagegen über wenigstens 20 Divisionen mit rund 1700 gepanzerten Fahrzeugen. Ende September waren die Relationen nur geringfügig verändert: 239 deutschen Panzerfahrzeugen und Sturmgeschützen standen jetzt etwa 2300 des Gegners gegenüber. Bei der Artillerie betrug das Verhältnis gar 821 Rohre zu 2680. Auch an Munition herrschte überall großer Mangel.

Wie kritisch die Gesamtlage in jener Zeit war, geht auch aus einer Lagebeurteilung des Oberbefehlshabers West, Generalfeldmarschall von Rundstedt, vom 21. September 1944 hervor. Danach besaßen die Alliierten an der dortigen Front unter Einbeziehung der in Großbritannien stationierten Reserven mindestens 59 Infanteriedivisionen, 27 Panzerdivisionen mit jeweils rund 160 Panzern und drei bis vier Luftlandedivisionen. Demgegenüber betrugen die eigenen Kräfte ungefähr 21 Infanteriedivisionen und sieben Panzerdivisionen. Diese wenigen Verbände waren zudem noch stark abgenutzt und nur noch spärlich mit schweren Waffen ausgestattet. Um weiterhin erfolgreich verteidigen zu können, forderte Rundstedt eine Verstärkung um wenigstens 12 Infanteriedivisonen und drei Panzerdivisionen. Das Oberkommando der Wehrmacht bezeichnete dies als nicht möglich.

Anfang November 1944 begannen die Amerikaner eine neue Offensive in Lothringen. Dabei standen mehr als neun Divisionen mit über 250 000 Mann und 1200 Panzern gegen die deutsche 1. Armee, die zwar ebenfalls über neun Divisionen verfügte, aber nur mit einer Ist-Stärke von rund 87 000 Mann — die Kampfstärke betrug lediglich rund 39 000 Mann — sowie mit 74 Panzern, einschließlich Sturmgeschützen.

Zunehmend katastrophal entwickelte sich gegen Ende des Jahres 1944 auch die Verkehrslage an der Westfront. Dieses war vor allem auf den anhaltenden Mangel an Betriebsstoff zurückzuführen. So sah sich der Oberbefehlshaber West immer wieder veranlaßt, darauf hinzuweisen, daß das Fehl zu stärksten Einschränkungen verpflichte und daß es gelte, mit allen Mitteln die für den unmittelbaren Kampf erforderlichen Reserven bereitzustellen. Die Folge war, daß unter anderem bei allen Panzer und Panzergrenadierdivisionen einzelne Bataillone mit Fahrrädern ausgestattet wurden, um Kraftfahrzeuge und Betriebsstoff zu sparen.

Anfang Dezember 1944 drängte die Führung an der Westfront nochmals auf äußerste Sparsamkeit, obwohl ohnehin in fast jeder Tagesmeldung die angespannte Treibstofflage auftauchte. Jeder Mißbrauch von Betriebsstoff sollte mit drakonischen Strafen geahndet und Pferdegespanne oder Fahrräder noch mehr als bisher verwendet werden. Die Durchführung entsprechender Anordnungen war auf das strengste zu überwachen. Alle diese Probleme gipfelten in einer Meldung Rundstedts vom 15. Dezember, in der er schlichtweg feststellen mußte, daß der Nachschub an Betriebsstoff nicht mehr ausreiche, um die geringen Bestände, die überhaupt noch bei den Truppenteilen vorhanden seien, auch nur annähernd zu ergänzen.

Das Absinken der materiellen Ausstattung entwickelte sich immer bedrohlicher: Im November 1944 erhielt das Westheer zwar gut 1300 Panzer und Sturmgeschütze. Dennoch schlugen die Verluste so schnell zu Buche, daß sich das Ist bei der Truppe nur auf rund 1000 Stück belief, von denen lediglich zirca 75 Prozent einsatzbereit waren. Demgegenüber verfügte die alliierte Seite über mehr als 6000 gepanzerte Fahrzeuge. Anfang Dezember 1944 besaß die am Südflügel eingesetzte deutsche 1. Armee 90 Panzer und Sturmgeschütze, die ihr gegenüberstehende amerikanische 3. Armee allein über 1000 Panzerfahrzeuge. Das LXIV. Armee-Korps der 19. Armee verfügte gar nur noch über 17 eigene Panzer und Sturmgeschütze, ihre amerikanischen und französischen Gegenüber über rund 460 Panzer. Auf dem Nordflügel der 19. Armee befand sich die Panzer-Brigade 106, die gerade noch fünf Panzer und drei Sturmgeschütze einsetzen konnte.

Neben der geringen Zufuhr waren es vor allem die außergewöhnlich heftigen Kämpfe des Novembers 1944, die zu dem drastischen Absinken der Ausstattung an der deutschen Westfront in jener Zeit führten. So war es nicht verwunderlich, daß die Kampftruppen mit fast allen Mitteln versuchten, sich gegen Abgaben von Panzereinheiten, aber auch von anderen Truppen zu wehren, selbst wenn diese aufgefrischt werden sollten. So beklagte sich beispielsweise der General der Panzertruppen West bei seinem Oberbefehlshaber, daß eine Infanteriedivision bereits mehr als einen Monat die Abgabe einer zugeteilten Panzerjägerabteilung vereitelt habe. Das war kein Einzelfall; bereits im Oktober hatte Rundstedt in scharfer Form diejenigen seiner Kommandeure gerügt, die klar gegebene Befehle zum Herausziehen von Einheiten ständig umgingen, hinauszögerten oder einfach nicht ausführten. Nichts charakterisiert wohl die damalige Situation besser als die Tatsache, daß solche Befehle überhaupt erforderlich waren.

Ein Blick auch noch auf die Lage der Artillerie und anderer Waffen: Im Dezember 1944 verfügte zum Beispiel ein Korps der 1. Armee über knapp 200 Feldhaubitzen im Vergleich zu fast 400 seines Gegners. 8 eigenen Flak-Geschützen standen 192 amerikanische gegenüber; bei den Pak-Geschützen lautete das Verhältnis 33 zu 490, bei den Granatwerfern 208 zu 580 und bei den Maschinengewehren gar 1570 zu 4270. Bei der 19. Armee hatte das am besten ausgerüstete Armeekorps 80 Feldhaubitzen, der ihm gegenüberliegende amerikanische Gegner dagegen fast 200. Bei den Flakgeschützen hieß die Relation dort sage und schreibe 0 zu 128, bei den Pakgeschützen 4 zu 310, bei den Granatwerfern 58 zu 320 und bei den Maschinengewehren 467 zu 2990. Hinzu kam hinsichtlich der Artillerie, was der Chef des Stabes der Heeresgruppe G seinerzeit äußerst treffend wie folgt charakterisierte — und zwar mit dem Anspruch auf Allgemeingültigkeit: »Diese stellt eine Musterkollektion des Waffen-Arsenals aller europäischen Staaten dar (Franzosen, Tschechen, Polen, Italiener und Russen), für deren Kaliber in der Masse fast keine oder auch nur annähernd genügende Munition für die Führung einer Abwehrschlacht vorhanden ist. Außerdem mußte die Munitionskontingentierung für die deutschen Kaliber auch in einer untragbaren Weise eingeschränkt werden[2].«

Anfang Dezember 1944 vermerkte der Oberbefehlshaber West noch einmal zusammenfassend zu verschiedenen Meldungen seines Stabes über den materiellen Zustand der ihm unterstellten Verbände, das Fehlen von Kraftfahrzeugen erschwere die Beweglichkeit. Die Bestände an Panzern, Sturm- und Pak-Geschützen seien so minimal, daß eine wirksame Abwehr des Gegners nicht mehr gewährleistet sei. Panzernahbekämpfungsmittel kämen dafür als Ersatz nicht in Frage. Auch sonst fehle es so sehr an Waffen und Bekleidung, daß eine baldige Schaffung von Reserven notwendig sei, wolle man die kämpfende Truppe nicht vollends auszehren. Im Hinblick auf die Nachrichtenverbindungen war die Rede davon, daß das Fehl an Geräten die Führung behindere und daß die alliierten Luftangriffe die Verbindungen so sehr in Mitleidenschaft zögen, daß der Oberbefehlshaber West wiederholt seine Heeresgruppen weder fernmündlich noch fernschriftlich hätte erreichen können. Damit habe die Lage auf diesem Sektor ebenfalls ein Ausmaß angenommen, das die Führung bedenklich erschwere.

Besonders eklatant und mit den weitreichendsten Auswirkungen verbunden war die Schwäche der deutschen Luftwaffe an der Westfront. Diese resultierte vor allem aus dem einschneidenden Treibstoffmangel, den qualitativen Mängeln verschiedener Flugzeugtypen der Wehrmacht und deren zahlenmäßiger Unterlegenheit. Auch hier seien nur jeweils einige wenige Beispiele angeführt.

Ende September 1944 verfügte die Luftwaffe nur noch über knapp 8000 Frontflugzeuge insgesamt, von denen allerdings mehr als 1100 Maschinen nicht einsatzbereit waren. Demgegenüber besaßen allein die Westalliierten zum selben Zeitpunkt mehr als 12 000 Bomber, Jäger und Aufklärer.

Zwar war es Speer gelungen, zeitweise auch die Flugzeug-Produktion zu erhöhen. So wurden im September 1944 3375 Jagdflugzeuge gegenüber 1104 im März fertig. Die Zahlen sanken aber im November wieder auf 2995 und im Dezember auf 2630 ab. Außerdem konnten die hohen Verlustzahlen nicht ausgeglichen werden, zumal der Mangel an Flugbenzin den Einsatz der wenigen einsatzbereiten Maschinen oft nicht zuließ. Schließlich muß man sich auch vor Augen führen, daß allein die USA im Jahre 1944 fast so viele Flugzeuge herstellten wie das Deutsche Reich während des gesamten Zweiten Weltkrieges.

Hinsichtlich der qualitativen Unterlegenheit der deutschen Flugzeuge gegenüber den alliierten Maschinen genügt ein Hinweis auf die Denkschrift des Generalstabes der Luftwaffe vom 22. September 1944, in der unter anderem zu lesen war, daß die Leistung der gegnerischen Flugzeuge im allgemeinen über denen der deutschen liege. Besonders bemerkenswert sei die kontinuierliche Verbesserung der Flugzeugmotoren und ein auffallender Vorsprung in der Hochfrequenztechnik. Die deutsche Me 262, die als einzige sämtlichen gegnerischen Maschinen überlegen war, durfte bekanntlich erst ab Oktober als Jagdmaschine gebaut und eingesetzt werden. Sie kam somit lediglich in wenigen Exemplaren zum Einsatz und beeinflußte die Situation nicht mehr entscheidend.

Vom Treibstoffmangel war schon die Rede. Er wirkte sich auch für die Luftwaffe gegen Ende des Jahres 1944 verheerend aus, und zwar vor allem natürlich auf die Einsatzbereitschaft als solche, aber auch indirekt durch wesentliche Behinderungen der Pilotenausbildung. In Zahlen ausgedrückt sah das beispielsweise wie folgt aus: Ab September 1944 standen der Luftwaffe anstelle einer ohnehin schon als Mindestmenge bezeichneten Ration von 180 000 t Flugbenzin nur noch 30 000 t im Monat zu. Doch selbst davon wurde immer wieder etwas weggenommen, um Panzerverbände oder andere Heerestruppen aufzutanken. Im Oktober 1944 wies General Kreipe, der Chef des Generalstabes der Luftwaffe, zwar darauf hin, die vorhandenen Mengen an Treibstoff seien auf ein kaum noch tragbares Maß abgesunken, die November-Zuteilung werde den Bedarf nur zu einem Bruchteil decken können; daher werde schärfste Kontrolle über jeden Flugeinsatz befohlen. Eine Besserung trat aber nicht ein. Im Gegenteil: Die Lage verschlechterte sich weiterhin ständig: Ein deutscher Jagdflieger fiel im Durchschnitt beim fünften Feindflug aus. Das lag nicht allein an der gegnerischen Überlegenheit, sondern auch daran, daß er nach rund 150 Flugstunden bereits zum Einsatz kam, während sein amerikanischer Kamerad mindestens 500 Flugstunden hatte, bevor er in den Einsatz ging.

Ende 1944 verschlechterte sich die materielle Lage an der Westfront, besonders die der Luftwaffe, noch mehr: Am 16. November griffen zum Beispiel 2379 schwere britische und amerikanische Bomber sowie 80 mittlere Bomber unter dem Schutz von mehr als 1100 Jägern und Jagdbombern den Westen des deutschen Reichsgebietes an und wurden dabei von keinem einzigen deutschen Flugzeug gestört. Am 19. November trafen 3200 alliierte Bomber, Jagdbomber und Jäger auf immerhin 260 deutsche Jäger. Der Oberbefehlshaber West hatte bereits am 22. Oktober das Oberkommando der Wehrmacht darauf hingewiesen, eine Abwehr gegnerischer Großangriffe werde ohne ausreichende Bekämpfung der Luftbedrohung nicht möglich sein; die dort eingesetzten fliegenden Verbände müßten verstärkt werden. Dies sagte man auch zu; eingelöst worden ist das Versprechen allerdings nicht, weil eben die Mittel nicht vorhanden waren.

Die Luftherrschaft der Alliierten bedeutete nicht nur eine wesentliche Voraussetzung für ihren siegreichen Vormarsch zu Land, sondern erlaubte dauernde Angriffe auf die deutschen Nachschubverbindungen bis weit in das rückwärtige Gebiet hinein, eine weitere Ursache für entscheidende Verkehrsbehinderungen. Infolgedessen ordnete Hitler im September an, daß Truppen und Versorgungstransporte nur noch bei Nacht durchgeführt werden dürften. Lediglich in besonderen Fällen waren Ausnahmen zulässig. Anfang Oktober machte das Oberkommando der Wehrmacht bekannt, wegen der Gefährdung der Eisenbahntransporte bei Tage behalte es sich vor, bei bedeutenderen Transporten selbst zu entscheiden, ob tagsüber gefahren werde oder nicht. Innerhalb seines eigenen Befehlsbereiches habe der Oberbefehlshaber West entsprechend zu verfahren. Ende Oktober sah sich Rundstedt sogar veranlaßt zu befehlen, daß sich alle größeren Verbände auch im Landmarsch nur bei Nacht bewegen durften. So waren schließlich Truppenbewegungen und Nachschubtransporte in gleichem Maße gefährdet und damit auch behindert.

Unter solchen Voraussetzungen konnte man von einer deutschen Luftkriegführung in weiten Bereichen überhaupt nicht mehr sprechen. Der Luftwaffen-Generalstab konstatierte denn auch bereits Ende September 1944 eine absolute Luftherrschaft der Alliierten sowohl für das Reichsgebiet als auch zumindest für die Westfront. Damit wurde zugegeben, daß die deutsche Luftverteidigung in diesen Gebieten praktisch am Ende war.

IV. Logistische Vorbereitungen für die Ardennen-Offensive

Schon im August 1944 hatte Hitler im Rahmen seines ersten Befehls für eine Offensive im Westen ganz entgegen seiner Gewohnheit, die Rolle der Versorgung zu unterschätzen, immerhin auch einige logistische Vorgaben gemacht. Er ordnete unter anderem an, in Kürze ungefähr 25 Divisionen in den Westen zu verlegen und dabei die Artillerie mit zwei Feuersätzen an Munition und die Fahrzeuge mit drei Verbrauchssätzen an Betriebsstoff auszustatten. Offensichtlich hatte er aber, zumindest den Betriebsstoff betreffend, Zweifel an der Realisierbarkeit. Er hoffte auf Beutebestände und veranlaßte zu untersuchen, wofür die gegnerischen Bestände verwendet werden könnten.

Anfang Oktober berichteten Generalfeldmarschall Keitel, der Chef des Oberkommandos der Wehrmacht, und Generaloberst Jodl, der Chef des Wehrmachtführungsstabes, dem »Führer« über den Stand ihrer Vorbereitungen. Sie gaben an, für die Offensive würden 17 000 cbm Treibstoff und etwa 50 Züge Munition benötigt, die auch bis Ende November verfügbar seien.

Um die Vorbereitungen zu tarnen, wurde der Oberbefehlshaber West unter anderem am 12. Oktober angewiesen, Eingreifreserven gegen die zu erwartende alliierte Entscheidungsoffensive zu bilden. In diesem Rahmen sei es auch erforderlich, für eine Bevorratung der gefährdeten Frontabschnitte mit Treibstoff, Munition, Nachrichten- und Pioniermitteln als OKW-Reserve zu sorgen.

In einer Besprechung im Führerhauptquartier am 22. Oktober, an der neben Hitler und Keitel vor allem auch die Generalstabschefs des Oberbefehlshabers West und der Heeresgruppe B, Generalleutnant Westphal und General der Infanterie Krebs, teilnahmen, wurde erneut bestätigt, daß die Bevorratung mit Betriebsstoff und Munition gesichert sei, wobei wiederum die Mengen von 17 000 cbm Betriebsstoff und von 50 Zügen mit Munition genannt wurden, diesmal allerdings mit dem Hinweis, daß es sich dabei um zusätzliche Mengen zum laufenden Verbrauch handele. Am selben Tag war der Oberbefehlshaber West vom OKW in die Angriffsplanungen eingewiesen worden. Im Anschluß daran erging eine Reihe weiterer Befehle. Bezüglich der Logistik wurde unter anderem angeordnet, sich »stärkste Beschränkungen« beim Munitionsverbrauch während der laufenden Kämpfe aufzuerlegen, um eine Reserve bilden zu können. Damit die Versorgung mit Betriebsstoff gewährleistet werden konnte, befahl Keitel am 28. Oktober die Bildung von Treibstoffreserven an der Westfront in Höhe von 2500 Kubikmeter Öl und 15 000 Kubikmetern Benzin. Gleichzeitig wurde angeordnet, den Verbrauch überall stark einzuschränken, um eine OKW-Reserve von 17 000 Kubikmetern bilden zu können.

Noch am 3. November machte Generalfeldmarschall von Rundstedt in seiner Stellungnahme zu den Grundgedanken der bevorstehenden Ardennen-Offensive den Zeitpunkt des Angriffsbeginns von der Zuführung der Panzerverbände und der Bevorratung mit Munition und Treibstoff abhängig.

Im Verlauf des November kam es zu den bekannten heftigen Abwehrkämpfen bei Aachen, wo auch für die Ardennen-Offensive eingeplante Divisionen eingesetzt werden mußten, die dabei erhebliche Kräfte und Munitionsmengen verbrauchten. Dieses meldete Rundstedt am 21. November an das OKW und fügte hinzu, angesichts der Unmöglichkeit, alle Verbände kurzfristig personell und materiell aufzufrischen, reichten die verbleibenden Kräfte nicht aus, um den Erfolg des geplanten Großangriffs sicherzustellen.

Im Rahmen der Vorbereitung der Offensive als solcher wurden dennoch etliche Panzerdivisionen aufgefrischt, das heißt, sie verließen die Front und übergaben die Reste der vorhandenen Panzer und Sturmgeschütze den dort verbleibenden Kampftruppen. Im rückwärtigen Gebiet erhielten sie dann jeweils rund 120 neue Panzer und Sturmgeschütze. Diese Fahrzeuge mußten unter anderem noch eingefahren und das Bedienungspersonal ausgebildet werden. Das stieß jedoch auch wegen Treibstoffmangels auf erhebliche Schwierigkeiten. Aus dem gleichen Grund konnten die Panzer und Geschütze oft auch bei Eisenbahn-Verladungen nicht an die Züge gefahren, sondern mußten dorthin geschleppt werden. Außerdem erschwerten oder verzögerten die gegnerischen Luftangriffe vielfach die Zufuhr von Material, das für die Auffrischungen unbedingt erforderlich war.

Am 12. Dezember 1944 begann dann der Aufmarsch der Angriffsverbände in ihre Bereitstellungsräume. Vielfach verzögert wurde er unter anderem von den durch gegnerische Luftangriffe hervorgerufenen Zerstörungen des Verkehrsnetzes. Schwierigkeiten löste auch der Vormarsch der sogenannten Verstärkungsartillerie aus, weil das durchschnittene Gelände den Treibstoffverbrauch um das Dreifache des vorausberechneten Bedarfs ansteigen ließ. Auch das Fehl an Zugmaschinen führte zu erheblichen Beeinträchtigungen. So besaß zum Beispiel die schwere SS-Artillerie-Abteilung 501 des I. SS-Korps nur ein Viertel ihres Soll-Bestandes. Damit hatte bei einem Stellungswechsel jede Zugmaschine viermal zu fahren, bis alle Geschütze verlegt waren. Zugeteilte Heeres- und Festungsartillerie traf sogar meist ohne eigene Zugmittel am Rhein ein und mußte dort von ihren Truppen abgeholt werden.

Vier SS-Panzerdivisionen bildeten den Kern der Angriffsformationen. Sie waren immerhin über Soll mit Panzerfahrzeugen ausgestattet und besaßen einschließlich dreier zugeteilter Panzer- und Panzerjägerabteilungen insgesamt beinahe 600 Panzer bzw. Sturmgeschütze. Allerdings verfügte nur eine Division über einige Geschütze auf Selbstfahrlafetten. Auch die Ausrüstung mit Kraftfahrzeugen war bei diesen Divisionen nicht überall ausreichend: bei einem der zugeteilten Regimenter betrug sie nur 60 Prozent des Solls.

Zu den Angriffstruppen gehörten ferner Volksgrenadierdivisionen und Fallschirmdivisionen, die meist nur mit höchstens 80 Prozent ihres materiellen Solls ausgestattet waren. So fehlten zum Beispiel der 326. Volksgrenadierdivision 400 Pferde und ein Drittel des ihr zustehenden Nachrichtengerätes. Ihr Bestand an Kraftfahrzeugen wurde als unzulänglich charakterisiert[3].

Der 352. Volksgrenadierdivision fehlten 35 Prozent ihrer Funkgeräte zur Feuerleitung, etwa 30 Prozent des Solls an Sturmgeschützen und rund 25 Prozent des Solls an Sturmgewehren[4]. Besonders nachteilig war das Fehlen der Sturmgeschützabteilungen bei den Volksgrenadierdivisionen. Ein Fallschirmjägerregiment besaß als Folge von Transportschwierigkeiten nur einen Teil seiner schweren Waffen.

Treibstoffmangel und die Verzögerungen bei der Heranführung von Waffen und Gerät behinderten übrigens auch die Ausbildung, zumindest bei allen Divisionen der 6. Panzer-Armee.

Die Betriebsstoffausstattung war erneut geändert worden. Ursprünglich sollten pro Fahrzeug fünf Verbrauchssätze zugeteilt werden, von denen drei sofort verfügbar waren und zwei nachgeführt werden konnten. Ein Verbrauchssatz war die Litermenge Treibstoff, die ein Fahrzeug pro 100 km Straße benötigte. Dieses waren zum Beispiel beim Panzer IV 300 Liter, beim Panzer V 365 Liter und beim Panzer VI A 535 Liter. In Anbetracht der Mangelsituation wurden dann schnell die Verbrauchssätze je Fahrzeug auf zwei verringert. De facto verfügte aber beispielsweise das I. SS-Panzer-Korps am Mittag des 15. Dezember, also einen Tag vor Angriffsbeginn, lediglich über 1,65 Verbrauchssätze. Daraufhin mußte das II. Armee-Korps Betriebsstoff an das I. Korps abgeben. Dessen Truppen verbrauchten jedoch beim Vormarsch in ihre Bereitstellungen auf den bergigen und zudem noch verschneiten Wegen in der Eifel derart viel Treibstoff, daß zum Beispiel die Fahrzeuge der 1. und der 12. SS-Panzerdivision bei Angriffsbeginn lediglich 1,3 bzw. 1,2 Verbrauchssätze besaßen, die in dem schwierigen Gelände nur für etwa 60 Kilometer ausreichten. Auch die Munition war nach wie vor knapp: So hatte wiederum das I. SS-Panzer-Korps einundhalb Ausstattungen verlangt, jedoch nur eine erhalten. Selbst die Winter-Bekleidung fehlte zum Teil, und sogar das Schuhwerk wies Mängel auf.

Die unterstellten drei Panzerdivisionen der 5. Panzer-Armee hatten sich bis Anfang Dezember noch im Kampf befunden und waren dann herausgezogen worden. Dadurch hatte die 116. Panzerdivision etwa zwei Wochen Zeit, um auch materiell neu ausgestattet zu werden. Sie besaß bei Angriffsbeginn 123 Panzer und Sturmgeschütze, das waren 12 Stück unter Soll. Allerdings sah die Situation beim übrigen Kraftfahrzeugbestand erheblich schlechter aus: Das Minus betrug etwa 40 Prozent, das heißt, es fehlten zum Beispiel allein 432 Lkw. Die vorhandenen Fahrzeuge waren jedoch vielfach überaltert, notwendige Ersatzteile fehlten. Hinzu kam, daß die Vielfalt der Typen die Lage erschwerte. Die 2. Panzer-Division verfügte noch über 128 Panzer und Sturmgeschütze, das waren 11 unter Soll. Ihr fehlten aber auch viele sonstige Kraftfahrzeuge, so beispielsweise 333 Lkw, außerdem der Werkstattzug für Panzerreparaturen. Am ungünstigsten war die Lage jedoch bei der Panzer-Lehr-Division: Sie hatte bis zum 4. Dezember an der Saar gekämpft. Wegen der Entfernung, die sie von dort bis in den neuen Angriffsraum zurückzulegen hatte, war keine Zeit zur Auffrischung. So verfügte sie nur über 102 Panzer bzw. Sturmgeschütze. Ihr übriger Kraftfahrzeugpark war ebenfalls unzureichender und schlechter als bei den beiden anderen Panzerdivisionen der 5. Panzer-Armee. Es wurde zwar Ersatz zugeführt, aber selbst davon war nur ein geringer Teil sofort einsatzbereit. Es kam sogar des öfteren vor, daß manche der zunächst noch funktionierenden Kraftfahrzeuge durch das Abschleppen von nicht fahrbereiten Wagen selbst reparaturbedürftig wurden. Als Ausgleich erhielt die Division daraufhin zwei Heeres-Panzerabteilungen, die einige Mängel milderten.

Auch die Betriebsstofflage war bei der 5. Panzer-Armee ein evidenter Schwachpunkt: So hatte die Armeeführung fünf Verbrauchssätze für den Angriff als notwendig erachtet; zur Verfügung standen dagegen am 16. Dezember lediglich 1,5 bis 2 Verbrauchssätze. Ähnlich war die Lage bei der Munition. Hier besaß zum Beispiel das LVIII. Panzerkorps nur eine Dreiviertel-Ausstattung.

Materiell besonders schlecht gestellt war die 7. Armee. So hatte beispielsweise die ihr unterstellte 5. Fallschirmjäger-Division ihre Panzerjägerabteilung durch einen Luftangriff während des Anmarsches verloren. Ihre Bewaffnung war sonst recht gut, aber nur weil sie zum Teil zu Lasten der 6. Fallschirmjägerdivision gegangen war. Der größere Teil der 5. Fallschirmjägerdivision war außerdem so gut wie unbeweglich. Ebenso fehlten Zugmaschinen für die Artillerie, und die Nachschubdienste waren so schwach, daß von vornherein mit logistischen Schwierigkeiten gerechnet wurde. Den drei Volksgrenadierdivisionen der 7. Armee fehlten jeweils die zugehörigen Sturmgeschützabteilungen ganz oder in wesentlichen Teilen. Der vorgesehene Ersatz oder die zugesagte Ergänzung trafen meist mit erheblicher Verspätung ein. Ähnlich sah es bei den Nachrichtenmitteln aus. Die Divisionsartillerie der Armee besaß zwar Sollstärke; aber sämtliche Geschütze mußten mit Pferden bewegt werden.

Die 7. Armee war insgesamt nur mit realativ wenigen Kraftfahrzeugen ausgestattet und daher nicht so sehr auf Kraftstoff angewiesen; das konnte jedoch nicht darüber hinwegtäuschen, daß die diesbezügliche Versorgungslage ebenso katastrophal war wie bei den bei den Armeen im Zentrum des Angriffs. Auch hielt die Führung der Armee die Munitionsausstattung, die ihr zugewiesen worden war und die immerhin zwei Ausstattungen betrug, für genauso wenig ausreichend wie die beiden anderen Armeen.

Die verschiedenen Einheiten zugeteilten sogenannten »Raupenschlepper Ost« für die Fortbewegung der Heeresartillerie waren unzureichend; denn sie erwiesen sich als zu schwach, um Geschütze in dem schwierigen Gelände, insbesondere bei Eis und Schnee, bewegen zu können.

Viel Kopfzerbrechen bereitete dem Oberkommando der 7. Armee auch die »katastrophale Pionierlage«, wie es der Oberbefehlshaber am 12. Dezember dem OKW gegenüber darstellte. Die wenigen Reserven, die der Heeresgruppe B und dem OKW zur Verfügung standen, waren von unterschiedlicher Qualität. So fehlten zum Beispiel der 79. Volksgrenadierdivision Transportmittel, schwere Waffen, ihre Flak- und Sturmgeschützabteilung. Die 167. Volksgrenadierdivision besaß nur wenige schwere Waffen, hatte überhaupt keine Sturmgeschütze und zum Transport nur alte italienische Lkw, für die keine Ersatzteile vorhanden waren. Andererseits waren die zwei sogenannten »Führer-Begleit-Brigaden« materiell sehr gut ausgerüstet. Auch die 3. und 15. Panzergrenadier- sowie die 9. Panzerdivision verfügten ungefähr über ihr Panzer- und Geschütz-Soll.

Alles in allem waren die deutschen Angriffstruppen am 16. Dezember 1944 ausgestattet mit rund 600 Panzern und Sturmgeschützen sowie etwa 1900 Geschützen und Werfern. Demgegenüber hatten die amerikanischen Gegner im selben Abschnitt 324 Panzer oder Panzerjäger und knapp 400 Geschütze aufzuweisen.

Insgesamt sollen übrigens während der ganzen Ardennen-Offensive von der deutschen Seite ungefähr 1800 gepanzerte Fahrzeuge und 2400 Rohre der Artillerie und Werfer eingesetzt worden sein. Diese Angaben beruhen allerdings auf einer amerikanischen Schätzung.

Ein Blick schließlich noch auf die Luftwaffe: Insbesondere zur Unterstützung des Vorgehens der Heeresverbände und zu ihrem Schutz gegen alliierte Luftangriffe wurden in der Tat vor allem unmittelbar vor Beginn der Ardennen-Offensive zahlreiche fliegende und Flakverbände bereitgestellt. Angesichts der schon geschilderten Gesamtlage bedeutete das jedoch das Aufreißen von verhängnisvollen Lücken in anderen Bereichen der Westfront und des Reichsgebietes. Außerdem mußte allen Verantwortlichen von vornherein klar sein, daß im Luftwaffenbereich die Überraschung des Gegners erheblich weniger wirkungsvoll sein würde als bei den Erdtruppen. Zu Kräfteverschiebungen von Landverbänden würde der Gegner auf jeden Fall eine bestimmte Zeit benötigen, um entweder die momentane örtliche Überlegenheit der Deutschen auszugleichen oder um seine, durch Ausdünnung der Stellungen der Wehrmacht in anderen Bereichen der Westfront zugunsten der Winteroffensive noch größere Überlegenheit entscheidend zu nutzen. Ihre Luftwaffenkräfte dagegen konnten die Westalliierten angesichts ihrer drückenden Überlegenheit erheblich einfacher schnell verschieben. So konnten sie dort, wo die Deutschen eigene Luftwaffenverbände überraschend konzentriert hatten, dennoch ihre Überlegenheit ausspielen und an den anderen Stellen der Front und im Reichsgebiet ungehindert ihre Aktionen fortsetzen.

Dementsprechend herrschte auf deutscher Seite — und hier sogar bei Hitler — sehr viel Skepsis über die Möglichkeit der Unterstützung des Heeres durch die Luftwaffe. Die einzige Hoffnung, die man haben konnte, war im Grunde genommen nur ein blindes Vertrauen auf die allgemeine Schlechtwetterlage in den ersten Tagen und Wochen der Offensive.

Bezeichnend für die Gesamtsituation ist schließlich auch — und damit seien die Betrachtungen über die Vorbereitungsphase der Ardennen-Offensive abgeschlossen —, was Generalfeldmarschall Model, Oberbefehlshaber der allein angreifenden Heeresgruppe B, am späten Abend des 15. Dezember noch dem OKW zur sofortigen Vorlage an Hitler fernschriftlich mitteilte. Er wies zwar einerseits darauf hin, das Ziel seiner Verbände sei Antwerpen und werde es bleiben, betonte dann jedoch, die rechtzeitige und ausreichende Betriebsstoffzufuhr bleibe entscheidende Voraussetzung des Erfolges des Großangriffs. Dies gelte um so mehr, als die Ausstattung mit Treibstoff zum Zeitpunkt des Beginns der Offensive trotz aller Bemühungen immer noch unzureichend sei.

V. Der Verlauf der Ardennen-Offensive

Die ersten logistischen Schwierigkeiten, die nach Angriffsbeginn auftauchten, entstanden nicht unerwartet auf dem Pioniersektor: In einigen Abschnitten gab es erhebliche Verzögerungen beim Vormarsch wegen Schwierigkeiten beim Brückenbau. Sie waren unter anderem auf das Fehlen von Gerät und auf Mängel beim Transport zurückzuführen.

Nur einen Tag nach Beginn der Offensive wurde dann das Treibstoffproblem in vollem Umfang akut: Die Heeresgruppe B verlangte vom Oberbefehlshaber West die Zuführung von sechs Betriebsstoffzügen pro Tag, je zwei für die beiden Panzerarmeen und je einen für die beiden anderen Armeen. Dem Oberbefehlshaber West blieb nichts anderes übrig, als zu antworten, diese Anforderung sei wegen der bekannten Betriebsstofflage nicht zu erfüllen. Er sei bestenfalls in der Lage, vier Züge pro Tag bereitzustellen, mit denen man auskommen müsse.

Am 18. Dezember wirkten sich die Nachschubschwierigkeiten direkt aus: So scheiterte der Versuch einer Panzerdivision, einen hartnäckig verteidigten Ort zu umgehen, weil das Gelände, der Jahreszeit entsprechend, nicht passierbar war und die für Straßenbau und -instandsetzung angeforderten Teile der Organisation Todt infolge der allgemeinen Transportschwierigkeiten nicht rechtzeitig eintrafen. Probleme mit der Versorgung traten auch bei einem Panzerkorps auf, dem nur eine Straße für Truppenbewegungen und Nachschub zur Verfügung standen. Auch von zwei weiteren Panzerkorps wurden Schwierigkeiten hinsichtlich der Logistik gemeldet: In dem einen Fall mußte eine Panzerdivision rasch vorgezogen werden. Das ging jedoch nur über die Versorgungsstraße einer anderen Panzerdivision, deren Nachschub damit längere Zeit unterbrochen war. Im anderen Fall wurde für den Bereich eines weiteren Panzerkorps gemeldet, daß sich Versorgungsprobleme — zusammen mit Straßensperren und Brückenverstopfungen — hemmend auswirkten.

Ebenfalls am 18. Dezember machte sich erstmals direkt an der Front Betriebsstoffmangel nachhaltig bemerkbar: Eine Führer-Begleit-Brigade konnte den geplanten Angriff auf St. Vith nicht durchführen, weil ihr Treibstoff dafür nicht ausreichte. Da inzwischen auch schon die — allerdings nur geringe — Betriebsstoffreserve des OKW aufgebraucht war, kürzte man die Kontingente der übrigen Fronten um 3000 Tonnen und führte sie zusätzlich der Westfront zu. Außerdem zweigte Speer weitere 4500 Tonnen aus zivilen Vorräten für die Heeresgruppe B ab. Die große Frage dabei war aber — neben der Tatsache, daß die versprochenen Mengen nur ein Tropfen auf den heißen Stein waren —, ob es überhaupt gelingen würde, sie zu transportieren. Das Verkehrswesen litt ohnehin genug

209

unter den Gelände- und Witterungsverhältnissen. Hinzu kamen dann schon vom 18. Dezember an heftige Bombenangriffe der Alliierten gegen das deutsche Hinterland der Westfront, um so hauptsächlich die deutsche Versorgung abzuschneiden. Dieses hatte auch Auswirkungen auf die Truppentransporte. So sollte die Heeresgruppe G eine Panzerdivision an die Heeresgruppe B abgeben. Die ursprüngliche Planung, die vom Normalfall einer Bewegung der erforderlichen 60 Züge innerhalb von drei Tagen bei unbeschädigten Strecken ausging, erschien dem Oberbefehlshaber West angesichts der Lage an der Front zu langsam. Er befahl daher, die Division habe bis zum 20. Dezember auf dem Transport zu sein. Angesichts der schweren Luftangriffe mußte er sich jedoch schon am selben Tage davon überzeugen lassen, daß die Verlegung nicht mehr termingerecht möglich war. Er befahl, die Panzerdivision trotz der mißlichen Betriebsstofflage im Landmarsch zu verlegen, allerdings mit Ausnahme ihrer Kettenfahrzeuge.

Am 19. Dezember kam der Vorstoß einer gepanzerten Gruppe der 1. SS-Panzerdivision im Raum Cheneux zum Stehen, weil unter anderem kaum noch Betriebsstoff vorhanden war.

An diesem Tage richtete der Oberbefehlshaber West ein persönliches Schreiben an Generalfeldmarschall Model, das unmißverständlich die fast überall gleiche mißliche Lage der Treibstoffversorgung, dem größten Problem der Logistik, aufzeigte. Dort hieß es:

»Meine allergrößte Sorge ist zur Zeit der Nachschub an Betriebsstoff.

Durch Luftangriffe wurden in der Heimat vier große Werke zerschlagen, so daß eine äußerste Spannung im weiteren Betriebsstoffnachschub vorauszusehen ist.

Für die Heeresgruppe wäre es eine Tragik, wenn sie aus Mangel an Betriebsstoff mitten im Erfolg steckenbleiben würde.

Daß alles, was überhaupt nur möglich ist, geschieht, um den Angriff der Heeresgruppe durch Zuführung von Betriebsstoff zu nähren, davon können Sie überzeugt sein. Es wird durch schärfste Drosselung aller nicht am Angriff beteiligten Stellen in meinem Befehlsbereich, sowie seitens des OKW bei allen anderen kämpfenden Fronten das Äußerste getan, um Ihren Angriff beweglich zu halten [...].

Wir müssen nun aber auch der Truppenführung und der Truppe beibringen, daß der Betriebsstoff zur Zeit tatsächlich *das* entscheidende Mittel dieser Operation ist und daß genau wie bisher schon die Erziehung und Ausbildung zur Munitionstaktik nunmehr auch eine straffe Erziehung zur Betriebsstofftaktik erstes Erfordernis ist [...].

Darüber hinaus bitte ich Sie, sofort durch scharfe Befehle anzuordnen, daß sämtliche Kraftfahrzeuge, die nicht unbedingt für die Kampfführung benötigt werden, abgestellt werden, um hierdurch einen wahrscheinlich erheblichen Prozentsatz Betriebsstoff einzusparen [...].

Zugleich wird durch diese Maßnahme eine Kraftfahrzeug-Reserve zur Deckung von Ausfällen geschaffen.

Ich bitte Sie, sich dieser tatsächlich kriegsentscheidenden Forderung mit Ihrer bekannten Energie anzunehmen, da irgendwelche Mehrforderungen unerfüllbar sind. *Ich* führe Ihnen an Betriebsstoff zu, was gegeben werden kann. *Sie* müssen dafür sorgen, daß damit hausgehalten wird. Was dann noch fehlt, müssen wir uns beim Feinde holen[5].«

An jenem 19. Dezember erwies sich auch das schlechte Wetter noch als für den Angriff vorteilhaft, weil die gegnerische Luftwaffe nur beschränkt eingesetzt werden und damit ihre Überlegenheit noch nicht ausspielen konnte. Dennoch entwickelte sich die Verkehrslage für den Angreifer, vor allem infolge von Straßenverstopfungen, immer katastrophaler. Aus diesem Grund mußte der Oberbefehlshaber West den Antransport von einer Panzer- und einer Panzergrenadierdivision stoppen, weil nicht damit zu rechnen war, daß ihr schnelles Heranführen in den Angriffsraum möglich sein würde.

Am 20. Dezember beantragte die 6. Panzer-Armee Luftversorgung für die erwähnte Gruppe der 1. SS-Panzerdivision, die zwischenzeitlich eingeschlossen worden war. In erster Linie fehlte wiederum Treibstoff. Der entsprechende Nachschub wurde zugesagt. Unterdessen bemühte man sich außerdem, die bedrängte Gruppe durch Entlastungsangriffe zu entsetzen. Die hauptsächlich dafür vorgesehene Panzerdivision kam jedoch nur wenig voran, weil ihr Betriebsstoff nur für die Aufklärungsabteilung ausreichte. Die Panzergrenadiere mußten zu Fuß marschieren, die Panzer und Geschütze blieben zurück. So war es kein Wunder, daß keine großen Fortschritte erzielt werden konnten.

Am selben Tag erbeutete eine Panzerdivision in Samrée ein Treibstofflager. Dadurch war es möglich, ihre fast leeren Tanks wieder aufzufüllen. Am 21. Dezember blieb die erwähnte Gruppe der 1. SS-Panzerdivision weiterhin eingeschlossen. Sie besaß nunmehr — in schweren Abwehrkämpfen — überhaupt keinen Betriebsstoff mehr und kaum noch Munition. Immerhin konnte eine in der Nacht durchgeführte Luftversorgung 1,5 Tonnen Treibstoff zuführen.

Am selben Tag wurden die Straßenverhältnisse bei der 6. Panzer-Armee allgemein als trostlos bezeichnet; die vorhandenen Pioniereinheiten reichten nicht aus, und die vorgesehenen Bataillone der Brigade der Organisation Todt trafen nicht ein.

Ähnlich war die Lage bei der 5. Panzer-Armee: Hier blieb zum Beispiel die 2. SS-Panzerdivision vom 21. bis 22. Dezember wegen Betriebsstoffmangel bei Houffalize liegen und konnte ihren Offensivauftrag nicht erfüllen. Auch die 2. Panzerdivision lag wegen fehlenden Treibstoffes fest.

Ab 22. Dezember kamen weitere Mangelerscheinungen hinzu: So machte sich bei den Panzertruppen das Ausbleiben von Ersatzteilen unangenehm bemerkbar. Das führte so weit, daß die 116. Panzerdivision — um wieder nur ein Beispiel zu nennen — einen Teil der neu zugeführten Panzer sofort auf dem Bahnhof ausschlachtete, um mit den dabei gewonnenen Teilen ihre reparaturbedürftigen Panzer instandzusetzen.

Auch der Treibstoffmangel verschärfte sich: Die 116. Panzerdivision hatte schon am Abend des 21. Dezember nur noch 0,7 Verbrauchssätze. Ihre Flakabteilung und ein ihr unterstelltes Panzergrenadierregiment waren völlig ohne Treibstoff und blieben stehen. Auch instandgesetzte Panzer kamen aus dem gleichen Grund nicht mehr nach vorne, so daß allein einer Division 23 Stück fehlten, obwohl sie dringend gebraucht wurden. Zugewiesenen Betriebsstoff mußten die Divisionen selbst aus Depots an der Mosel oder am Rhein abholen. Das verursachte natürlich während der Kämpfe unüberwindliche Schwierigkeiten, die dem General der Panzertruppen West sogar nachdrücklich seitens der Heeresgruppe B bestätigt wurden. Auch rigorose Anordnungen des Oberbefehlshabers West oder Bitten an Göring und Himmler, in ihren Bereichen für weniger Verbrauch zu sorgen, vermochten die Gesamtlage nicht im geringsten zu entspannen. Am 23. Dezember mußte bei der 6. Panzer-Armee die dringend gebotene Nachführung der 12. SS-Panzerdivision hinter die 2. SS-Panzerdivision im Raum St. Vith wegen Betriebsstoffmangels zunächst verschoben werden.

Vom 23. Dezember an entwickelte sich die operative Lage, aber ebenso auch die logistische Komponente der Ardennen-Offensive endgültig und vollständig zum Negativen hin. Hauptgrund dafür war eine entschei-

212

dende Wetterbesserung, die es den Alliierten erlaubte, nunmehr auch ihre Luftüberlegenheit voll in die Waagschale zu werfen. Hauptangriffsziel war von Anfang an das deutsche Verkehrsnetz. Bereits am Vormittag meldete der Oberbefehlshaber West, daß zum Beispiel Koblenz schwer getroffen worden sei. Beide Rheinbrücken mußten gesperrt werden, die Ausfahrten zur Mosel, nach Mayen und nach Niederlahnstein seien nicht möglich. Der Bahnhof Bingerbrück war ebenfalls vollständig zerstört und die Strecke Rüdesheim—Aßmannshausen nachhaltig unterbrochen. Insgesamt sei der Schaden derart umfangreich, daß in nächster Zeit die meisten Züge schon rechtsrheinisch ausgeladen werden müßten. Somit hatten auch die gerade laufenden Antransporte von zwei Panzer- und einer Panzergrenadierdivision erhebliche Verspätungen. Besonders nachteilig wirkte sich in dieser Situation aus, daß die Bahnladungen infolge fehlenden Betriebsstoffes nicht rasch auf die Straße verlegt werden konnten. Der Oberbefehlshaber West sah sich sogar veranlaßt, ausdrücklich anzuordnen, daß der für die Frontverbände lebenswichtige Treibstoff nicht durch längere Lkw-Transporte verbraucht werden dürfe. Dort, wo es keine anderen Möglichkeiten mehr gebe, sollten starke Streckenzerstörungen lediglich durch einen Umschlagbetrieb überbrückt werden, nicht aber zu »reinrassigen« Lkw-Transporten führen.

Am 24. Dezember lag die 9. Panzerdivision, die zu den drei Divisionen gehörte, die am Vortage verspätet antransportiert worden waren, wegen Betriebsstoffmangels endgültig fest. Ebenso erging es der gesamten 5. Panzer-Armee. Das hatte dort unter anderem zur Folge, daß die Vorhut der 2. Panzerdivision zu Fuß in Richtung Maas angesetzt wurde.

Auch an diesem Tag flog die alliierte Luftwaffe massenhaft Angriffe gegen die deutschen Verbindungslinien. Allein rund 5000 Einsätze galten der Behinderung des Nachschubs der Heeresgruppe B und der Zerschlagung ihrer Angriffsspitzen. Dementsprechend meldete der Oberbefehlshaber West weitere erhebliche Anspannungen der Transportlage durch zahlreiche Strecken- und Straßensperrungen. Der Gegner habe seine Absichten weitgehend verwirklichen können.

Der Oberbefehlshaber West ordnete zwar am selben Tage an, jede der beiden Panzerarmeen habe eine sogenannte »Rollstraße« einzurichten, die besonders stark durch Flak zu schützen und mit Hilfe von strengster Verkehrsregelung für einen störungsfreien Antransport des Nachschubs freizuhalten sei. Damit aber konnten die konzentrierten Luftangriffe der Alliierten auf die Versorgungslinien nicht abgeschwächt, geschweige denn unterbunden werden. Generalmajor Heilmann, der Kommandeur der 5. Fallschirmjägerdivision, schildert sehr anschaulich den Alltag der Nachschubkolonnen in der Ardennen Offensive: »In der Nacht sah man von Bastogne bis zurück zum Westwall einen einzigen Fackelzug brennender Fahrzeuge[6].«

Am 25. Dezember kam die schon öfter erwähnte Truppe der 1. SS-Panzerdivision, die bis dahin mehrere Tage eingeschlossen gewesen war, zu den eigenen Frontlinien zurück, allerdings unter Zurücklassung sämtlicher schwerer Waffen — so zum Beispiel von 28 Panzern, 70 Schützenpanzern und 25 Geschützen — und allen schweren Gerätes.

Am ersten Weihnachtstag trafen bei günstigem Wetter heftige alliierte Luftangriffe insbesondere Kaiserslautern und Bad Kreuznach. Der Oberbefehlshaber West meldete erneut erhebliche Versorgungsschwierigkeiten; zur Behebung der schlimmsten Zerstörungen an den Verkehrswegen müsse das sogenannte »Volksaufgebot« eingesetzt werden. Von einem Einsatz der eigenen Luftwaffe in diesem Bereich wurde zum gleichen Zeitpunkt nichts erwähnt.

Am selben Tag kam der Oberbefehlshaber West, Generalfeldmarschall von Rundstedt, endgültig zu dem Schluß, die Offensive könne nicht mehr erfolgreich abgeschlossen werden. Er ersuchte Hitler um Einstellung des Vorstoßes und Rücknahme der Truppen an den Westwall und betonte, selbst die sogenannte kleine Lösung, d.h. die Schließung der Angriffsscheren östlich der Maas, sei infolge der Nachschubprobleme nicht mehr zu realisieren. Es muß nicht besonders hervorgehoben werden, daß Hitler diesen Vorschlag ablehnte.

So nahm das Schicksal weiterhin seinen Lauf: Am 26. Dezember erlitten die deutschen Verbände die bis dahin schwersten Verluste der laufenden Operationen; dieses galt vor allem für die 6. Panzer-Armee, bei der zum Beispiel die 26. Volksgrenadierdivision ihr letztes Geschütz einbüßte.

Als Konsequenz der ständigen Luftangriffe auf die Versorgungswege sah sich die Heeresgruppe B an diesem Tage gezwungen, jeglichen Nachschubverkehr bei Tage zu verbieten. Der Oberbefehlshaber West konstatierte fast gleichzeitig, sämtliche Transporte mit Truppen oder Versorgungsgütern seien so gut wie gar nicht durchzubringen, die eigene Luftwaffe sei hoffnungslos unterlegen.

Am selben Tag meldete er über die Verkehrslage:
»Die schweren Schäden häufen sich und haben die Transportlage, besonders westlich des Rheines, sehr ernst gestaltet. Wegen der bekannten Betriebsstofflage sind Nachschub und Versorgung der kämpfenden Front unbedingt auf die Eisenbahn angewiesen. Daher hat es entscheidende Bedeutung, die Instandsetzung zerstörter Eisenbahnanlagen mit allen Mitteln und unter Einsatz aller nur irgendwie verfügbaren Kräfte so zu beschleunigen, daß ein Abreißen der Versorgung der Truppe vermieden wird. Ich halte die Lösung dieser Aufgabe für ausschlaggebend für den Erfolg der Schlacht und bitte daher dringend um jede nur mögliche Beschleunigung der Instandsetzungsarbeiten. Dies kann m.E. nur erreicht werden, wenn die für die Wiederherstellung verantwortliche Deutsche Reichsbahn durch die zuständigen Dienststellen der Partei [...] im größtmöglichen Umfange sofort und bis auf weiteres jede Unterstützung durch Arbeitskräfte und Gerät erhält[7].«

Am 27. Dezember gingen die deutschen Truppen immer mehr zur Verteidigung über. Die 11. Panzerdivision verfügte noch über rund 15 Panzer und 30 Schützenpanzer, einige wenige Sturmgeschütze und Panzerabwehrkanonen. Fast alle Infanteriegeschütze waren ausgefallen. Auch wenn noch genügend Munition und Verpflegung vorhanden gewesen war, fehlte doch wieder ganz entscheidend der Betriebsstoff. Außerdem hatten gerade die rückwärtigen Dienste eine große Anzahl an Kraftfahrzeugen verloren, für die es keinen Ersatz gab. An schweren Waffen wurden nur noch einige wenige Panzer zugeführt.

Dem Übergang in die Defensive gingen vielfach erhebliche Verluste an Material voraus. So mußte die 2. Panzerdivision am 27. Dezember einen großen Teil ihres Gerätes aufgeben, um überhaupt noch in den Brückenkopf von Rochefort ausweichen zu können. Am selben Tag sollte die 9. Volksgrenadierdivision gegen einen gefährlichen Einbruch des Gegners eingesetzt werden. Das gelang jedoch nur teilweise, weil sie wegen des Fehlens von genügend Betriebsstoff und des Versagens der sogenannten »Raupenschlepper Ost« viel zu langsam vorankam. Da an diesem Tage auch die Luftangriffe der Alliierten auf die Verkehrsverbindungen und Nachschubwege unvermindert weitergingen, sah sich der Oberbefehlshaber West erneut veranlaßt zu melden, die Verkehrslage habe sich weiterhin erheblich verschärft. Infolge großer Verluste an Lkw durch Jagdbomberangriffe sei dringend Ersatz erforderlich.

Die 7. Armee mußte infolge der Luftgefährdung einen Teil ihrer Versorgungsgüter schon am Rhein entladen. Hier schloß sich indessen ein weiterer Teufelskreis; denn wegen des Mangels an Treibstoff und Kraftfahrzeug-Tonnage war es unmöglich, über derartige Entfernungen auch noch die Eisenbahntransporte zu ersetzen.

Am 28. Dezember äußerte sich Hitler wieder einmal zur Lage an der Westfront, auch zu den logistischen Problemen, wobei er weit davon entfernt war, den Realitäten wirklich ins Auge zu sehen. So wies er darauf hin, daß vor allem die sehr schlechten Wege im Angriffsbereich und die zu langwierigen Brückenreparaturen an der Transportmisere schuld seien. Außerdem dozierte er darüber, die eigenen Truppen führten zuviel Material und zu viele Fahrzeuge mit sich. Hier könne man nur von den Sowjets lernen. Das Übermaß an Kraftfahrzeugen erzeuge erst die Betriebsstoffschwierigkeiten und die große Anfälligkeit gegenüber der gegnerischen Luftwaffe.

Hitler hatte mit diesen Äußerungen zwar insofern recht, als einige der Angriffsdivisionen in der Tat mehr Pkw besaßen, als ihnen sollmäßig zustanden. Doch meist handelte es sich dabei um dieselben Verbände, die ein erhebliches Fehl an Lkw aufwiesen und mit dem Plus an Pkw lediglich versuchten, das vorhandene Manko an Laderaum ein wenig zu kompensieren. So hatte zum Beispiel die 9. Panzerdivision 526 Lkw oder Zugmaschinen zu wenig, die 2. Panzerdivision 333, die 116. Panzerdivision 432 und die 10. SS-Panzerdivision 294.

Auch am 29. Dezember flogen die Alliierten heftigste Luftangriffe gegen Verkehrswege im rückwärtigen Gebiet der Heeresgruppe B und im Rhein-Main-Gebiet. Der Oberbefehlshaber West meldete daraufhin noch relativ zurückhaltend erhebliche Spannungen in der Versorgung. Sein Kriegstagebuch drückte dagegen sehr viel deutlicher aus, wie die Verhältnisse lagen. Hier war die Rede von einer weiteren Zerschlagung aller rückwärtigen Verbindungen und von Versuchen des Gegners, in den Bereichen der Heeresgruppen B und G eine regelrechte Verkehrswüste entstehen zu lassen. So sei zum Beispiel die Brücke von Remagen beschädigt worden und müsse für etwa vier Wochen gesperrt werden. Da die Hauptnachschubstraße, nämlich die Ahrtalbahn, dadurch erheblich beeinträchtigt wurde, war mit schwerwiegenden Folgen zu rechnen. Auch die Strecke Koblenz—Bingen war — neben anderen — erneut blockiert.

Es war schon die Rede davon, daß es Bemühungen gab, die Ausfälle der Eisenbahnen durch Kraftfahrzeug-Transporte einigermaßen zu kompensieren. Da der Oberbefehlshaber West jedoch keine eigenen Möglichkeiten besaß, um hier helfend einzugreifen, wurden beim Oberquartiermeister des Heeres 1000 Tonnen Laderaum zum frühestmöglichen Zeitpunkt angefordert. Die entsprechende Zahl an Fahrzeugen wurde sogar zugesagt, doch handelte es sich dabei um Generator-Wagen, die im Winter für die Eifel und die Ardennen nicht zu verwenden waren. Rundstedt kam daher erneut zu dem Schluß, daß es nur eine Möglichkeit gebe, die Transportmisere zu beheben, nämlich die Eisenbahnanlagen wiederherzustellen.

Die umfangreichen Angriffe der alliierten Luftwaffe gegen Verkehrswege im rückwärtigen Gebiet der Westfront hielten am 30. Dezember an. Auch wenn das Kriegstagebuch des Oberbefehlshabers West an diesem Tage in einem Rückblick auf den ganzen Monat hervorhob, daß insgesamt über 2600 Transporte in seinem Gebiet gefahren worden seien — in der Tat eine erstaunliche Menge —, konnte es keinen Zweifel daran geben, daß sich die Entwicklung in der zweiten Monatshälfte rasant verschlechtert hatte. Aber auch im Vorfeld der Ardennen-Offensive war schon erheblicher Raubbau betrieben worden. So kamen allein 800 Züge von den aufgeführten 2600 auf das Konto des Antransportes der 6. Panzer-Armee. Ihretwegen mußten viele wichtige Ladungen, vor allem Nachschub, zurückstehen. So belief sich Ende Dezember der Rückstau von Zügen allein im Gebiet des Oberbefehlshabers West dauernd auf etwa 200. Nachdem auch am 31. Dezember unter anderem die Eisenbahnanlagen in Euskirchen, Düsseldorf, Koblenz und Remagen erneut das Opfer heftigster Luftangriffe geworden waren, urteilte der Oberbefehlshaber West, daß mit einer Entspannung der Transport- und Verkehrslage in nächster Zeit nicht zu rechnen sei.

Am 8. Januar begann die deutsche Front, deren Lage sich in den Vortagen schon dramatisch verschlechtert hatte, mit Billigung Hitlers den Rückzug. Hierbei traf sie allerdings die Verkehrs- und Transportmisere nunmehr in vollem Umfang, zumal auch das Wetter jegliche Bewegungen ungemein erschwerte. Dringend benötigte Lkw mit Betriebsstoff konnten, einer Meldung des Oberbefehlshabers West vom 19. Januar zufolge, wegen zu starker Schneeverwehungen überhaupt nicht fahren. Die vorhandenen Schneepflüge reichten nicht aus oder hatten keinen Treibstoff. Es ging nun weder vor noch zurück. Die Katastrophe brach endgültig herein.

VI. Zusammenfassung

Die herangezogenen Beispiele von Meldungen aus den Kampftagen der Ardennen-Offensive konnten nur kaleidoskopartig einen Eindruck von den Verhältnissen der Logistik und ihrer Entwicklung geben. Einige Gesamtzahlen mögen das Bild abrunden. In der Zeit von Mitte Dezember 1944 bis Ende Januar 1945 soll die Wehrmacht an der Westfront rund 600 gepanzerte Fahrzeuge verloren haben. Die entsprechende Verlustrate der Alliierten dürfte nur geringfügig höher gewesen sein, schlug aber natürlich sehr viel weniger zu Buche, weil sie über genügend Ersatz verfügten, während die Deutschen damit rechnen mußten, daß die meisten der so entstandenen Lücken nicht mehr gefüllt werden und sich daher bei den weiteren Verteidigungskämpfen entscheidend auswirken würden. Die deutschen Verbände an der Westfront verfügten Ende Januar 1945 nur noch über rund 1500 Panzerfahrzeuge, von denen allerdings nur gut 50 Prozent einsatzbereit waren. Sogar diese konnte man nicht alle verwenden, weil entweder kein Treibstoff oder keine Munition vorhanden war oder weil sich ein Teil von ihnen auf Transport befand oder dabei steckengeblieben war. Ähnliches galt für die noch vorhandenen rund 600 Geschütze und die etwa 600 schweren Pak. Demgegenüber belief sich die Sollstärke der alliierten gepanzerten Fahrzeuge zu jenem Zeitpunkt auf etwa 6000. Die Ist-Stärke dürfte nicht viel kleiner gewesen sein, zumal auch Munition und Betriebsstoff genügend vorhanden waren.

Läßt man den Verlauf dieser letzten Offensive der Wehrmacht in Kürze noch einmal Revue passieren, so wird deutlich, daß spätestens seit dem 23. Dezember 1944, also jenem Tag, an dem die alliierte Luftwaffe erstmals ohne witterungsbedingte Einschränkungen eingesetzt werden konnte, die Logistik der Angreifer im weitesten Sinne derart eingeschränkt worden war, daß ohne Übertreibung von einem Kollaps der Versorgung gesprochen werden kann. Angriffstruppen, die sich fast ausschließlich nur bei Nacht bewegen können, weil die gegnerische Luftwaffe ihnen keine andere Wahl läßt, sind zum Mißerfolg verdammt.

An dieser Aussage ändert auch die Tatsache nichts, daß es auf deutscher Seite schon immer typische Probleme zwischen operativer und logistischer Führung gegeben hat, die sich in einer derartigen Ausnahmesituation verstärkten. So wird von Rundstedt berichtet, er habe die Meinung vertreten, die Führung der 6. SS-Panzer-Armee sei nicht flexibel genug gewesen, um vor allem mit den Verkehrsschwierigkeiten fertigzuwerden. Zu wenige geschulte Generalstabsoffiziere hätten zur Verfügung gestanden. Ebenso wird darauf zu verweisen sein, daß es den deutschen Truppen entweder nicht gelang oder daß zu wenig Wert darauf gelegt worden sei, die beiden bedeutenden Verkehrsknotenpunkte St. Vith und Bastogne rechtzeitig zu nehmen. An die Front entsandte Offiziere berichteten schließlich auch, viele Straßenverstopfungen seien aus Mangel an Energie oder wegen des Fehlens von echten Führerpersönlichkeiten entstanden.

Das in Deutschland traditionell mangelnde Verständnis der Operateure für die Rolle der Logistik und die operative Entwicklung der Ardennen-Offensive waren zweifelsohne zwei Faktoren, die die jeweilige Versorgungsführung deutlich beeinflußt haben.

Etwas schwieriger erscheint es dagegen, dieses auch von den wirtschaftlichen Voraussetzungen und den Vorbereitungen des Nachschubs zu sagen. Relativ hohe Fertigungsziffern der Rüstungsindustrie, zeitweise große Transportleistungen der Eisenbahnen und die umfangreichen Auffrischungen vor allem mehrerer Panzerdivisionen zeichnen ein — wenigstens auf den ersten Blick — doch recht positives Bild des Deutschen Reiches im sechsten Kriegsjahr. Ein zweiter Blick zeigt anderes: Man erkennt schnell, daß der Ausstoß an neuen Waffen zwar relativ hoch war, aber doch bei weitem nicht hoch genug, um mit den Kriegsgegnern mithalten oder die immens hohen eigenen Verluste gerade des Kriegsjahres 1944 auch nur annähernd ausgleichen zu können. Die Frage, wie weit die Statistiken zutrafen, kann hier nicht näher untersucht werden. Zu bedenken ist jedoch, daß gegen Ende des vorletzten Kriegsjahres fast überall ein plötzlicher und besonders starker Produktionsabfall zu beobachten war. Selbst wenn die Zahlen stimmten, konnte die Truppe davon nicht genügend profitieren, weil umfangreiche Mengen wegen Verkehrsschwierigkeiten gar nicht ankamen oder wegen Treibstoff- und Munitionsmangels nur teilweise oder gar nicht eingesetzt werden konnten, vom Ersatzteilmangel oder anderen Problemen ganz zu schweigen.

Die hohen Transportleistungen und die Auffrischungen bestimmter Divisionen waren nur auf Kosten einschneidender Beschränkungen an anderen Fronten oder in anderen kriegswirtschaftlich wichtigen Bereichen möglich. Dadurch wurde die schon seit langem evidente Unterlegenheit der sich nur noch verteidigenden Wehrmacht häufig zur entscheidenden Schwächung.

Stellt man sich die Frage, wie weit die drei genannten Faktoren den Verlauf der Ardennen-Offensive geprägt haben, so wird die Antwort zu lauten haben, daß sie zumindest schwerwiegende Folgen hatten. Präzisere Aussagen sind nicht möglich, ganz besonders auch in Anbetracht der strategischen und operativen Ausgangslage für das Deutsche Reich im Dezember 1944.

Wie sehr aber doch gerade die Transport- und Nachschubprobleme die Ardennen-Offensive auf deutscher Seite beeinflußt haben, macht ein Bericht Speers deutlich, der in jener Zeit die Westfront bereiste. Was hier der Zivilist den Militärs in logistischer Hinsicht ins Stammbuch schrieb, muß in mannigfacher Weise verblüffen. Einige Auszüge daraus mögen die hier getroffenen Feststellungen abrunden:

»Aus allen diesen Gründen ist heute bei operativer, offensiver Kriegführung das Studium und die Bewältigung des Nachschubproblems für uns von entscheidender Bedeutung [...]. Das zeigt auch die Erkenntnis des Gegners, daß eine systematische Bekämpfung unseres Verkehrs mit die einschneidendste Maßnahme auf allen Gebieten, die für unsere Kriegführung wichtig sind, zur Folge haben kann.

Das operative Denken der oberen Führung und die daraus entstehenden Befehle sind bestimmt nicht immer auf die damit zusammenhängenden Nachschubprobleme abgestimmt.

Der Nachschub spielt in allen vorbereitenden Überlegungen scheinbar eine oft untergeordnete Rolle. Die Lösung der Nachschubfrage beinhaltet jedoch in allen Handlungen, die von uns ausgehen, zumindest die Hälfte des zu erreichenden Erfolges.

Ist der Nachschub nicht richtig durchgerechnet und berücksichtigt, dann muß die Operation aus diesem Grunde scheitern [...].

Grundsätzlich ist festzustellen, daß der Nachschub wichtiger zu nehmen ist als bisher. Es muß immer wieder festgestellt werden, daß alle Meldungen über den Bestand bei der Truppe insofern unrichtig sind, als hier gerade bei Bewegungen der Bestand *in* der Armee bzw. der Heeresgruppe gemeldet wird, der aber damit noch lange nicht bei der Truppe, d.h. zum Beispiel bei der Munition — beim Geschütz selbst ist. Gemeldet wird anscheinend der aufgestapelte Nachschub, der in rückwärtigen Lagern zusammengefaßt ist. Bei den heutigen durch die feindliche Fliegertätigkeit verursachten Nachschubschwierigkeiten ist es gar nicht zu verantworten, wenn nicht in Zukunft in zwei getrennten Meldungen an die höhere Führung sowohl der gesamte Nachschubbestand als auch der Einzelbestand bei der kämpfenden Division gemeldet wird.

Der Nachschub muß möglichst ohne viele Zwischenlager erfolgen. Es ist unnötig, daß für einen Frontabschnitt wie der [!] im Westen Zwischenlager für den gesamten Westen vorgesehen werden. Es muß möglich sein, den Nachschub unmittelbar den Heeresgruppen, *ja nach Möglichkeit den Armeen zuzuführen.* Jedes Zwischenlager auch der Heeresgruppen erfordert neue Umschlageinrichtungen, erfordert mehr Zeit und damit einen größeren Materialumlauf, so daß bei größeren Strecken die Anforderungen neuer Waggons auf 30 oder 300 Kilometer verlangt werden. Die wesentliche Belastung der Reichsbahn ist damit gegeben, daß neue Waggons, d.h. neue Zugeinheiten zusammengestellt werden müssen.« Soweit die Feststellungen Speers[8].

Abschließend sei noch einmal betont: Im Rahmen dieser Untersuchung ging es nicht darum, einen umfassenden Überblick über das Thema zu geben. Dennoch dürften zumindest zwei Hauptaspekte auch so deutlich geworden sein:

Erstens ist festzustellen, daß ein Feldzug, dessen Erfolg von vornherein vom schlechten Wetter abhängig gemacht werden muß und in dem der von Anfang an vorhandene Mangel an Munition und Treibstoff nicht annähernd ausgeglichen, sondern nur durch eine sogenannte »Munitions- oder Betriebsstoff-Taktik« — also durch einschneidende Einsparungen — und die Hoffnung auf Beute abgemildert werden kann, von einem erschreckenden Niedergang operativer Führungskunst zeugt.

Zweitens sei erneut darauf hingewiesen, daß die logistischen Mängel nicht als eindeutige und alleinige Verursacher des Mißerfolges beim zweiten deutschen Vorstoß durch die Ardennen während des Zweiten Weltkrieges angesehen werden können. Ein Anteil erscheint allerdings unbestritten, nämlich der, daß diese letzte große Kraftanstrengung der Wehrmacht im Zweiten Weltkrieg, vor allem auch im materiellen Bereich, entscheidend dazu beitrug, die Agonie des Dritten Reiches noch mehr zu beschleunigen. Somit bewirkte sie genau das Gegenteil dessen, was sie sich — angeblich oder tatsächlich — zum Ziel gesetzt hatte, nämlich einen »Siegfrieden« der Alliierten in letzter Sekunde doch noch in einen »Verständigungsfrieden« umzuwandeln.

Anmerkungen

1 Die Untersuchung stützt sich im wesentlichen auf die fundierte und umfassende Arbeit von Hermann Jung, Die Ardennen-Offensive 1944/45. Ein Beispiel für die Kriegführung Hitlers, Göttingen, Zürich, Frankfurt 1971. Verschiedene Zahlenangaben sind stichprobenartig in dem entsprechenden Aktenbestand des Bundesarchivs-Militärarchivs (BA-MA) und dabei vor allem des Oberbefehlshabers West (Heeresgruppe D) mit der Signatur RH 19 IV/... überprüft worden. In die folgenden Anmerkungen sind daher lediglich ergänzende Fundstellen oder exakte Fundstellen für Zitate aufgenommen worden.

2 Zitat: Jung, S. 45. Ergänzende Hinweise: BA-MA, RH 19/81.

3 Foreign Military Studies (im Besitz des Militärgeschichtlichen Forschungsamtes) B-092: Generalmajor Kaschner: Ardennen (16.12.1944—25.1.1945), 326. V.G.D., S. 1.

4 Foreign Military Studies B-067: Generalmajor Erich Schmidt: Ardennen (16.12.1944—25.1.1945), 352. V.G.D., S. 3.

5 BA-MA, RH 19 IV/244.

6 Zitat: Jung, S. 169.

7 Zitat: Jung, S. 352.

6 Zitat: Jung, S. 358-363.

Die Autoren

Sampo Ahto
Oberstleutnant i.G. a.D.,
Soittajantie 3 D 25,
SF-00840 Helsinki, Finnland

David M. Glantz
Colonel, Chief Research Committee, Soviet Army Studies Office,
FT. Leavenworth, KS 66027, USA

Dr. Christian Greiner M.A.
Oberstleutnant, Militärgeschichtliches Forschungsamt,
Grünwälderstraße 10-14, 7800 Freiburg i.Br.

Dr. Werner Rahn
Kapitän zur See, Militärgeschichtliches Forschungsamt,
Grünwälderstraße 10-14, 7800 Freiburg i.Br.

Dr. Horst Rohde
Oberstleutnant, Militärgeschichtliches Forschungsamt,
Grünwälderstraß 10-14, 7800 Freiburg i.Br.

Dr. Günter Roth
Brigadegeneral, Amtschef Militärgeschichtliches Forschungsamt,
Grünwälderstraße 10-14, 7800 Freiburg i.Br.

Dr. Reinhard Stumpf
Wissenschaftlicher Oberrat, Militärgeschichtliches Forschungsamt,
Grünwälderstraße 10-14, 7800 Freiburg i.Br.

Dr. John E. Tashjean
President, Conflict Morphology, Inc.,
P.O. Box, 1570 Arlington, VA 22210, USA

Buchreihe
zur Militärhistorie

Herausgeber:
Militärgeschichtliches Forschungsamt

" ... vermittelt werden hier Einblicke in die Zusammenhänge von Waffenentwicklungen, Strategie, Rüstung und Kriegsführung unter militärhistorischen Aspekten. Viele Kapitel dieser Buchreihe bieten einmalige wertvolle Erkenntnisse zu den verschiedensten Ereignissen. **"**

DIE WELT

Band 1:
Einzelprobleme politischer und militärischer Führung

Art.-Nr. 1314, 18. Auflage, DIN A 5, **DM 16,80,** 132 Seiten.
Mit Beiträgen von Johann Christoph Allmayer-Beck, Horst Boog, Andreas Kraus, Manfred Messerschmidt, Eckardt Opitz, Kurt Peball

Aus dem Inhalt:
● **Der Bauernkrieg in Deutschland aus militärgeschichtlicher Sicht**
● **Probleme der Abrüstung in Bayern von 1816 bis 1866**
● **Politik und Kriegführung am Vorabend des Feldzuges von 1859**
● **Conrad von Hötzendorf: Legende – Mythos – Tradition**

Band 2:
Menschenführung in der Marine

Art.-Nr. 1324, 1. Auflage, DIN A 5, **DM 16,80,** 124 Seiten.
Mit Beiträgen von Philippus M. Bosscher, Wilhelm Deist, Richard Plaschka, Olaf Preuschoft, Werner Rahn, Michael Salewski

Aus dem Inhalt:
● **Innere Führung zur Zeit der »Marinegenerale«**
● **Auflösungserscheinungen in Armee und Marine als Voraussetzungen der deutschen Revolution**
● **Phänomene sozialer und nationaler Krisen in der k. u. k. Marine 1918**
● **Menschenführung in der Reichsmarine 1920–1933**
● **Menschenführung in der deutschen Kriegsmarine 1933–1945**

MGFA-Ausstellungskatalog: Aufstand des Gewissens (enthält auch alle Beiträge von Bd. 5 der MGFA-Reihe) **DM 14,80**
Art.-Nr. 1974, 1. Auflage, DIN A 5, Broschur, 552 Seiten

Band 4:
Entmilitarisierung und Aufrüstung in Mitteleuropa 1945–56

Art.-Nr. 1584, 1. Auflage, DIN A 5, **DM 29,80,** 224 Seiten.
Mit Beiträgen von Alexander Fischer, Christian Greiner, Klaus A. Maier, Ulrich de Maizière, Wilhelm Meier-Dörnberg, Georg Meyer, Manfried Rauchensteiner, Jan Schulten, Hans-Erich Volkmann, Norbert Wiggershaus

Aus dem Inhalt:
● **Die Entmilitarisierung in der amerikanischen, britischen und französischen Besatzungszone sowie in der Bundesrepublik Deutschland von 1945 bis 1950**
● **Die Entmilitarisierung und Wiederaufrüstung in der sowjetischen Besatzungszone Deutschlands und in der Deutschen Demokratischen Republik (1945 bis 1956)**

Band 3, 5, 6, 7, 8 vergriffen

Band 9:
Operatives Denken und Handeln in deutschen Streitkräften im 19. und 20. Jahrhundert

Art.-Nr. 2994, 264 Seiten, DIN A 5, **DM 29,80.**
Mit Beiträgen von Horst Boog, Lothar Burchardt, Karl-Heinz Frieser, Christian Greiner, Carl-Gero von Ilsemann, Johann Adolf Graf von Kielmansegg, Heinz Magenheimer, Wilhelm Meier-Dörnberg, Karl-Volker Neugebauer, Michael Salewski.

Aus dem Inhalt:
● **Das operative Denken des Älteren Moltke**
● **Operatives Denken und Planen von Schlieffen bis zum Beginn des Ersten Weltkrieges**
● **Die große deutsche Frühjahrsoffensive 1918 zwischen Strategie und Taktik**
● **Operatives Denken zwischen dem Ersten und Zweiten Weltkrieg**

Verlag E. S. Mittler & Sohn
seit 1789